COMMENTARY ON THE MILITARY SECRETS PROTECTION ACT

군사기밀 보호법 해설서

이론과 실무

류가영 · 권준형

박영사

머리말

군사기밀은 국가 안보의 핵심이며, 이에 대한 철저한 보호와 관리를 통해 국민의 안전과 국가의 존립을 지탱해 왔습니다. 정보화가 일반화된 우리 사회에서 기밀 정보는 어느 때보다도 빠르게 확산될 수 있으며, 유출될 경우 초래되는 위험 역시 치명적일 수밖에 없습니다. 군사기밀 보호법은 이처럼 중요한 군사기밀을 안전하게 지키기 위한 제도적·법률적 장치로서, 국가 안보에 직결될 정도로 중대한 역할을 수행하고 있습니다. 하지만 이러한 중대성에도 불구하고 국내에서 군사기밀 보호법에 대한 연구나 출판물이 상대적으로 부족했던 것이 현실입니다.

본서는 이러한 간극을 메우고자, 오랜 기간 군검찰에서 군사기밀 보호법과 관련된 사건들을 다루어 온 두 공저자의 경험과 노하우를 집대성한 결과물입니다. 다수의 군사기밀보호법위반 사건에 대한 수사 및 재판을 통해 축적해 온 실무 지식과 이론적 통찰을 바탕으로, 실무 현장에서 맞닥뜨린 실제 사례와 문제해결과정을 자세히 다룸으로써, 군사기밀 보호법을 적용해야 하는 현실적인 상황에 도움이 되고자 했습니다.

본서는 이론서인 동시에 실무서로서의 기능을 겸비하고 있습니다. 군사기밀 보호법의 역사적 배경과 주요 법령·판례 등 이론적 기초를 든든하게 마련함과 동시에, 법률가·공무원·군 관계자·연구기관 종사자 등 실무가들이 곧바로 업무에 활용할 수 있도록 구체적인 적용 사례와 세부 지침을 상세히 안내합니다. 가급적 법령과 판례, 제도에 대한 설명을 알기 쉽게 풀어쓰되, 법리뿐만 아니라 배경 및 사실관계까지 이해하는 것이 필요하다고 판단되는 경우 판결문 원문을 그대로 싣기도 하였습니다.

독자들이 군사기밀 보호법의 구조와 흐름을 한눈에 파악할 수 있도록 핵심적인 개념이나 절차를 정리한 도표를 삽입하였습니다. 특히 군사기밀 보호법의 절차상 주의해야 할 사항이나, 관련 규정들 간의 연관성을 간명하게 파악하고자 할 때 이러한 시각화된 도표들이 도움이 되리라 기대합니다.

군사기밀은 국가 안보의 최전선에서 다뤄지는 문제이기에, 그 중요성은 아무리 강조해도 지나치지 않습니다. 그럼에도 군사기밀 보호법 분야는 깊이 있는 논의가 부족한 부분이 많습니다. 본서에서는 이러한 분야에 대한 학문적 분석과 법률 제·개정 필요성까지 서술하였습니다. 장래 본서가 국내 군사기밀 보호와 관련된 법과 제도가 더욱 체계적으로 변화되는 데에 기여한다면 저자들로서는 더없이 기쁠 것입니다.

끝으로, 이 책의 집필 과정에서 아낌없는 조언과 자료를 제공해 주신 분들께 깊은 감사의 말씀을 전합니다. 도움주신 분들의 열정과 소명의식이 있었기에 본서가 더 나은 방향으로 완성될 수 있었습니다. 이 책이 부디 군사기밀 보호법을 다루는 모든 분들에게 가치 있는 지침서가 되어, 안전하고 평화로운 국가 안보 환경 조성에 기여하기를 바랍니다.

2025년 12월

공저자 류가영, 권준형

추천사

오늘날 정보화 사회에서 군사기밀은 국가안보와 직결되는 핵심 요소입니다. 특히 대한민국처럼 군사적 긴장이 상존하는 현실에서는, 군사기밀의 보호와 관련 법률의 정확한 이해가 그 어느 때보다 중요합니다. 그럼에도 불구하고, 그동안 군사기밀 보호법에 대한 체계적이고 실무적인 해설서는 매우 드물었습니다.

본서는 군사기밀 보호법의 입법 목적과 연혁, 체계뿐만 아니라, 군사기밀의 개념과 판례상 쟁점까지 포괄적으로 분석하고 있습니다. 특히 다수의 실제 판례를 원문에 가깝게 소개하고, 그 법리적 의의와 실무상 함의를 면밀히 짚어낸 점은 이 책의 강점이라 할 수 있습니다.

본서는 군사기밀 보호법의 주요 쟁점들에 대한 법원 판례의 태도를 면밀히 분석하여 현장에서 맞닥뜨릴 수 있는 법적 문제들에 대한 판단 기준을 제시하였을 뿐만 아니라 학문적 분석과 법률 제·개정 필요성까지 제시하고 있다는 점에서, 실무자뿐만 아니라 연구자, 정책입안자 모두에게 유익한 자료가 될 것이라고 생각됩니다.

군사기밀이라는 고도의 전문성과 민감성을 요하는 분야에서, 이처럼 이론과 실무를 아우르는 저작이 집필되었다는 점은 매우 뜻깊습니다. 저자들은 오랜 기간 군검찰에서 군사기밀 보호법 관련 업무를 한 실무가들로서 현장에서의 실무 경험을 학문적으로 소화해냈다는 점에서 더욱 의미 있는 결과물이라 생각합니다. 더불어 본서가 향후 관련 법제의 정비와 판례 발전에도 유의미한 참고 자료로 기여하리라 기대합니다.

2025년 12월

연세대학교 법학전문대학원 교수

박정난

차례

01

군사기밀 보호법 일반론

제1장 군사기밀 보호법 일반론

제1절 군사기밀 보호법 개관

Ⅰ. 군사기밀 보호법의 목적

제1조(목적) 이 법은 군사기밀을 보호하여 국가안전보장에 이바지함을 목적으로 한다.

군사기밀은 국가의 존립과 안전에 직결되는 정보이다. 군사기밀을 보호하는 것은 국가안보를 실질적으로 보장하고 군사작전의 실효성을 유지하는 데 반드시 필요하다. 특히 우리나라는 남과 북이 정전상태를 유지하고 있어 군사적 긴장이 상존하므로 군사기밀의 유출은 국가전체의 안보와 국민 생명에 치명적인 위협으로 작용할 수 있다.

이와 같은 중요성을 고려하여 제정된 군사기밀 보호법은 총 22개 조문을 통하여 군사기밀의 개념을 명확히 하고, 군사기밀의 지정·관리·보호절차 및 누설행위 등에 대한 처벌 관련 내용을 구체적으로 정하고 있다.

Ⅱ. 군사기밀 보호법의 제정 이유 및 연혁

1. 군사기밀 보호법의 제정 이유[1)]

국가안전보장에 필요불가결한 군사기밀의 보호에 관하여 우리나라 현행법은 간첩이나 이적 또는 용공목적으로 군사기밀을 탐지·누설한 자에 대한 처벌규정

1) 국가법령정보센터 제정·개정 이유 참조.

만을 두고 있을 뿐 기밀보호상 소홀히 넘길 수 없는 보안상의 과실행위와 단순누설에 대하여는 아무런 처벌규정이 없으며, 군사기밀 누설의 본원이 되는 업무상 누설에 있어서도 공무원이 아닌 위탁업무수행자등의 누설이 등한시되어 있을 뿐만 아니라, 군사기밀의 범위 및 한계가 모호하여 기밀보호에 중대한 지장을 초래하고 있으므로, 이러한 현행법상의 불비한 점을 보완·처벌함으로써 군사상의 기밀을 보호하여 국가안전보장에 기여하도록 하기 위하여 1972. 12. 26. 군사기밀 보호법이 제정·시행되었다.

2. 군사기밀 보호법의 연혁

군사기밀 보호법은 제정된 이래 현재까지 총 10회 개정되었는데, 타법 개정 또는 용어 수정을 위한 개정을 제외한 주요 개정은 5회였다. 관련 내용은 아래 표와 같다.

개정일	개정유형	제정·개정이유[2)
1993. 12. 27.	전부개정	군사기밀의 정의를 명확하고 구체적으로 규정하여 군사기밀의 범위를 축소하고, 국민의 군사기밀공개요청권등을 신설하여 국민의 알 권리를 보호하는 한편, 군사기밀의 충실한 보호를 위하여 현행법상 일부 미비점을 개선·보완하려는 것임. ① 군사기밀은 일반인에 알려지지 아니한 것으로서, 그 내용이 누설되는 경우 국가안전보장에 명백한 위험을 초래할 우려가 있는 군관련물건등으로서 군사기밀로서의 표지등을 갖춘 것과 그 내용으로 한정함. ② 군사기밀은 그 내용이 누설되는 경우 국가안전보장에 미치는 영향에 따라 Ⅰ급비밀, Ⅱ급비밀, Ⅲ급비밀로 구분하도록 하고, 군사기밀의 등급별 지정권자는 대통령령으로 정하도록 함. ③ 군사기밀을 관리 또는 취급하는 부대 또는 기관의 장은 군사기밀의 보호를 위하여 군사보호구역을 설정할 수 있도록 하고, 그 구역을 침입하는 행위등을 처벌하도록 함. ④ 국방부장관은 국민에게 홍보할 필요가 있다고 인정되는 때와 공개함으로써 국가안전보장에 현저한 이익이 있다고 인정되는 때에는 군사기밀을 공개할 수 있도록 함. ⑤ 모든 국민은 군사기밀의 공개를 국방부장관에게 문서로 요청할 수 있도록 함.

2) 법제처 국가법령정보센터 참조.

		⑥ 외국을 위하여 군사기밀을 탐지·수집 또는 누설한 때에는 그 죄에 정한 형의 2분의 1까지 가중처벌하도록 함. ⑦ 업무상 군사기밀을 취급하는 자 또는 취급하였던 자외의 자가 업무상 알거나 점유한 군사기밀의 과실누설에 관한 처벌규정과 언론·출판물등에 의한 군사기밀누설에 관한 가중처벌규정을 삭제함.
2014. 3. 11.	일부개정	군사기밀을 불법거래한 경우(제13조의2)와 외국뿐만 아니라 외국인·외국단체를 위한 죄의 경우에도 가중처벌하도록 함으로써 국익을 저해하는 행위를 미연에 방지하고 엄중 처벌하여 군사기밀 보호를 강화하려는 것임.
2014. 5. 9.	일부개정	벌금형은 징역형과 함께 형사처벌의 대표적 수단으로서 누구나 인정할 수 있는 공정성과 합리성을 지니고 있어야 함에도 불구하고, 우리나라가 고도경제성장을 이루던 시기에 마련된 처벌규정들은 그 당시의 물가수준을 반영한 것으로서 그 후 오랜 세월이 흐르면서 우리의 경제환경이 변함에 따라 위반행위의 불법성에 비례하는 처벌로서의 의미가 퇴색된 채 오늘에 이르고 있는바, 벌금액을 징역 1년당 1천만원의 비율로 개정함으로써 벌금형을 현실화하고, 형벌로서의 기능을 회복시켜 일반인에 대한 범죄억지력을 확보하려는 것임.[3]
2015. 3. 27.	일부개정	현행 「국가보안법」에 따르면 동법을 위반한 범죄자에 대하여 검사의 기소 여부에 관계 없이 압수물에 대하여 강제 폐기하거나 국가귀속을 명할 수 있도록 하고 있는 반면에, 현행 「군사기밀 보호법」은 군사기밀이 유출된 경우 이를 소지한 민간인 등 동법을 위반한 범죄자에 대한 기소 또는 처벌 외에 압수한 군사기밀을 강제 폐기하거나 국가귀속 조치를 할 수 있는 법적 근거가 미비한 실정임. 이에 검사 또는 군검찰관으로 하여금 군사기밀 관련 범죄자에 대하여 소추를 하지 아니할 때에는 압수물 중 군사기밀에 해당하는 부분의 삭제나 폐기 또는 국고귀속을 명할 수 있도록 하여 유출된 군사기밀에 대한 사후 조치를 할 수 있는 법적 근거를 마련하려는 것임.
2015. 9. 1.	일부개정	현행법에는 "군사기밀"에 대한 정의규정만 있고 이 법의 중요사항인 "군사기밀의 공개"와 "군사기밀의 제공 또는 설명"에 대해서는 시행령에서 정의하고 있는 바, 이를 법률에서 규정할 필요가 있음(제2조 관련). 군사기밀을 취급하였던 사람이 전역 또는 퇴직시 이를 무단반출·점유하여도 타인에게 누설하지 않는 한 현행법상 처벌할 수 없는 실정임. 이에 업무상 군사기밀을 취급하였던 사람

3) 저자 주: 대상조문은 제12조 제2항, 제14조, 제16조 제17조 제1항이다.

		이 그 취급인가가 해제된 이후에도 군사기밀을 점유하고 있는 경우 형사처벌할 수 있도록 근거규정을 마련할 필요가 있음(제11조의2 신설). 군사기밀을 불법 탐지·수집하거나 습득·점유한 자가 컴퓨터 등의 저장매체를 통해 은닉하다가 수사기관에 적발되더라도 현행 형사소송법 상 원칙적으로 출력 또는 복제물을 제출받도록 규정되어 있어 군사기밀이 계속 컴퓨터 등 저장매체에 남아 있게 되는 문제가 있음. 따라서 군사기밀을 습득하거나 타인으로부터 제공받아 점유한 사람이 수사기관의 기밀 삭제 요구에 불응하는 경우 이에 대한 처벌 근거규정을 마련하여 군사기밀의 보호를 강화하려는 것임(제16조 제3항 신설).

Ⅲ. 군사기밀 보호법의 체계

군사기밀 보호법은 그 내용을 구체적으로 정하기 위해 대통령령인 군사기밀 보호법 시행령과 보안업무규정을, 대통령훈령인 보안업무규정 시행규칙을, 국방부훈령인 국방보안업무훈령, 방위산업보안업무훈령, 특수정보보안업무훈령, 국방정보보안시스템 업무 훈령을 각각 두고 있다. 다만, 위 국방부훈령들은 비공개로 국방부 내부망을 통해서만 확인할 수 있다.[4)]

제2절 군사기밀의 개념과 요건

Ⅰ. 군사기밀의 개념(제2조, 제3조)

제2조(정의) 이 법에서 사용하는 용어의 뜻은 다음과 같다.
1. "군사기밀"이란 일반인에게 알려지지 아니한 것으로서 그 내용이 누설되면 국가안전보장에 명백한 위험을 초래할 우려가 있는 군 관련 문서, 도화, 전자기록 등 특

4) 이하 본서에서 국방보안업무훈령 등 비공개인 국방부 행정규칙의 내용을 서술한 부분은 판결문에 포함되어 공개된 내용에 한정하였다.

수매체기록 또는 물건으로서 군사기밀이라는 뜻이 표시 또는 고지되거나 보호에 필요한 조치가 이루어진 것과 그 내용을 말한다.

제3조(군사기밀의 구분)

① 군사기밀은 그 내용이 누설되는 경우 국가안전보장에 미치는 영향의 정도에 따라 Ⅰ급비밀, Ⅱ급비밀, Ⅲ급비밀로 등급을 구분한다.

② 제1항에 따른 군사기밀의 등급 구분에 관한 세부 기준은 대통령령으로 정한다.

군사기밀보호법 시행령

제3조(군사기밀의 등급 구분) ① 법 제3조 제1항에 따라 군사기밀의 등급을 다음 각 호와 같이 구분한다.

1. 군사Ⅰ급비밀: 군사기밀 중 누설될 경우 국가안전보장에 치명적인 위험을 끼칠 것으로 명백히 인정되는 가치를 지닌 것
2. 군사Ⅱ급비밀: 군사기밀 중 누설될 경우 국가안전보장에 현저한 위험을 끼칠 것으로 명백히 인정되는 가치를 지닌 것
3. 군사Ⅲ급비밀: 군사기밀 중 누설될 경우 국가안전보장에 상당한 위험을 끼칠 것으로 명백히 인정되는 가치를 지닌 것

② 제1항에 따른 등급 구분에 관한 세부 기준은 별표 1과 같다.

[별표 1]

군사기밀의 등급 구분에 관한 세부 기준(군사기밀 보호법 시행령 제3조 제2항 관련)

구분	세부 기준
1. Ⅰ급비밀	가. 비밀 군사동맹 추진계획 또는 비밀 군사동맹조약 나. 전쟁 계획 또는 정책 다. 전략무기 개발계획 또는 운용계획 라. 극히 보안이 필요한 특수공작계획 마. 주변국에 대한 우리 측의 판단과 의도가 포함된 장기적이고 종합적인 군사전략
2. Ⅱ급비밀	가. 집단안보결성 추진계획 나. 비밀 군사외교활동 다. 전략무기 또는 유도무기의 사용지침서 및 완전한 제원 라. 특수공작계획 또는 보안이 필요한 특수작전계획 마. 주변국과 외교상 마찰이 우려되는 대외정책 및 정보보고 바. 군사령부급 이상까지 모두 포함된 편제 또는 장비 현황 사. 국가적 차원의 동원내용이 포함된 동원계획

	아. 종합적이고 중장기적인 전력 정비 및 운영·유지 계획 자. 간첩용의자를 내사 또는 수사 중인 수사기관 또는 군부대 활동 내용 차. 암호화 프로그램 카. 군용 암호자재
3. Ⅲ급비밀	가. 전략무기 또는 유도무기 저장시설 또는 수송계획 나. 종합적인 연간 심리전 작전계획 다. 상황 발생에 따른 일시적인 작전활동 라. 사단(해군의 함대, 공군의 비행단을 포함한다. 이하 이 표에서 같다)급 이상의 부대의 전체 편제 또는 장비 현황 마. 연대급 이상 증편 계획 바. 정보부대 또는 군 방첩 업무 수행 부대의 세부조직 및 세부 임무 사. 장성급 장교를 장으로 하는 전투부대, 정보부대 및 군 방첩 업무 수행 부대의 현직 지휘관의 인물 첩보 아. 종합적인 방위산업체의 생산 또는 수리 능력 자. 사단급 이상 통신망 운용지시 및 통신규정 차. 전산보호 소프트웨어 카. 군용 음어자재(陰語資材)

1. 의의

군사기밀 보호법은 제2조 제1호에서 군사기밀을 "일반인에게 알려지지 아니한 것으로서 그 내용이 누설되면 국가안전보장에 명백한 위험을 초래할 우려가 있는 군 관련 문서, 도화, 전자기록 등 특수매체기록 또는 물건으로서 군사기밀이라는 뜻이 표시 또는 고지되거나 보호에 필요한 조치가 이루어진 것과 그 내용"이라고 정의하고 있다.

[참고] 군사기밀 보호법상 "군사기밀" 용어 변화

제·개정 연혁	군사기밀 관련 용어
1972. 12. 26. 제정부터 1987. 12. 4. 개정까지	제1조(목적) 이 법은 군사상의 기밀을 보호하여 국가안전보장에 기여함을 목적으로 한다.
1993. 12. 27. 개정부터 2005. 7. 22. 개정까지	제1조(목적) 이 법은 군사상의 기밀(이하 "軍事機密"이라 한다)을 보호하여 국가안전보장에 이바지함을 목적으로 한다.
2011. 6. 9. 개정부터 현재까지	제1조(목적) 이 법은 군사기밀을 보호하여 국가안전보장에 이바지함을 목적으로 한다.

이와 관련하여 대법원은 “군사기밀이란 비공지의 사실로서 적법절차에 따라 군사기밀로서의 표지를 갖추고 그 누설이 국가의 안전보장에 명백한 위험을 초래한다고 볼 만큼의 실질가치를 지닌 문서, 도화 또는 물건으로서, 같은 법 제4조의 규정에 따라 군사상의 기밀이 해제되지 아니한 것을 말한다”고 판단한 적 있다.[5)]

한편, 이와 같은 군사기밀의 정의가 명확성 원칙에 위반되는지 여부에 관하여 헌법재판소는 군사기밀 보호법(1972. 12. 26. 법률 제2387호) 제6조, 제7조, 제10조에 대한 위헌법률심판사건에서, 군사기밀 보호법상 “군사기밀”은 합헌적으로 해석하는 한 명확성 원칙에 위반되지 않고, 기본권제한입법의 한계 역시 벗어나지 않는다고 결정하였다.

[결정] 군사기밀의 정의에 관한 군사기밀 보호법상 규정이 명확성 원칙에 위배되거나 기본권제한입법의 한계를 벗어난 것인지 여부(한정합헌)

헌법재판소 1992. 2. 25. 자 89헌가104 전원재판부 결정

결정요지

1. 가. 군사기밀보호법상(軍事機密保護法上)의 “군사상(軍事上)의 기밀(機密)”은 그 범위의 광범성(廣範性)이나 내용의 애매성(曖昧性)이 문제될 소지가 있지만 그 대상에 대하여 군사기밀(軍事機密)인 표지를 갖추게 하고 있으니 실제에 있어 그 애매성(曖昧性)이 문제될 소지는 크지 않은 것이며, 다만 그 범위의 광범성(廣範性)에 있어서는 “그 내용이 누설되는 경우 국가안전보장상 해로운 결과를 초래할 우려가 있을” 것이라는 요건이 헌법합치적(憲法合致的)으로 해석된다면 헌법(憲法) 제37조 제2항에 저촉되지 않으면서 동 법률조항의 존립목적(存立目的)이 달성될 수 있다.

나. “부당(不當)한 방법으로 탐지·수집한 자”라는 구성요건(構成要件)은 관계법령이 정하고 있는 적법(適法)한 절차에 의하지 아니하고 군사기밀(軍事機密)을 탐지(探知)·수집(蒐集)한 자를 의미하는 것임이 분명하며 이러한 내용은 통상의 판단능력(判斷能力)을 가진 사람이라면 충분히 그 의미를 이해할 수 있다고 사료되므로 “부당(不當)한 방법으로”라는 용어를 썼다는 이유만으로 구성요건(構成要件)의 구체성(具體性) 내지 명확성(明確性)을 결여하였다고 할 수는 없는 것이다.

5) 대법원 1994. 4. 26. 선고 94도348 판결, 대법원 2000. 1. 28. 선고 99도4022 판결 등.

다. 군사기밀(軍事機密)의 범위는 국민의 표현(表現)의 자유(自由) 내지 "알 권리"의 대상영역을 최대한 넓혀줄 수 있도록 필요한 최소한도에 한정되어야 할 것이며 따라서 군사기밀보호법(軍事機密保護法) 제6조, 제7조, 제10조는 동법 제2조 제1항의 "군사상(軍事上)의 기밀(機密)"이 비공지(非公知)의 사실로서 적법절차(適法節次)에 따라 군사기밀(軍事機密)로서의 표지를 갖추고 그 누설이 국가(國家)의 안전보장(安全保障)에 명백한 위험을 초래한다고 볼 만큼의 실질가치(實質價値)를 지닌 것으로 인정되는 경우에 한하여 적용된다 할 것이므로 그러한 해석 하에 헌법(憲法)에 위반되지 아니한다.

구 군사기밀 보호법은 1993. 12. 27. 법률 제4616호로 전부 개정되어, 군사기밀의 탐지·수집에 관한 구 군사기밀 보호법 제6조 규정 중 "부당한 방법으로" 부분은 위 선례의 취지에 따라 군사기밀 보호법 제11조에서 "적법한 절차에 의하지 아니한 방법으로"라는 문구로 개정되었다.

군사기밀의 정의에 관한 구 군사기밀 보호법 제2조 제1항은 "이 법에서 '군사상의 기밀'이라 함은 그 내용이 누설되는 경우 국가안전보장상 해로운 결과를 초래할 우려가 있는 다음 각 호에 게기하는 사항 및 이에 관계되는 문서·도화 또는 물건으로서 제4조의 규정에 따라 군사상의 기밀이 해제되지 아니한 것을 말한다"라고 규정하고 있었으나, 위 선례의 취지에 따라 군사기밀 보호법 제2조는 "이 법에서 '군사기밀'이라 함은 일반인에게 알려지지 아니한 것으로서 그 내용이 누설되는 경우 국가안전보장에 명백한 위험을 초래할 우려가 있는 군관련 문서·도화·전자기록 등 특수매체기록 또는 물건으로서 군사기밀이라는 뜻이 표시 또는 고지되거나 보호에 필요한 조치가 행하여진 것과 그 내용을 말한다"라고 개정되어 위헌성이 제거되었다.[6]

2. 군사기밀의 구분

군사기밀 보호법은 제3조에서 군사기밀 누설 시 국가안전보장에 미치는 영향의 정도에 따라 군사기밀의 등급을 Ⅰ급 내지 Ⅲ급으로 구분하고 있다.

관련하여 군사기밀 보호법 시행령 제3조는 군사기밀의 등급 구분에 관한 세

6) 헌법재판소 2014. 9. 25.자 2011헌바358 전원재판부 결정.

부 기준을 정하고 있는데, 구체적인 내용은 [별표 1]에 규정되어 있다.

이와 같은 세부 기준이 한정적 열거 규정인지 주의적 열거 규정인지에 대하여 법원은 "군사기밀 보호법 제3조 및 같은 법 시행령 제3조 제2항 [별표 1]은 Ⅰ급 내지 Ⅲ급비밀에 포함되는 군사기밀을 주의적으로 열거하고 있는 것이 상당하다"라고 판단(서울고등법원 2024. 6. 28. 선고 2024노204 판결)한 바, 주의적 열거 규정에 해당한다는 입장이다.

[판례] 군사기밀 보호법 시행령 [별표 1] "군사기밀의 등급 구분에 관한 세부 기준"의 성격(군사기밀 보호법상의 군사기밀을 한정적으로 열거한 것이 아니라 각 등급에 포함되는 군사기밀을 주의적으로 열거하고 있는 것)

창원지방법원 2017. 8. 17. 선고 2017노70 판결[7)]

군사기밀보호법은 제2조(정의)에서 별도로 군사기밀의 개념을 정의하여 그 범위를 정하고 있고, 군사기밀보호법 제3조(군사기밀의 구분)와 군사기밀보호법 시행령 제3조(군사기밀의 등급 구분) 및 군사기밀보호법 시행령 [별표 1] '군사기밀의 등급 구분에 관한 세부 기준'은 군사기밀의 범위에 관한 규정이 아니라 군사기밀의 등급을 구별하는 규정에 불과한 것으로 보인다. 또한 군사기밀보호법에서는 군사기밀의 범위에 관하여 대통령령에 별도로 위임한 바 없으므로, 군사기밀의 등급 구분에 관한 기준에 불과한 군사기밀보호법 시행령 [별표 1] '군사기밀의 등급 구분에 관한 세부 기준'으로 군사기밀보호법에서 정한 군사기밀의 범위가 제한된다고 해석할 수는 없다. 위 [별표 1] '군사기밀의 등급 구분에 관한 세부 기준'에 열거되어 있지 않은 것이라고 하더라도 그 내용이 누설될 경우 국가안전보장에 명백한 위험을 초래할 우려가 있다면 이를 군사기밀보호법에 따라 군사기밀로 지정하여 보호하여야 할 필요성도 있다. 이와 같은 점들에 비추어 볼 때, 위 [별표 1] '군사기밀의 등급 구분에 관한 세부 기준'은 군사기밀보호법상의 군사기밀을 한정적으로 열거한 것이 아니라 각 등급에 포함되는 군사기밀을 주의적으로 열거하고 있는 것으로 보아야 한다.
따라서, 군사기밀보호법에 규정된 군사기밀에 해당하는지 여부는 군사기밀보호법 제2조에 규정된 요건을 갖추고 있는지를 기준으로 판단하여야 하고, 군사기밀보호법 시행령 [별표 1] '군사기밀의 등급 구분에 관한 세부 기준'에 해당하는지 여부를 기준으로 판단할 것이 아니다.

---

7) 대법원 2018. 2. 8. 선고 2017도13615 판결로 확정됨.

생각건대, 군사기밀은 국가안보 및 국제 정세와 밀접하게 관련되어 있다는 점에서 모든 경우를 사전에 예측하여 일일이 열거하는 것이 어렵고, 상황에 따라 유연하게 적용해야 할 필요성도 있다는 점에서 주의적 열거 규정으로 보는 것이 타당하다.

Ⅱ. 군사기밀의 요건

1. 의의

앞서 살펴본 군사기밀의 정의에서 군사기밀의 요건으로 ① 비공지성(일반인에게 알려지지 아니한 것), ② 실질비성(그 내용이 누설되면 국가안전보장에 명백한 위험을 초래할 우려가 있을 것), ③ 대상성(군 관련 문서, 도화, 전자기록 등 특수매체기록 또는 물건), ④ 형식비성(군사기밀이라는 뜻이 표시 또는 고지되거나 보호에 필요한 조치가 이루어진 것과 그 내용)이라는 4가지 요건을 도출할 수 있다.

2. 비공지성

가. 의의

비공지성은 일반인에게 알려지지 아니한 것을 의미한다. 원칙적으로 언론, 논문, 주요 일간지 또는 잡지, 인터넷 등 어떤 매체를 통해서도 일반에 알려지지 않은 것이어야 한다.

다만, 법원은 군사자료들이 원본이 아닌 일부에 대한 복사본이고, 대부분 해외 군사전문잡지나 국내외 안보관련연구소, 국방대학원 등에 공개되었다는 사정만으로는 이들이 공지의 사실로서 기밀성을 상실하였다고 볼 수 없다고 판단(대법원 1994. 4. 26. 선고 94도348 판결)하여 다소 완화된 기준을 제시하였다.

[판례] 해당 군사기밀이 이미 언론·인터넷에 공개된 내용이라고 주장한 피고인의 주장을 배척한 사례

대법원 2015. 1. 29. 선고 2013도6274 판결

원심은, 피고인 2, 피고인 3이 작성한 회의자료, 전자우편, 업무인수인계서 등에 기재된 원심 판시 각 무기체계의 도입수량 및 도입시기에 관한 내용들(이하 '이 사건 각 군사기밀'이라 한다)이 군사II급비밀인 합동군사전략목표기획서, 합동무기체계기획서 또는 군사III급비밀인 국방중기계획에 기재된 해당 무기체계의 총 도입수량, 연도별 도입수량, 도입시기, 장착 전투기 등에 관한 내용과 동일하고, 그 군사기밀의 핵심적인 내용에 해당하는 사정, 이 사건 각 군사기밀이 누설될 경우 국가안전보장 및 국익에 미치는 영향, 피고인들이 유출한 이 사건 각 군사기밀에 포함된 무기체계들에 관한 구체적인 도입수량, 도입시기 등에 관한 내용이 언론이나 인터넷 등에 공개되거나 국방과학연구소 등으로부터 제공된 내용과 일치하지 않고, 군사기밀의 지정이 적법절차에 의하여 해제되었거나 국방부장관에 의하여 공개된 적도 없었던 사정 등을 비롯한 판시와 같은 이유를 들어, 이 사건 각 군사기밀은 군사기밀 보호법상의 '군사기밀'에 해당한다고 판단하였다.

원심판결 이유를 적법하게 채택된 증거들에 비추어 살펴보면, 원심의 위와 같은 판단은 앞서 본 법리에 기초한 것으로서, 거기에 상고이유 주장과 같이 군사기밀 보호법상 '군사기밀'에 관한 법리를 오해한 위법이 없다.

서울고등법원 2010. 10. 7. 선고 2010노677 판결

증거에 의하면, 대한민국이 방위산업의 결과물인 항만감시체계(HUSS)를 터키에 수출할 것이라는 사실이 언론에 보도되어 대한민국이 항만감시체계를 보유하고 있다는 사실이 일반인들에게 알려진 것으로 보인다. 그러나 항만감시체계가 어디에 몇 군데 설치되어 있는지는 알려지지 않았고, 항만감시체계는 전쟁 초 북한의 잠수함 등에 의한 기뢰부설 등으로 항만이 봉쇄되는 것을 차단하고 적의 공격징후를 포착하여 즉각적인 대응을 하기 위한 전략시설인 점을 감안하면 항만감시체계의 추가 설치 계획과 수량의 노출은 전쟁이 일어날 때 군 작전수행을 어렵게 만들 수 있어 국가안전보장에 명백한 위험을 초래할 우려가 있는 것으로 보인다.

고등군사법원 2014. 11. 26. 선고 2014노111 판결

피고인은 기관총의 구경과 형태 자체는 공지된 사실 또는 군사기밀로서의 가치를 상실한 비밀로서 군사기밀보호법상 비밀이 아니거나, 기관총의 구경과 형태 등 작전운용성능 자체가 군사기밀보호법상 비밀로 인정된다고 하더라도 누설의 대상이 되는 비밀을 특정할 증거가 없으므로 유죄의 입증이 부족한 경우에 해당한다고 주장하므로, 살피건대, 원심과 당심이 적법하게 채택하고 조사한 증거들을 종합하면, 한국형 공격헬기의 기관총의 구경과 형태에 대하여 "유용원의 군사세계(2009. 1. 28.)"와 경향신문(2011. 3. 28.)에 게재된 글이라는 사실은 인정할 수 있으나, ① 2011. 4. 국방과학연구소는 사업설명회를 통하여 20개 업체 47명에게 작전운용성능을 공개하였고 당시 작전운용성능의 세부항목은 공란으로 처리하고 구두로만 설명하였고 업체에게는 비밀서약서를 받았고 그 외에 정식으로 대외적으로 공개한 사실은 없는 점, ② 기관총의 구경과 형태에 대해 인터넷의 모든 사이트가 통일적으로 기재되어 있는 것은 아닌 점 등을 종합적으로 고려[8]하면, 이 사건 비밀은 군사기밀보호법이 정한 "군사기밀이라는 뜻이 표시 또는 고지되거나 필요한 조치가 행하여진 것과 그 내용"에 해당한다고 할 것이므로 피고인이 누설한 것은 군사기밀보호법상의 군사기밀에 해당된다고 판단된다.

나. 모자이크 이론

형식비성 관련하여 형법 제98조(간첩죄)에서 논의되는 모자이크 이론 도입 필요성이 제기될 수도 있어 관련 내용을 간략히 소개하고자 한다.[9]

모자이크 이론은 개별적으로 알려진 사실도 그것이 결합하여 비밀을 유지해야 할 새로운 전체형상이 된 때는 국가기밀이 될 수 있다는 견해이다. 이에 따르면 국내에서 공지의 사실이더라도, 모자이크 형태로 중요한 정보를 새롭게 구성할 수 있으면 다시 국가기밀이 될 수 있다는 취지이다.

그러나 ① 간첩죄는 국가의 외적 안전을 보호하는 것이지 정보획득의 경비와는 관련이 없고, ② 전체로서 국가기밀이 될 수 있는 개별사실은 국가 스스로 사전에 공지하지 않음으로써 예방가능하기 때문에 일단 공지된 사실에 대한 모자이크의 부담은 개인이 아닌 국가가 져야 하며, ③ 공지의 사실을 결합한다고 해도 기밀이 될 수 없을 뿐만 아니라 독자적인 의미가 있는 정보로 탈바꿈시키는 것은 적국에서도 얼마든지 가능하고, ④ 모자이크 이론은 행위자에게 예측하

---

8) 기타 군사기밀성을 판단하기 위한 근거들은 기재를 생략하였다.
9) 이하 본 목차에 기재된 내용은 주석형법(제6판) 제86쪽부터 제87쪽까지를 인용한 것이다.

지 못한 불이익을 가져다 줄 위험성이 크다는 점 등을 이유로 모자이크 이론을 부정하는 견해가 통설이다.

다. 비공지성 판단의 기준 시점

비공지성 판단의 기준 시점은 군사기밀 보호법 위반행위 시이다. 즉, 행위 이후 그 내용이 잡지나 신문 등에 공개되었다 하더라도 이미 성립한 군사기밀보호법위반죄에는 영향이 없다.

[판례] 군사기밀 누설 행위 이후 해당 내용이 일반에 공개되었다는 사정으로 피고인이 군사기밀 누설로 인한 책임을 피할 수 없다고 판단한 사례

서울고등법원 2010. 10. 7. 선고 2010노677 판결
피고인은 합동원거리공격탄의 도입개수와 도입시기는 'C'라는 해외군사 전문 잡지 등에 실렸을 뿐만 아니라 방위사업청은 2008. 8. 21. 합동원거리공격탄 대상기종 선정을 위한 입찰공고를 했고, 방위사업청에서도 합동원거리공격탄 도입개수와 도입시기가 기재된 내용을 일반문서로 작성하여 관리하고 있다고 주장한다. 증거에 의하면 2008. 10.경 'C'라는 잡지 및 D언론 등에 합동원거리공격탄 도입개수와 도입시기가 기재된 내용의 기사가 실린 사실이 인정된다. 그러나 이 사건 군사기밀 누설 범행은 그 이전인 2008. 8. 27. 범한 것이어서 군사기밀 누설 후에 그 내용이 잡지나 신문에 실렸다는 사정으로 피고인이 군사기밀 누설로 인한 책임을 피할 수 없다. 또한, 합동원거리공격탄의 도입개수와 도입시기가 군사비밀로 다루어지고 있고 공개가 되지 않은 이상 단순히 대상기종 선정을 위한 입찰공고를 내었다는 사정이나 그 내용이 군내부에서 평문으로 작성되어 수발되고 있다는 사정만으로 그 도입개수와 도입시기가 군사기밀로서의 성질을 잃는 것은 아니다.

[판례] 누설된 내용이 기사 등을 통해 일반에 이미 널리 알려진 정보라는 이유로 군사기밀보호법위반죄 성립을 부정한 사례

수원고등법원 2023. 12. 21. 선고 2023노856 판결
일부 내용이 실제 군사기밀 내용과 다른 경우에도 나머지 부분이 군사기밀인 내용을 제대로 담고 있다면 전체적으로 보아 법 소정의 군사기밀누설죄에 해당하나(대법원 2000. 1. 28. 선고 99도4022 판결 참조), <해당 부분>에 기재된 연도별 도태

수량이 실제로 도태된 수량과는 상이한 것으로 보이고, 그 수치 부분을 제외한 나머지는 도태예정인 장비명(F 및 E)과 육군의 보유수량에 관한 내용으로 이는 2010년경부터 기사 등을 통해 일반에 이미 널리 알려진 정보이다. 그렇다면 <해당 부분>은 실제 군사기밀 내용과 상이한 내용과 일반에 널리 알려짐으로써 군사기밀 보호법상 보호되는 군사기밀이라고 볼 수 없는 정보가 결합된 문서로서 전체적으로 보았을 때 <해당 부분>의 누설로 인하여 국가안전보장에 명백한 위험을 초래하였다고 단정할 수 없다.

3. 실질비성

가. 의의

실질비성이란 그 내용이 누설될 경우 국가안전보장에 명백한 위험을 초래할 우려가 있는 것을 의미한다. 따라서 군사기밀 누설로 인해 실제로 국가안전보장에 위험이 초래되었을 것까지는 요하지 않는다.

"국가안전보장에 명백한 위험을 초래할 우려"가 무엇을 의미하는지 정면으로 다뤄진 사례는 찾아볼 수 없다. 또한 "국가안전보장", "명백한"이라는 문구가 불분명하고 추상적이라는 점에서 실무적으로 가장 많이 다투게 되는 쟁점이기도 하다.

이와 관련하여 법원은 구체적인 사건에서 해당 군사기밀이 갖는 성격, 내용, 누설되었을 경우 국가안보에 미치는 영향 등을 종합하여 실질비성 인정 여부를 판단하고 있다.

[판례] 해당 군사기밀이 국가안전보장에 명백한 위험을 초래할 우려가 있다고 판단한 사례

대법원 2011. 10. 13. 선고 2011도9094 판결
① AF－87 창정비 교범은 AF－87 암호장비(팩스용 암호장비)의 구성, 회로도, 정비방법 등이 상세하게 기록되어 있어 각종 정비교범 중에서도 가장 등급이 높은 군사 II급비밀로 분류되어 있는 점, ② 군 암호장비 관련 창정비 교범은 해당 암호장비의 최종 폐기 시에 폐기하는데, AF－87 장비는 각 군별, 부대별 신형장비 대체 일정에 따라 현재도 운용되고 있는 장비인 점, ③ 창정비 교범이 누설될 경우 암호통신 신

호방식이 노출될 뿐만 아니라 동일한 장비를 만들 수도 있고, 유사시 암호장비를 통해 교신되는 군작전사항 등 중요한 군사기밀이 적에게 노출될 수도 있는 점, ④ 한편 '10~'14 국방중기계획 열람본은 군사III급비밀로 분류되어 있고, 피고인 B이 복사한 부분에는 정찰용 무인항공기, 신형 화생방 정찰차 등 우리 군이 향후 연구 개발하고자 하는 무기와 기술 등이 포함되어 있어 북한에 누설될 경우 향후 우리 군의 무기체계가 알려지게 되는 점 등 그 채택 증거들에 의하여 인정되는 사정을 종합하여 보면, AF－87 창정비 교범과 '10~'14 국방중기계획 열람본 중 피고인 B이 복사한 부분은 일반인에게 알려지지 아니한 것으로서 그 내용이 누설되는 경우 국가안전보장에 명백한 위험을 초래할 우려가 있어 군사기밀로서 보호하여야 할 실질적 가치가 있다고 보아야 한다는 것이다.

서울고등법원 2024. 6. 28. 선고 2024노204 판결
이 사건 파일 등은 군사Ⅱ급비밀로 지정된 이 사건 설계도면 중에서도 해당 군사시설에 수용된 무기체계의 운용에 관하여 중요한 기능을 수행하는 핵심시설들(A · B1 · B2 · D시설)에 대한 접지설비 도면으로서, 위 핵심시설들의 전체적인 구조, 내부의 구획 및 설비 제원, 벽체 두께 등을 표시한 평면도를 포함하고 있다. 특히 이 사건 파일 등에는 가명칭이 아닌 실제 시설명이 그대로 표기된 호실이 존재하고, 내부 설비에 비추어 해당 군사시설에서 핵심적인 기능을 수행하는 것으로 추측되는 공간의 위치도 표시되어 있다. 이 사건 파일 등에 포함된 위와 같은 정보들을 통해 핵심시설들이 소재한 위치가 외부에 노출될 가능성이 상당하고, 위와 같은 정보가 다른 군사정보와 결합될 경우에는 핵심시설에 대하여 군사적으로 유효한 타격점을 선정하는 데 활용될 가능성 또한 존재하므로, 이 사건 파일 등의 내용이 누설될 경우 국가안전보장에 명백한 위험을 초래할 우려가 있다고 판단된다.

서울고등법원 2010. 10. 7. 선고 2010노677 판결
합동원거리공격탄의 개수 및 도입시기는 대한민국 군이 파악하고 있는 적의 타격목표의 수를 간접적으로 의미하여 이러한 사실이 노출되면 전쟁이 일어날 경우 군사작전의 원활한 진행을 방해할 우려가 있는 것으로 보인다. 그렇다면 합동원거리공격탄의 개수 및 도입시기는 일반인에게 알려지지 아니한 것으로서 이것이 알려질 경우 국가안전보장에 명백한 위험을 초래할 우려가 있는 군사기밀이라 할 것이다.

창원지방법원 2017. 8. 17. 선고 2017노70 판결
작전운용성능(ROC)은 가능한 기술 수준, 예산, 적국의 무기체계 등을 종합적으로 고려하여 설정되는 것으로서 그 내용이 노출될 경우 적국의 대응을 용이하게 함으로써 전쟁발발 시 군작전의 원활한 수행에 방해가 될 뿐만 아니라 국가안보의 위기상황을 초래할 가능성이 높다.

피고인이 수집·탐지한 이 사건 기밀인 차기 잠수함의 최대속력, 수중작전 지속일수, 최대잠항심도, 통신장비 등은 우리 군이 앞으로 도입할 차기 잠수함의 주요 성능에 관련된 것이어서 이를 통해 잠수함의 성능수준 및 전투능력을 일부 추정할 수 있어 우리 군사력의 현황과 향후 확장 계획을 탐지할 수 있는 자료이고, 이러한 내용이 외부에 알려질 경우 국가안전보장에 위험을 끼칠 수 있다고 보아야 한다.

이 사건 기밀의 대상이 되는 차기 잠수함은 그 도입과 운용 여부가 우리 군의 전력증강 사업의 중요한 요소에 해당하고, 특히 피고인이 근무하는 H(주)와 같이 국내에서 유일하게 G를 공급하는 군수업체가 차기 잠수함의 작전운용성능을 미리 파악할 경우 동 업체에 협상 과정의 주도권을 넘겨주게 되는 문제를 초래할 수도 있다.

대전고등법원 2006. 9. 14. 선고 2006노185 판결[10)]

이 사건에서 보면, 피고인 ○○○가 ◇◇◇로부터 받아 피고인 △△△에게 전달한 이 사건 문서에 포함된 내용 중 군사Ⅲ급비밀로 분류되어 있는 '차기호위함 탐색레이더의 표적획득정보, 최대탐지거리, 탐지고각에 대한 군 요구목표성능' 등은, 비록 군용 레이더 관련 정보 중 최대탐지거리 등과 같은 내용은 군사 전문가들 사이에서는 널리 알려진 것이라 할지라도, 우리 해군이 앞으로 어떠한 성능의 레이더를 갖추고자 하는지에 관한 정보로서 우리 군사력의 현황과 향후 확장 계획을 탐지할 수 있는 중요한 자료이고 이러한 내용이 외부에 알려질 경우 국가안전보장에 위험을 가져올 수 있다고 보아야 한다.

서울고등법원 2016. 10. 13. 선고 2015노2479 판결[11)]

원심이 판시한 사정들에 더하여, 원심 및 이 법원이 적법하게 채택하여 조사한 증거들에 의하여 인정되는 다음 사정들, ① 합동참모본부는 2012. 12. 26. 전력기획과에서 JSOP를 생산하면서 JSOP에 군의 보유대수, 전반적인 전력증강 계획 등이 포함되어 있어 군사기밀 세부 분류기준에 따라 최소 군사Ⅱ급으로, 보호기간을 2019. 12. 31.까지로 설정한 점, ② 육군본부 기획관리참모부 기동전력과 V은 수첩에 옮겨 적은 내용은 군전력화장비에 대한 연도별 전력 증강 계획(수량)을 기재한 것으로서 그

10) 대법원 2007. 1. 26. 선고 2006도6936 판결로 확정됨.
11) 대법원 2018. 6. 28. 선고 2016도17819 판결로 확정됨.

자체로 합동참모본부 비밀세부분류기준에 의거 군사Ⅱ급비밀로 분류하여야 하는 내용이고, 전장 기능별 군사력 소요내용이 유출될 경우 국가안전보장에 현저한 위험을 미칠 수 있다는 내용의 비밀여부 확인서를 작성한 점(증거기록 1287면), ③ 합동참모본부 전력기획과 Q은 원심 사실조회회신에서 JSOP가 적에게 노출될 경우 유사 시 국가안전보장 및 국가이익에 현저한 위험을 초래할 수 있다는 의견을 밝힌 점(공판기록 106면), ④ Q은 원심 법정에서 "JSOP는 전체적인 한국군의 전력증강계획을 담고 있는데, 인터넷에서 알 수 없고 누설되면 국가안전보장에 명백한 위험을 초래할 우려가 있으며 JSOP의 내용이 (업무 외적으로) 방위산업체나 기타 민간에 알려지는 경우가 없다. 수첩기재 내용은 2015년부터 2019년 사이 육군의 전술차량, 기동장비, 화력장비, 지원 장비들에 대한 전력화시기와 소요량으로서 적이 알게 될 경우 이를 통해 어느 정도 전투력을 가늠할 수 있기 때문에 상당한 위협이 될 수 있다. 수첩에 기재된 연도별 숫자를 당연히 군사비밀로 분류해서 활용하고 있다."고 진술한 점, ⑤ 육군본부 전력기획참모부에 근무한 적이 있는 예비역 대령인 당심 증인 AP은 JSOP 책자에는 매장마다 비밀표시가 군사기밀 2급, 3급, 아예 표시가 없는 평문으로 되어 있는데, 책자 내용 중 최상급의 비밀을 표시하여 군사기밀 2급이고, 군사보안업무훈령 비밀분류기준에 따르면 방위력개선 분야의 전력화 시기 및 소요량은 3급 군사비밀로 분류될 가능성이 있다고 진술한 점, ⑥ 국방부 AQ으로 근무한 예비역 대령인 당심 증인 AR은 "피고인이 일부 발췌했던 부분이 3급이 될 수가 있고, 한 페이지 내에서 내용의 경중에 따라 등급을 검토할 여지가 있을 것으로 보인다."고 진술한 점, ⑦ 피고인은 군검찰에서 조사를 받을 당시 JSOP는 비문이 맞고(증거기록 665면), 수첩에 기재된 내용이 특정장비들에 대한 장래 전력화 계획들인데, 수첩에 기재된 내용이 비문성이 있는지 알고 있느냐는 물음에 대해서도 알고 있다고 진술한 점(증거기록 1266면) 등을 고려해 보면, JSOP 중 피고인이 수첩에 옮겨 적은 부분(이하 '이 사건 군사기밀'이라 한다)은 일반인에게 알려지지 아니한 것으로서 그 내용이 누설되는 경우 국가안전보장에 명백한 위험을 초래할 우려가 있어 군사기밀에 해당한다고 보는 것이 상당하다.

[판례] 해당 군사기밀이 누설될 경우 국가안전보장에 명백한 위험을 초래할 우려가 있다고 단정할 수 없다고 본 사례

수원지방법원 2023. 7. 13. 선고 2022고합387 판결[12)]

한편, 앞서 본 표 순번 4항 기재 내부문서의 경우 2020. 7. 13.경에는 보호기간이 도과되지 않은 상태였으므로, <중기 도태계획 부분> 중 위 문서에 기재되어 있는 내용과 동일한 부분(이하 <해당 부분>이라고 한다)에 대해서는 군사기밀 탐지·수집 및 누설죄에서 말하는 군사기밀에 해당하는 것이 아닌지 의심이 들기는 한다.

그러나 아래와 같은 사실 내지 사정들을 종합하여 볼 때, 검사가 제출한 증거들만으로는 <해당 부분>이 일반인에게 알려지지 아니한 것으로서 그 내용이 누설될 경우 국가안전보장에 명백한 위험을 초래할 우려가 있는 내용이라는 점이 합리적인 의심을 배제할 정도로 증명되었다고 보기 부족하고, 달리 이를 인정할 만한 증거가 없다.

① 앞서 본 표 순번 4항 기재 내부문서는 2020년도부터 2024년도까지 5년간의 장비 도태계획에 관한 문서이므로, <해당 부분>은 2020년, 2021년 및 2022년의 육군 헬기(F 및 E) 도태계획이다.

② F 및 E 헬기의 도태 수량과 도태 연도는 오래 전부터 언론을 통해 알려져 있었던 것으로 보인다. 즉, 2010. 3. 4.자 언론보도에 따르면 국내 운용중인 F 헬기에 관하여 2012년까지 80여대, 2015년까지 120여대가 퇴출될 예정이고, 2015. 2. 5.자 언론보도에 따르면 운용해왔던 총 140여 대의 E 헬기가 2020년까지 단계적으로 도태될 예정이며, 2019. 7. 12.자 언론보도에 따르면 육군은 남아 있는 2개 대대분의 E 헬기를 2020년 말까지만 운용할 방침이고, E 헬기 전부와 F 헬기의 일부인 160여대는 전량 수리온 헬기로 교체될 예정이라는 것이다.

③ 육군은 그동안 도태시킨 불용헬기를 분해하여 고철로 매각해오다가, 2019년에만 불용헬기 35대(E 헬기 11대, F 헬기 24대)를 해외로 수출하기로 하였을 뿐, 2020년부터는 불용헬기 중 일부(2019년에 도태시키기로 계획된 수량 중 일부)를 안보 목적으로 전시 내지 민간에 대여하거나, 해군에서 관리하는 것으로 전환하였고, 나머지 일부(2019년에 도태시키기로 계획된 수량 중 일부와 2020년에 도태시키기로 계획된 수량)는 예전처럼 고철로 매각하기로 하였다(증거기록 842쪽). 결국 <해당 부분>에 기재된 내용, 즉 2020년도 도태계획된 E 헬기 수량의 누설로 인하여 외부에 알려지는 사실은 2020년도에 전량 고철로 매각될 것으로 예정된 헬기의 수량에 불과하여 군사Ⅲ급비밀인 'N'의 나머지 부분과의 유기적인

12) 수원고등법원 2023. 12. 21. 선고 2023노856 판결로 확정됨.

관련하에서 갖는 군사기밀로서의 내용과 가치에 비하여 그 비밀로서의 내용과 가치의 정도가 저하되었다 할 것이고, 그러한 내용이 누설된다고 해서 국가안전보장에 명백한 위험을 초래할 우려가 있다고 단정할 수 없다.

④ 한편, <해당 부분>뿐만 아니라 <중기 도태계획 부분> 전체에 기재된 불용헬기의 연도별 도태 수량은 문언처럼 계획에 불과하고 실제로 각 해당 연도에 도태 계획에서 정한대로 도태가 되지 않았던 것으로 보이며,[13] 피고인이 그 문서를 전송받은 2020. 7. 13.경에는 대부분의 내용이 과거에 계획되었던 것에 불과했다. 또한, <중기도태계획 부분>에 기재된 헬기의 보유 수량은 여러 언론 보도를 통해서 개략적으로 확인이 가능할 뿐만 아니라, 대한민국 정부(국방부)가 2017. 2.경 국회 국방위원회에 제출한 '16년도 국정감사결과 시정 및 처리요구사항에 대한 처리결과보고서'에는 2016년 기준 이미 도태대상으로 된 헬기의 수량과 운용중인 헬기의 수량까지 기재되어 있으며, 항공 잡지에는 대한민국 군대에서 운용중인 헬기의 종류, 운용 목적 및 항속거리, 체공시간, 탑재장비, 주요무장 등을 포함한 주요제원까지 공개되어 있다. 따라서 이와 같은 헬기 도태 수량 및 헬기 보유 수량에 관한 내용이 누설된다고 해서 국가안전보장에 명백한 위험을 초래할 우려가 있다고 단정할 수도 없다.

[판례] 피고인의 군사기밀 누설 행위에 대하여 국가이익의 위해 가능성을 불리한 양정요소로 고려한 사례

서울중앙지방법원 2023. 2. 2. 선고 2022고합192 판결[14]

피고인들은 우리 군에 외국회사의 레이더 등이 납품될 수 있도록 하기 위하여 관련 직무를 수행하는 현직 군인에게 뇌물을 공여하고 군사기밀 등 정보를 탐지·수집하여 이를 외국회사 등을 위하여 누설하였는바, 이 사건 각 범행은 범행의 동기 및 경위, 피고인들이 탐지·수집한 국가기밀의 등급 및 그 내용, 군사기밀에 대한 보안의 필요성과 중요성, 군사기밀 누설로 인한 국가이익의 위해 가능성 등에 비추어 볼 때, 그 죄책이 무겁다.

13) 해당 판결의 각주 내용: <중기 도태 계획 부분>에 기재된 2019년도 도태가 계획된 E는 18대, F는 8대였으나, 정작 육군군수사령부는 2019. 7. 3. 온비드에 E 11대, F 24대의 매각을 공고하였다.
14) 대법원 2023. 7. 13. 선고 2023도4736 판결로 확정됨.

나. 군사기밀 중 일부가 탐지·수집되거나 누설된 경우 실질비성 판단

1) 판례의 태도

판례는 군사기밀 중 일부가 탐지·수집되거나 누설된 경우 누설된 부분만을 기준으로 실질비성을 판단해야 한다는 입장이다(대법원 2002. 5. 10. 선고 2000도1956 판결).

[판례] 피고인이 군사기밀 중 일부를 누설한 사례에서 누설된 부분이 군사Ⅱ급비밀 또는 군사Ⅲ급비밀의 기준에 못 미치는 것일 수도 있어 군사기밀에 해당하지 아니할 여지가 있다는 이유로 군사기밀성을 인정한 원심판결을 파기한 사례

대법원 2002. 5. 10. 선고 2000도1956 판결

기록에 의하면, 이 사건에 있어서 피고인이 누설한 '사담탄약의 확보계획량 2001년도 0000발, 2002년도 0000발, 2003년도 0000발'은 군사Ⅱ급비밀인 '1998－2002 국방중장기계획' 문서(위 문서는 10권의 책으로 이루어져 있다)와 군사Ⅲ급비밀인 '전군 탄약지원 및 저장능력 검토결과' 문서의 내용 중 일부이기는 하나, 위 탄약 확보계획량의 누설로 인하여 외부에 알려지는 사실은 각 연도별로 확보계획된 사담탄약의 개수에 불과하여 군사Ⅱ급비밀인 '1998－2002 국방중장기계획' 및 군사Ⅲ급비밀인 '전군 탄약지원 및 저장능력 검토결과'의 나머지 부분과의 유기적인 관련하에서 갖는 군사기밀로서의 내용과 가치에 비하여 그 비밀로서의 내용과 가치의 정도가 저하되었다 할 것인바, 원래 2001년도, 2002년도 사담탄약확보계획량은 피고인 소속 부대에서 평소 업무와 관련하여 위 '1998－2002 국방중장기계획' 중 극히 일부분을 부분적, 단편적으로 발췌하여 작성한 '탄약현황철'에 포함되어 있던 것으로서 위 탄약현황철은 정식 비문으로 등재조차 되지 않은 문서인 점, 2003년도 사담탄약확보계획량 또한 위 2001년도, 2002년도 사담탄약확보계획량과 같은 정도의 비밀가치를 가지는 것으로 보여지는 점, 비록 이 사건 범행 이후이기는 하나 국방부는 국방 투자사업과 관련된 비밀이 전반적으로 과도하게 분류되었다는 판단하에 투자사업 관련 비밀분류기준을 재정립하여 투자사업관련정보 공개확대시행지침(1999. 7. 1. 시행예정)을 마련하였는데, 위 지침에 따르면 투자사업 관련 문서는 일반으로 분류하되, 단 누설될 경우 국가안전보장에 명백한 위험을 초래한다고 판단될 경우에는 비밀로 분류하고, 비밀로 분류할 사항 중에서 부분적, 단편적으로 발췌하여 내용과 가치의 정도가 저하되었으나, 대외 노출시 군사상 유해한 내용과 의사결정 이전 실무검토 내용 등 직무수행을 위하여 일시적으로 누설방지를 요하는 내용의 문서는 이를 대외비로 분류하도록 하고, 투자사업의 획득계획과 관련된 사항인, 개별장비명, 총소요량, 사업기간, 일반적인 성능 및 제원, 연도별 물량과 자금 등은 일반으로 분류하도록 정하고 있는 점, 군사기밀보호법 등 관련규정에서 정하고 있는 군사기밀의 등급구분에 관한 기준 등에 비추어 볼 때 피고인이 누설한 위 탄약확보계획량은 군사Ⅱ급 또는 Ⅲ급비밀의 기준에 못 미치는 것일 수도 있다고 보여지고, 그렇다면 위 누설 내용은 실질적으로 군사기밀보호법 소정의 군사기밀에 해당되지 아니할 여지도 있다고 할 것이다.

[판례] 군사기밀 중 일부가 누설된 사건에서 누설된 일부 내용만으로도 국가안전보장에 명백한 위험을 초래할 우려가 있다고 판단한 사례

서울동부지방법원 2023. 12. 21. 선고 2023고합184 판결[15]
이 사건 파일 내용은 이 사건 설계도면의 일부에 불과하지만 구체적인 시설제원 등이 밝혀지면 국가안보에 심각한 영향을 미칠 수 있는 군사시설의 실제 명칭, 군사시설의 각 층별 구조 등을 포함하고 있고, 그 도면만으로도 건물의 상당부분을 짐작할 수 있을 것으로 보여 이 사건 파일 내용만으로도 군사기밀로서의 가치가 충분한 점(<사업명> 사업 담당자로 이 사건 설계도면 생산에 참여한 증인 S는 이 법정에서 '이 사건 도면 내용에는 접지도면 뿐만 아니라 실제 건물의 명칭, 벽의 두께 등이 포함되어 있어 군 외부로 유출될 경우 국가안전보장 등의 문제가 발생할 수 있는 민감한 자료에 해당된다고 보고 이 사건 설계도면을 군사 2급비밀로 지정하였다.'는 취지로 진술하였다) 등을 종합하여 보면, 이 사건 파일의 내용은 그 내용이 누설되는 경우 국가안전보장에 상당한 위험을 초래할 우려가 있는 것으로 명백히 인정되는 군사기밀로 평가함이 상당하다.

2) 저자 의견 - 추가 고려요소 제시

실무상 군사기밀 전체가 탐지·수집 또는 누설되는 경우는 드물다. 행위자들은 대개 군이나 방위산업체[16] 등에서 오랜 기간 근무하며 해당 군사기밀과 관련된 업무에 종사해 왔던 사람들로, 알게 된 내용에 자신들이 기존에 갖고 있던 정보, 언론 등에서 보도된 내용 등을 결합하여 정보의 가치를 높여나간다.

---

15) 서울고등법원 2024. 6. 28. 선고 2024노204 판결로 확정됨.
16) 방위산업물자를 생산하는 업체로서 산업통상자원부장관으로부터 지정을 받은 업체를 의미한다(방위사업법 제3조 제9호). 산업통상자원부장관은 방위산업체를 지정함에 있어 미리 방위사업청장과 협의하여야 한다(방위사업법 제35조 제1항 후문).

군사기밀 누설 사건은 누설로 인해 국가안보에 미치는 영향이 매우 크므로 그 어느 범죄보다 실체적 진실 발견의 필요성이 요구된다. 이 같은 사정을 고려하여 군사기밀 중 일부가 탐지·수집되거나 누설된 사건에서 군사기밀성을 판단할 때에는 누설된 부분뿐만 아니라 행위자의 경력, 수행 업무 등을 토대로 해당 군사기밀이 행위자가 기존에 갖고 있던 정보와 결합하여 어떤 가치를 갖는지도 함께 고려되어야 한다.[17)]

다. 실질비성 판단의 기준 시점

비공지성과 마찬가지로 실질비성 판단의 기준 시점은 군사기밀 보호법 위반 행위 시이다. 즉, 행위 이후 비밀의 가치가 변경되었다 하더라도 이미 성립된 군사기밀보호법위반죄에는 영향이 없다.

4. 대상성

군 관련 문서, 도화, 전자기록 등 특수매체기록 또는 물건이다.

문서는 문자 또는 이에 대신할 수 있는 가독적 부호로 계속적으로 물체상에 기재된 의사 또는 관념의 표시인 원본 또는 이와 사회적 기능, 신용성 등을 같게 볼 수 있는 기계적 방법에 의한 복사본으로서 그 내용이 법률상, 사회생활상 주요 사항에 관한 증거로 될 수 있는 것을 말한다(대법원 2007. 11. 29. 선고 2007도7480 판결).

도화는 상형적 부호로써 의사표시 또는 내용을 판단할 수 있도록 기재한 물체를 말한다. 예컨대 지적도나 상해의 부위를 명백히 하기 위한 인체도, 담배의 제조회사와 담배의 종류를 구별·확인할 수 있는 특유의 도안이 표시되어 있는 담뱃갑 등이 이에 해당한다. 사람의 관념 내지 의사가 화체되어 표현될 것을 요하므로 단순한 미술작품으로서의 회화는 도화에 해당하지 않는다.[18)]

전자기록은 컴퓨터 등 전자적 기계에 의해서 저장된 기록을 말한다.

특수매체기록은 전자적 물체가 아닌 다른 물체, 즉 레이저광을 이용하는 광디스크(CD-ROM) 등에 저장되는 기록을 말한다.

---

17) (군)검사는 다양한 간접증거들로 이와 같은 사정들을 입증해야 할 것이다.
18) 주석 형법각칙 제6판 제649쪽 참조.

일반적으로 문서의 개념요소를 계속적 기능(또는 영속적 기능), 증명적 기능, 보장적 기능 등으로 보는데, 전자기록은 이러한 문서로서의 기능을 갖지 못한다. 즉 문서와 같은 가독성, 가시성이 없다. 이에 따라 전자기록을 문서와 구별하는 것이 통설이다.[19]

마지막으로 물건은 유체물 및 전기 기타 관리할 수 있는 자연력을 의미한다.[20]

5. 형식비성

가. 의의

군사기밀이라는 뜻이 표시 또는 고지되거나 보호에 필요한 조치가 이루어진 것과 그 내용을 의미한다.

나. "표시" 또는 "고지"의 의미

군사기밀을 취급하는 자는 군사기밀 보호법 제4조에 따라 지정된 군사기밀에 대하여 군사기밀이라는 뜻을 표시하거나 고지하여야 하고, 그 방법은 군사기밀 보호법 시행령 [별표 2]에 정해져 있다(군사기밀 보호법 제5조 제1항 본문).

군사기밀 보호법 시행령 [별표 2]

군사기밀의 표시 및 고지 방법(제5조 제1항 관련)

1. 문서의 기밀표시

가. 기밀문서는 앞뒷면의 표지와 기밀이 포함되어 있는 면마다 상단·하단의 중앙에 다음과 같이 붉은색으로 해당 등급의 기밀표시를 한다. 다만, 복제하거나 복사할 때에는 붉은색으로 표시하지 않을 수 있다.

---

19) 주석 형법각칙 제6판 제652쪽 참조.

20) 민법 제98조는 물건에 관하여 "유체물 및 전기 기타 관리할 수 있는 자연력"을 의미한다고 정의하는데, 형법상 "물건" 개념 역시 민법과 동일하다(같은 취지의 판결로 대법원 2023. 1. 23. 선고 2020도2154 판결 등).

나. 단일문서 또는 책자로서 면마다 기밀등급을 달리할 때에는 면마다의 기밀 내용에 따라 해당 등급의 기밀표시를 하되, 그 표지의 양면은 그중 최고등급으로 한다.

다. 기밀표시가 명확하거나 해당 기밀문서철에 철하여져 있거나 보관되어 있을 때를 제외하고 생산작업 중이거나 결재 대기 중인 기밀문서는 해당 등급에 따라 다음 서식의 기밀표지를 앞면에 붙이고 취급하여야 한다.

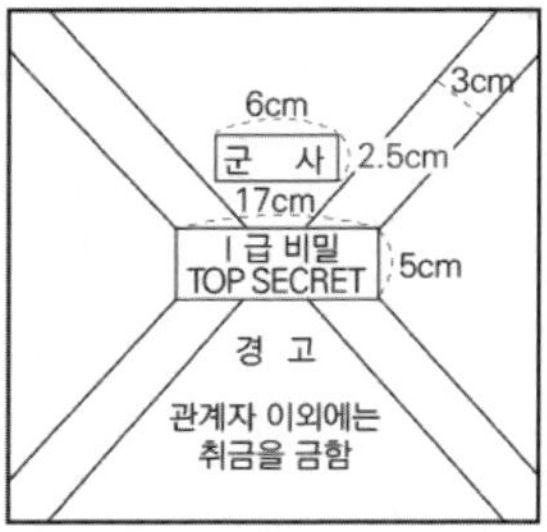

비고: 흰색 바탕에 붉은색으로 표시

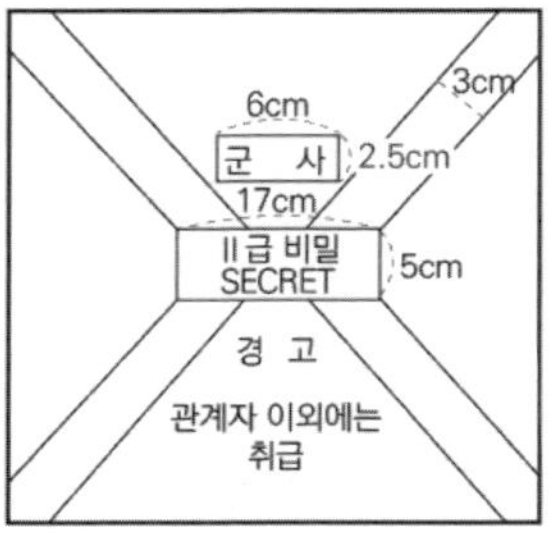

비고: 흰색 바탕에 노란색으로 표시

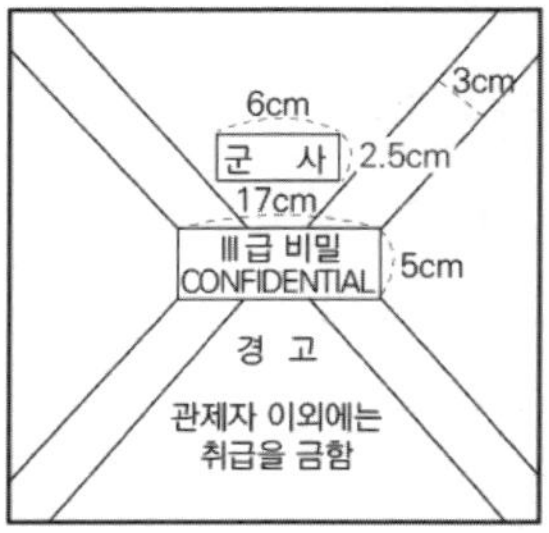

비고: 흰색 바탕에 파란 색으로 표시

2. 필름 및 사진의 기밀표시

가. 1장으로 된 필름은 봉투나 이에 준하는 용기에 넣어 그 봉투 또는 용기의 표면 상단·하단의 중앙에 적절한 크기의 해당 기밀등급표시를 하여 보관하여야 한다.

나. 연결되어 있는 영사필름은 처음과 끝에 해당 기밀등급표시를 삽입하고 가목에 따른 방법으로 보관하여야 한다.

다. 인화된 사진은 사진마다 표면 상단·하단 또는 뒷면 상단·하단 중앙에 적절한 크기의 해당 기밀등급표시를 하고 가목에 따른 방법으로 보관하여야 한다.

3. 지도·괘도 등의 기밀표시

지도, 괘도, 그 밖의 도안 등은 면마다 상단·하단의 중앙에 적절한 크기의 해당 기밀등급을 표시하고, 접거나 말았을 때에도 기밀임을 알 수 있도록 뒷면의 적절한 부위에 기밀등급표시를 하여야 한다.

4. 상황판 등의 기밀표시

고착식(固着式) 상황판 또는 접거나 말 수 없는 현황판 등은 제3호의 방법으로 표시하고, 그 위에 기밀표시를 한 가림막을 쳐야 한다. 다만, 가림막에 기밀표시를 하는 것이 오히려 기밀보호에 이롭지 않거나 충분히 위장되었을 때에는 기밀표시를 하지 않을 수 있다.

5. 녹음·녹화 시의 기밀표시 및 고지

기밀을 녹음하거나 녹화할 때에는 시작할 때와 끝날 때에 그 기밀등급과 "이 자료는 군사상 중요한 기밀자료이므로 업무상 관련 없는 사람에게 누설하거나 전파할 수 없음"이라는 경고내용을 포함하여 녹음·녹화하여야 하고 제2호의 방법으로 보관하여야 한다.

6. 그 밖의 기밀의 표시

가. 제1호부터 제5호까지에 규정되지 않은 기밀인 자재, 생산품, 그 밖의 물자에는 겉보기에 알아보기 쉽도록 적절한 크기로 해당 기밀등급을 표시한다. 다만, 기밀등급을 표시할 수 없는 기밀자재 등의 물건을 발송할 때에는 문서상에 그 기밀등급을 표시하여야 한다.

나. 수사상의 증거물과 같이 그 원형을 그대로 보전할 필요가 있는 기밀에는 그 자체에 기밀등급표시를 하지 않고, 그 원형이 손상되거나 변형되지 않도록 제1호 다목에 따른 해당 기밀표지를 그 표면에 붙이거나 문서에 그 기밀등급표시를 하여야 한다.

7. 재분류 표시

재분류한 기밀은 예전 분류 표시를 붉은색으로 대각선을 그어 삭제하고, 그 측면 또는 상단·하단의 적당한 여백에 변경된 기밀등급을 새로 표시하며, 그 근거를 다음과 같이 표시한다. 다만, 면별로 재분류할 때에는 그 면마다 같은 방법으로 재분류 표시를 하여야 한다.

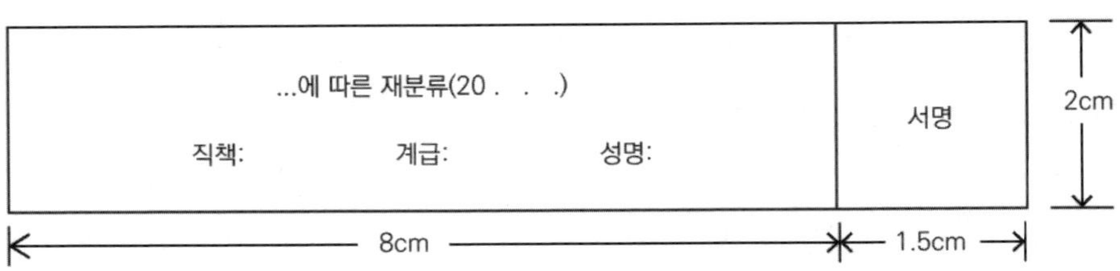

8. 기밀의 고지방법

군사기밀을 취급하는 사람은 그 기밀에 접근하는 사람을 발견한 때에는 즉시 군사기밀이므로 접근을 금지한다는 뜻을 고지하여야 한다. 다만, 군사기밀을 제공 또는 설명하는 경우에는 제8조에서 정한 절차에 따른다.

9. 각급 행정기관의 장은 생산하거나 재생산하는 비밀 중 군사기밀 사항이 포함되어 있는 경우에는 비밀표시 아래 여백에 다음과 같이 붉은색으로 표시한다. 다만, 복제하거나 복사할 때에는 붉은색으로 표시하지 않을 수 있다.

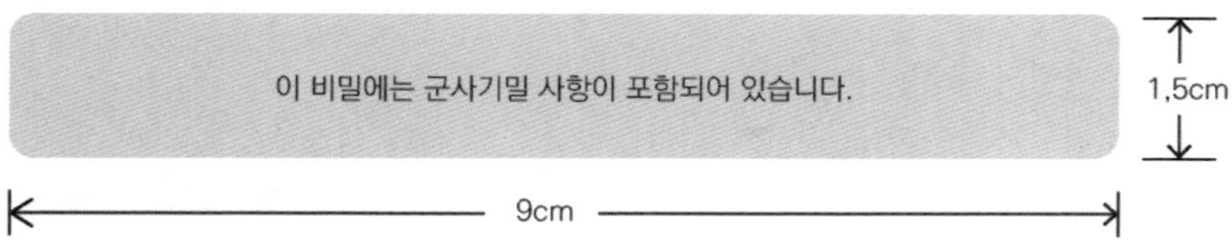

참고로 군사기밀의 표시가 반드시 위와 같은 규정에 부합해야 하는지에 대해 이를 정면으로 다룬 사례는 존재하지 않는다. 다만 "규정에 부합하는 비밀표시는 아니라고 하더라도 문건 표시 상단에 군사Ⅲ급비밀임이 표시되어 있었을 뿐 아니라, 피고인 스스로도 이 사건 문건의 내용이 비록 등재는 되어 있지 않지만 군사Ⅲ급비밀에 해당함을 인식하고 있었던 점" 등을 이유로 피고인에게 유죄를 선고한 군사법원 판례(고등군사법원 2014. 11. 26. 선고 2014고111 판결)를 살펴보았을 때, 비밀표시가 규정에 부합하는지 보다 피고인이 군사기밀성을 인식하고 있는지 여부가 더 중요한 판단요소인 것으로 보인다.

다. "보호에 필요한 조치"의 의미

군사기밀의 표시 또는 고지가 불가능하거나 부적당한 것에 대하여 그 군사기밀에 대한 접근을 방지하거나 그 군사기밀이 있는 곳을 은폐하는 등의 조치를 하는 것이다(군사기밀 보호법 제5조 제1항 단서). 이 경우 군사기밀을 관리하거나 취급하는 부대 또는 기관의 장은 군사기밀의 보호를 위하여 일정한 범위를 정하여 군사보호구역을 설정할 수 있다(군사기밀 보호법 제5조 제2항).

군사보호구역의 구분, 설정대상 및 설정방법은 군사기밀 보호법 시행령 제5조 제3항 및 [별표 3]에 정해져 있다.

군사기밀 보호법 시행령 [별표 3]

군사보호구역의 구분·설정대상 및 설정방법(제5조 제3항 관련)

1. 군사보호구역은 군사제한구역과 군사통제구역으로 구분한다.

가. "군사제한구역"이란 군사기밀 및 군사기밀자재에 대한 비인가자의 접근을 방지하기 위하여 그 출입의 제한 및 안내가 요구되는 구역을 말한다.

나. "군사통제구역"이란 군사보안상 중요한 군사기밀이 보관되어 있어 비인가자의 출입이 금지되는 구역을 말한다.

2. 군사보호구역의 설정대상

가. 기밀합동보관소 또는 기밀자료보관소

나. 암호취급소

다. 비밀상황실

라. 정보공작실

마. 군사기밀장비의 보관 및 정비실

3. 군사보호구역의 표시 및 고지요령

가. 표시의 방법

1) 군사제한구역,

경고
(군사제한구역)
이 구역에는 업무상 관계있는 사람만 출입할 수 있습니다.

2) 군사통제구역

경고
(군사통제구역)
이 구역에는 군사 ○급비밀 취급 인가자로서 업무상 관계있는 사람만 출입할 수 있습니다.

3) "경고, (군사제한구역), (군사통제구역), 군사○급비밀" 부분은 붉은색, 나머지는 검은색으로 표시한다.

나. 표지판의 규격 및 설치장소

군사보호구역의 표지판은 해당 시설에 적합한 크기로 제작·설치하되, 비인가자가 쉽게 알아볼 수 있는 곳에 설치하여야 한다.

또한, 군사기밀 보호법 시행령 제5조 제4항에 따를 때 군사기밀을 취급하는 부대의 장(기관의 장 포함)은 설정된 군사보호구역에 대하여 다음 각 호의 보호조치를 하여야 하는데, 그 내용은 아래와 같다.

군사기밀 보호법 시행령 제5조 제4항 각 호

1. 군사기밀 보호를 위한 경비
2. 출입인가자의 한계 설정과 비인가자 출입 통제
3. 보관용기 또는 보관시설의 잠금장치 설치
4. 개인 소유·관리 정보통신기기의 반입 통제. 다만, 국방부장관이 정하는 보안 소프트웨어를 설치한 이동통신단말장치 등 국방부장관이 정하는 바에 따라 보안조치를 적용한 정보통신기기는 반입을 허용할 수 있다.

한편, 군사기밀을 취급하는 자는 군사기밀에 대하여 군사기밀 보호법 시행령 제5조 제1항 각 호에 규정된 보호조치를 하여야 하는데, 그 내용은 아래와 같다.

군사기밀 보호법 시행령 제5조 제1항 각 호

1. 군사기밀은 도난·분실·화재 또는 파괴 등으로부터 보호되고, 그 생산과정과 전파경로를 확인할 수 있도록 대책을 마련할 것
2. 군사기밀은 해당 등급의 비밀취급 인가를 받은 사람으로서 업무상 관련이 있는 사람에게만 취급하게 할 것
3. 군사기밀은 그 내용과 가치의 정도에 따라 결재선상의 최초 지정권자가 군사기밀로 지정할 것
4. 군사기밀에 대한 비밀취급 비인가자의 접근을 방지하고 그 취급자에게 경고하기 위하여 최초 생산 시부터 군사기밀의 표시 방법에 따라 표시하거나 이를 고지하도록 할 것
5. 군사기밀의 표시 또는 고지 방법은 별표 2의 방법에 따를 것

마지막으로, 군사기밀을 취급하는 부대의 장은 군사기밀 보호법 시행령 제5조 제5항에 따라 전역자 및 퇴직자가 군사기밀을 누설하지 않도록 전역 또는 퇴

직 전에 아래와 같은 조치를 하여야 한다.[21]

군사기밀 보호법 시행령 제5조 제5항 각 호
1. 보안점검 및 보안교육 실시
2. 정보체계 계정 삭제
3. 비밀 인계·인수 실태 확인
4. 비밀보호 서약의 집행

라. "그 내용"의 의미

비록 탐지·수집이나 누설의 객체에 군사기밀임을 표시하는 표지가 없다 하더라도[22] 그 객체에 군사기밀 내용이 포함되어 있다면 형식비성을 결여하였다고 보기 어렵다는 의미[23]이다.

[판례] 군사기밀임을 표시하는 표지가 없는 경우에도 군사기밀의 형식비성을 인정한 사례

서울동부지방법원 2023. 12. 21. 선고 2023고합184 판결[24]
이 법원이 적법하게 채택하여 조사한 증거들에 의하여 인정되는 다음과 같은 사실 및 사정들 즉, ① 비록 이 사건 파일을 실행하여 현출되는 문건에는 군사기밀임을 나타내는 표시가 되어 있지 않지만, 이 사건 파일의 내용은 2019. 12. 19. 군사 2급 비밀로 지정된 '<사업명> 사업 시설공사 설계도면'(이하 '이 사건 설계도면'이라 한다)의 일부 페이지와 대부분 일치하거나 동일한 내용을 포함하고 있고(증거기록 1700쪽, 별책 군사기밀 순번 16 내지 113번), 피고인이 이 사건 파일을 취득한 2020. 12.경에는 이 사건 설계도면의 군사기밀 지정이 적법절차에 의해 해제되었다는 사정도 발견하기 어려우므로 이 사건 파일은 군사기밀이라는 뜻이 표시 또는 고지되거나 보호에 필요한 조치가 행하여진 군 관련 도서·문서의 "내용" 중 일부에 해당하는 것으로 볼 수 있는 점 (중략) 등을 종합하여 보면, 이 사건 파일의 내용은

---

21) 다만, 이는 행정조치 사항으로 형식비성 관련 요건이라 보기는 어렵다.
22) 비밀표시를 가리고 복사한 경우, 비밀표시를 제외하고 군사기밀 내용 전체 또는 일부를 수기나 컴퓨터 등으로 옮겨 적은 경우 등이다.
23) 다만, 이 경우 (군)검사는 원본 군사기밀의 존재, 원본 군사기밀의 군사기밀성 및 객체와 원본 군사기밀 간 내용의 동일성 등을 입증해야 한다.
24) 서울고등법원 2024. 6. 28. 선고 2024노204 판결로 확정됨.

그 내용이 누설되는 경우 국가안전보장에 상당한 위험을 초래할 우려가 있는 것으로 명백히 인정되는 군사기밀로 평가함이 상당하다. 피고인 및 변호인의 주장은 받아들이지 않는다.

위 사례에서 피고인은 이 사건 파일 자체나 이 사건 파일을 출력한 출력물에 군사기밀임을 표시하는 표지가 없어 이 사건 파일이 "형식비성"을 결여하고 있다는 취지로 주장하였으나, 재판부는 이 사건 파일은 군사Ⅱ급비밀로 지정된 이 사건 설계도면의 "내용"을 포함하고 있으므로, 이 사건 파일 자체나 이 사건 파일을 출력한 출력물에 군사기밀임을 표시하는 표지가 없다고 하더라도 곧바로 이 사건 파일이나 그 출력물이 "형식비성"이 결여된 군사기밀이라 볼 수 없다는 이유로 피고인의 주장을 배척하였다.

마. 형식비성 판단의 기준 시점

앞서 살펴본 다른 요건들과 동일하게 형식비성 판단의 기준 시점 역시 군사기밀 보호법 위반행위 시이다. 판례도 피고인이 해당 군사기밀을 탐지·수집한 시점에 이미 해당 군사기밀을 포함하고 있는 설계도면이 군사Ⅱ급비밀로 지정되어 있었다는 이유로 피고인의 "이 사건 파일이 최초로 생성될 당시에는 이 사건 도면이 비밀로 지정되기 전이었다"는 취지의 주장을 배척한 바 있다(서울동부지방법원 2023. 12. 21. 선고 2023고합184 판결).[25)]

같은 맥락에서 군사기밀이 생산되기 전에 특정 내용을 누설한 사람을 군사기밀보호법위반죄로 처벌할 수도 없다. 판례 또한 같은 취지이다.

[판례] 군사기밀 생산 이전에 특정 내용을 누설한 경우 군사기밀보호법위반죄 성립을 부정한 사례

국방부 보통군사법원 2018. 2. 20. 선고 2016고40(분리) 판결[26)]
누설 내용이 2015. 8. 24. 생산한 군사Ⅱ급비밀 중 이 사건 M탄 재산정 결과와 일치함은 사실이나, 위 군사Ⅱ급비밀은 이 사건 주위적 공소사실의 범행일시 이후에 생

---

25) 서울고등법원 2024. 6. 28. 선고 2024노204 판결로 확정됨.

산된 점, 참고인들이 자료 1장을 평문수발 형식으로 전달받아 회의자료로 작성하였던 것으로 회의자료를 작성하면서 별도로 비밀등급을 부여하거나 표시한 적이 없었다고 진술하여 피고인이 보고 받아 적은 회의자료에도 비밀등급 표시가 없었던 것으로 봄이 상당한 점, 위 자료의 실질적 작성자인 참고인이 참고하였다는 자신의 연구자료는 군사Ⅲ급비밀로 생산예정인 M탄 소요 산정기준에 관한 자료였다고 진술한 점에서 군사Ⅲ급비밀인 소요산정기준에서 그 결과로 도출된 수요량이 군사Ⅱ급비밀로서 가치를 가지게 된다고 보기 어려운 점, 작전운용개념이나 작전단계별 소요산정기준, 부대별 세부 운용계획 및 소요발수 등이 전혀 나타나지 않는 총 소요량을 군사Ⅲ급비밀보다 더 높은 비밀로서의 가치를 가진다고 판단할 수 없는 점이 인정된다.

또한 누설한 군사기밀사항이 누설행위 이후 평문으로 저하되었거나 군사기밀이 해제되었다고 하더라도 이를 법률의 변경이라 볼 수 없으므로 형법 제1조 제2항이 적용되지 않는다.

[판례] 누설한 군사기밀사항이 누설행위 이후 평문으로 저하되었거나 군사기밀이 해제된 경우, 형법 제1조 제2항의 적용 여부(소극)

대법원 2000. 1. 28. 선고 99도4022 판결
형법 제1조 제2항은 "범죄 후 법률의 변경에 의하여 그 행위가 범죄를 구성하지 아니하거나 형이 구법보다 경한 때에는 신법에 의한다."고 규정하고 있는바, 피고인이 누설한 군사기밀사항들이 피고인이 누설행위를 한 이후 모두 평문으로 저하되었다거나 군사기밀이 해제되었다고 하더라도 이를 법률의 변경으로 볼 수는 없으므로 재판시 법적용 여부가 문제될 여지는 없어 원심의 법령적용은 정당하기에 이에 관한 상고이유의 주장을 받아들이지 아니한다.

---

26) 군사법원은 피고인이 누설한 내용이 담긴 군사기밀은 범행일시 이후에 비밀로 생산된 점 등을 이유로 피고인의 군사기밀보호법위반의 점(주위적 공소사실)에 대해서는 무죄를 선고하였다. 다만, 군사법원은 피고인이 누설한 내용이 최소한 대외비 이상의 비밀성은 인정된다는 이유로 피고인의 군형법 제80조 위반의 점(예비적 공소사실)에 대해서는 유죄를 선고하였다.

위 판례들의 법리를 비교해서 정리하면 아래와 같다.

시간 순서			군사기밀보호법위반죄 성립 여부
군사기밀 지정 행위	→	군사기밀 누설 등 행위	○
군사기밀 누설 등 행위	→	군사기밀 지정 행위	×
군사기밀 누설 등 행위	→	군사기밀 사항 평문 저하 또는 군사기밀 해제	○ (형법 제1조 제2항이 적용되지 않음)

바. 관련 쟁점

1) 군사기밀의 보호기간과 보존기간에 관한 일반론[27)]

군사기밀 보호법에 따를 때 군사기밀을 지정한 자는 군사기밀로 지정된 사항이 군사기밀로서 계속 보호할 필요가 없어졌을 때에는 지체 없이 그 지정을 해제하여야 한다(군사기밀 보호법 제6조). 다음으로, 국방보안업무훈령에 따르면 비밀은 최초 비밀지정권자가 결재한 때부터 비밀로 지정되고(국방보안업무훈령 제25조 제1항), 비밀을 생산할 경우에는 원본에는 보호기간과 보존기간, 사본에는 보호기간과 처리방법을 명시하여야 하며, 사본의 보호기간은 원본의 보호기간보다 길게 부여할 수 없다.

비밀의 보호기간은 보호되어야 할 필요가 있는 기간으로 부여하고, 비밀의 보존기간은 1, 3, 5, 10, 30년 및 준영구, 영구의 7종으로 부여하여야 하며, 보존기간은 보호기간보다 길게 부여하여야 한다(국방보안업무훈령 제50조 제1 내지 3항).

비밀은 사본에 한해 보호기간 만료일 업무 종료 시 파기함을 원칙으로 한다(국방보안업무훈령 제53조 제3항). 생산한 비밀기록물(원본)은 공공기록물 관리에 관한 법률이 정하는 절차[28)]에 따라 기록물관리기관으로 이관하여야 한다(국방보

---

27) 본 목차의 국방보안업무훈령 등 비공개인 국방부 행정규칙의 내용을 서술한 부분은 서울중앙지방법원 2024. 1. 17. 선고 2022노1667 판결에 포함된 내용을 인용하였다. 군사기밀의 지정, 해제 및 공개에 대한 자세한 내용은 해당 목차에서 후술한다.

28) 공공기록물 관리에 관한 법률 제33조(비밀 기록물의 관리) ① 공공기관은 비밀 기록물을 생산할 때에는 그 기록물의 원본에 비밀 보호기관 및 보존기간을 함께 정하여 보존기간이 끝날 때까지 관리되도록 하여야 한다. 이 경우 보존기간은 비밀 보호기간 이상의 기간으로 책정하여야 한다. ② 비밀 기록물의 원본은 대통령령이 정하는 바에 따라 관할 기록물관리기관으로 이관하여 보존하여야 한다.

안업무훈령 제54조 제1항 본문). 비밀지정권자는 비밀(군사 I 급비밀 제외)이 부여된 보호기간 도래 전에 그 가치를 상실하였거나, 비밀로서 계속 보호할 필요성이 없게 된 때에는 지체 없이 이를 해제하여야 한다(국방보안업무훈령 제199조).

[판례] 군사기밀의 지정이 적법절차에 의해 해제되었거나 국방부장관에 의해 공개되지 않은 경우 군사기밀성 판단

대법원 2000. 1. 28. 선고 99도4022 판결
군사기밀보호법상의 '군사기밀'이라 함은 일반인에게 알려지지 아니한 것으로서 그 내용이 누설되는 경우 국가안전보장에 명백한 위험을 초래할 우려가 있는 군관련 문서·도화·전자기록 등 특수매체기록 또는 물건으로서 군사기밀이라는 뜻이 표시 또는 고지되거나 보호에 필요한 조치가 행하여진 것과 그 내용을 말하고(같은 법 제2조), 군사기밀을 지정한 자는 군사기밀로 지정된 사항이 군사기밀로서 계속 보호할 필요가 없게 된 때에는 지체 없이 그 지정을 해제하여야 하며(같은 법 제6조), 그 해제는 해제 예고일자의 도래로 군사기밀의 지정이 해제되는 예고문에 의한 해제와 공개 등의 사유로 군사기밀로서 계속 보호할 필요가 없게 되어 군사기밀의 지정이 해제되는 긴급해제로 구분되어 있고(같은법 시행령 제6조), 국방부장관은 국민에게 알릴 필요가 있는 때, 공개함으로써 국가안전보장에 현저한 이익이 있다고 판단되는 때에는 보안정책회의의 회의를 거쳐 공개하되, 중요 군사기밀의 공개에 관하여는 국가정보원장의 승인을 얻어야 하며 이에 따라 군사기밀을 공개한 때부터 군사기밀의 지정이 해제된 것으로 보므로(같은 법 제7조, 같은법 시행령 제7조 제1항, 제2항), 군사기밀의 지정이 적법절차에 의해 해제되었거나 국방부장관에 의해 공개되지 않는 한 비록 군내부에서 그 사항이 평문으로 문서수발이 되었다거나 군사기밀사항이 장비제작사의 장비설명 팜플렛, 상업견적서요구공문에 기재되어 배포되었다고 하더라도 군사기밀로서의 성질을 그대로 가지고 있다고 할 것이다.

2) 군사기밀의 보호기간이 도과한 이후 군사기밀 보호법 위반행위를 한 경우

군사기밀의 보호기간이 도과한 이후 군사기밀 보호법 위반행위를 한 경우 군사기밀보호법위반죄가 성립하는지가 문제된다. 이에 대하여는 성립을 긍정하는 판례와 부정하는 판례가 있다.

[판례] 보호기간이 도과된 군사기밀은 당연히 비밀성을 상실한다고 본 사례

수원지방법원 2023. 7. 13. 선고 2022고합387 판결[29)]

1) 이 사건 문서가 군사기밀에 해당하는지 여부

가) 이 사건 문서의 형식

이 사건 문서를 보면 제목란에 G라고 기재되어 있고, 내용란에는 'H', 'I', 'J'의 세 가지 항목으로 구분되어 기재되어 있으며, 'H' 부분은 중기 도태 계획(이하 <중기 도태계획 부분>이라고 한다)에 해당하고, 'I'과 'J' 부분은 당해연도 도태 계획(이하 <당해연도 도태계획 부분>이라고 한다)에 해당한다. 한편, 이 사건 문서 자체에는 군사기밀이라는 뜻이 표시 또는 고지되거나 보호에 필요한 조치가 이루어져 있지는 않다.

나) 이 사건 문서의 내용

군사기밀 보호법은 제2조 제1호에서 군사기밀이라는 뜻이 표시 또는 고지되거나 보호에 필요한 조치가 이루어진 것뿐만 아니라 그 내용도 '군사기밀'에 해당한다고 정의하고 있으므로, 이 사건 문서의 내용이 군사기밀 보호법상의 군사기밀에 해당하여야 한다.

(2) <중기 도태계획 부분>은 아래 표 기재 각 군 내부문서들에서 동일한 내용이 확인되기는 한다(증거기록 102쪽). 그러나 아래와 같은 사정들을 종합하여 볼 때, 피고인이 D으로부터 이 사건 문서를 전송받은 2020. 7. 13.경에는 아래 표 순번 1 내지 3항 기재 각 내부문서들은 <u>모두 보호기간이 도과하여 군사기밀 탐지·수집 및 누설죄에서 말하는 군사기밀에 해당하지 않게 되었다고 봄이 타당하므로, 그와 동일한 내용이 담긴 <중기 도태계획 부분> 역시 더 이상 군사기밀에 해당하지 않는다고 봄이 상당하다.</u>

[표]

순번	제목	생산근거	생산일	보호기간	보존기간	등급
1	K	전력기획과－1721	15. 10. 7.	17. 12. 31.	3년	Ⅲ급
2	L	전력기획과－1742	16. 9. 28.	18. 12. 31.	3년	Ⅲ급
3	M	전력기획과－1838	17. 9. 27.	19. 12. 31.	3년	Ⅲ급
4	N	전력기획과－1688	18. 9. 20.	20. 12. 31.	3년	Ⅲ급

29) 수원고등법원 2023. 12. 21. 선고 2023노856 판결로 확정됨.

① 군사기밀에는 반드시 예고문으로 보호기간 및 보존기간을 두어야 한다(국방보안업무훈령 제50조). 보호기간은 비밀로서 보호할 필요가 있는 기간을 의미하는데, 이는 해당 비밀을 관리·보존하여야 할 기간을 의미하는 보존기간과 구별된다.

② 보호기간이 지난 비밀은 사본의 경우 파기하면 되고 원본의 경우 공공기록물 관리에 관한 법률에 따라 보존기간이 종료될 때까지 공공기록물로서 관리 대상이 되며, 공공기록물 관리 의무를 위반한 경우 군사기밀 보호법이 아닌 공공기록물 관리에 관한 법률에 따라 별도로 처벌될 뿐이다.

③ 한편 군사기밀 보호법에는 보호기간에 관한 내용이 없고 '계속 보호할 필요가 없어졌을 때 그 지정을 해제하여야 한다'는 비밀 지정 해제에 관하여만 규정하고 있다. 그런데 국방보안업무훈령 제199조에서 「'비밀이 보호기간 도래 전' 그 가치를 상실하였거나 비밀로서 계속 보호할 필요성이 없게 된 때 이를 해제하여야 한다」고 규정한 것에 비추어 볼 때, 보호기간이 도과된 군사기밀은 당연히 비밀성을 상실하되 보호기간 이전에 비밀성을 상실시키기 위해서는 위와 같이 별도의 해제 절차가 필요하다는 의미로 해석된다.

④ 예고문이 부적절하다고 판단될 때에는 예고문을 변경할 수 있는데, 위 표 순번 1 내지 3항 기재 각 내부문서들에 관하여 보호기간을 연장하는 등 예고문의 변경조치가 취하여졌다고 볼 만한 자료도 없다.

수원고등법원 2023. 12. 21. 선고 2023노856 판결(위 판결의 항소심) 중 관련 부분

1) 군사기밀 보호법 제6조는 군사기밀의 해제에 관하여 "군사기밀을 지정한 자는 군사기밀로 지정된 사항이 군사기밀로서 계속 보호할 필요가 없어졌을 때에는 지체 없이 그 지정을 해제하여야 한다"라고 규정하고 있다. 또한 군사기밀 보호법 시행령 제6조 제1항은 위와 같은 군사기밀의 해제에 관하여 "법 제6조에 따른 군사기밀의 해제는 해제를 예고한 날이 되어 군사기밀의 지정이 해제되는 예고문에 의한 해제와 공개 등의 사유로 군사기밀로서 계속 보호할 필요가 없게 되어 군사기밀의 지정이 해제되는 긴급해제로 구분한다"라고 규정하고, 제6조 제2항은 "제1항에 따른 군사기밀의 해제절차 등에 관하여 필요한 사항은 국방부장관이나 방위사업청장이 소관 사무에 따라 각각 정한다"라고 규정하고 있다.

위 시행령의 위임에 따라 국방부장관이 군사기밀을 보호하기 위한 구체적인 절차를 정한 국방보안업무훈령은, 비밀을 생산할 경우 원본의 예고문에는 보호기간을 명시하여야 하고, 비밀의 보호기간은 보호되어야 할 필요가 있는 기간으로 부여한다고 규정하고 있고(제50조 제1, 2항), 각급부대의 장은 예고문이 부적절하다고 판단될 경우 예고문을 변경할 수 있고, 연 2회 이상 보유비밀 예고문의 타당성 여부 검토 계획을 수립하여 시행하고 그 결과를 기록·유지하여야 하며, 예고문 변경 검토 결과를 비밀이력카드에 기록하여야 한다는 구체적인 예고문 변경절차를 정하고 있다(제51조 제1 내지 3항). 또한 같은 훈령 제199조에서는 비밀지정권자는 비밀(1급비밀 제외)이 부여된 보호기간 도래 전에 그 가치를 상실하였거나 비밀로서 계속 보호할 필요성이 없게 된 때에는 지체 없이 이를 해제하여야 한다고 규정하고 있다.

2) 위와 같은 관련 규정을 종합적으로 해석하면, 군사기밀이 생성될 때에는 반드시 예고문에 의하여 해당 군사기밀의 보호기간이 명시되므로, 원칙적으로는 보호기간 연장 등 별도의 예고문 변경절차가 없었다면 최초 예고문에 의하여 예고된 보호기간 만료일이 도래하면 군사기밀은 그 가치를 상실하거나 비밀로서 계속 보호할 필요성이 없게 되어 군사기밀 지정이 해제되고(예고문에 의한 해제), 위와 같이 보호기간이 도래하기 전에 군사기밀의 비밀성이 상실된다면 해당 군사기밀을 지정한 자에 의하여 지체 없이 그 지정이 해제되어야 한다(긴급해제).

그런데 이 사건의 경우 <중기 도태계획 부분>과 동일한 내용이 기재된 군 내부 문서 중 「K」, 「L」, 「M」의 경우 그 각 보호기간이 피고인이 이 사건 문서를 C에게 이메일로 송부한 2020. 7. 13. 이전에 만료되어 군사기밀 해제가 이루어짐으로써 군사기밀 보호법 제2조 소정의 군사기밀에 해당하지 않게 되었다고 봄이 타당하므로, 이와 동일한 내용이 담긴 <중기 도태계획 부분> 역시 군사기밀에 해당하지 않는다.

[판례] 보호기간이 도과하였거나 보호기간을 확인할 수 없는 군사기밀이 군사기밀 보호법상 보호의무의 대상이 되는 군사기밀인지 여부(소극)

제2지역군사법원 2025. 2. 20. 선고 2023고554 판결

위 관련 법령 및 이 법원이 채택하여 조사한 증거에 의하여 인정되는 다음과 같은 사실 및 사정을 종합하여 보면, 별지 범죄일람표 1 내지 5, 7, 8 10, 11, 13 내지 16, 18 내지 21, 23, 30 기재 문서는 이미 보호기간이 도과하였거나 군검사가 제출한 증거만으로는 보호기간을 확인할 수 없어 군사기밀 보호법상 보호의무의 대상이 되는 '군사기밀'에 해당한다고 보기 어렵다.

① 군사기밀에는 반드시 예고문으로 보호기간 및 보존기간을 두어야 한다. 보호기간은 비밀로서 보호할 필요가 있는 기간을 의미하는데, 이는 해당 비밀을 관리·보존하여야 할 기간을 의미하는 보존기간과 구별된다.

② 보호기간이 지난 비밀은 사본의 경우 파기하고 원본의 경우 공공기록물 관리에

관한 법률에 따라 보존기간이 종료될 때까지 공공기록물로서 관리 대상이 되며, 공공기록물 관리 의무를 위반한 경우 군사기밀 보호법이 아닌 공공기록물 관리에 관한 법률에 따라 별도로 처벌될 뿐이다.

③ 군사기밀 보호법 제6조는 '군사기밀을 지정한 자는 군사기밀로 지정된 사항이 군사기밀로서 계속 보호할 필요가 없어졌을 때에는 지체 없이 그 지정을 해제하여야 한다.'고 하여 비밀 지정 해제에 관하여 규정하고 있고, 국방보안업무훈령 제199조는 '비밀(Ⅰ급비밀 제외)이 보호기간 도래 전 그 가치를 상실하였거나 비밀로서 계속 보호할 필요성이 없게 된 때 이를 해제하여야 한다'고 규정하였으므로, 해당 규정들을 종합하여 보면 예고문에 의하여 예고된 보호기간이 도과된 Ⅱ · Ⅲ급 군사기밀은 예고문 변경절차에 의하여 보호기간이 연장되는 등의 사정이 없는 한 그 가치를 상실하거나 비밀로서 계속 보호할 필요성이 없게 되어 군사기밀 지정이 해제되는 것으로 해석된다.

④ 별지 범죄일람표 기재 군사기밀은 군사 Ⅱ · Ⅲ급비밀 또는 SI Ⅱ · Ⅲ급비밀이다. 그런데 증거에 의하면 별지 범죄일람표 순번 1 내지 5, 7, 8, 10, 11, 13 내지 16, 18 내지 21까지의 각 문서에 기재된 군사기밀 보호기간은 2018. 12. 31.(순번 1, 2, 8, 10, 11), 2019. 12. 31.(순번 3, 4, 14, 15, 18, 19, 20, 21), 2012. 12. 31.(순번 5), 2016. 12. 31.(순번 7), 2017. 12. 31.(순번 13), 2015. 12. 31.(순번 16)이며, 피고인이 출력한 날짜가 2015. 7. 23.으로 확인되는 별지 범죄일람표 순번 5 기재 문서를 제외하면 피고인이 각 문서를 언제 출력하였는지 명확하지 않고, 피고인이 각 문서를 출력하고 반출할 당시 위 각 문서의 보호기간이 도과하지 않아 비밀성이 유지되고 있었다는 점을 인정할 증거가 없으며, 달리 위 별지 범죄일람표에 기재된 문서들의 예고문이 변경되었다고 볼만한 자료도 없다. 또한, 별지 범죄일람표 기재 순번 23, 30 문서의 경우 박○○이 작성한 비밀여부확인서(증거순번 79)에 의하더라도 그 보호기간을 확인할 수 없고 달리 그 보호기간을 확인할 수 있는 아무런 자료가 없어 보호기간이 경과하지 아니한 군사기밀임을 인정할 증거가 없다.

[판례] 예고기간이 경과된 것이라고 하더라도 존안절차에 따라 관리되면서 달리 해제 또는 공개되지 않았다면 계속 군사기밀 보호법상 군사기밀로 보호받아야 한다고 판단한 사례

대법원 1994. 4. 26. 선고 94도348 판결

군사기밀보호법(1993. 12. 27. 법률 제4616호로서 개정되기 전의 것)상의 군사상의 기밀이란 비공지의 사실로서 적법절차에 따라 군사기밀로서의 표지를 갖추고 그 누설이 국가의 안전보장에 명백한 위험을 초래한다고 볼 만큼의 실질가치를 지닌 문서, 도화 또는 물건(헌법재판소 1992. 2. 25. 선고 89헌가104 결정 참조)으로서, 같은 법 제4조의 규정에 따라 군사상의 기밀이 해제되지 아니한 것을 말한다.
따라서 원심이 판시 '○○전쟁과 △△△△연구'는 군사 3급비밀로 구분된 군사기밀로서 적법절차에 따라 해제되거나 공개되지 아니하고 엄격하게 관리되고 있음[30]을 들어, 설사 예고기간이 경과된 것이라고 하더라도 위 군사기밀보호법 제7조[31] 소정의 군사상의 기밀에 해당한다고 판단한 것은 옳고, 여기에 소론과 같은 법리오해의 위법이 없다.

살피건대, 위 판례에서 언급된 "예고기간"이 무엇을 의미하는지 불명확하고, 설령 그것이 "예고문"을 의미한다고 보더라도 법령의 취지와 국방보안업무훈령에 정해진 보호기간의 정의[32]에 비춰볼 때 보호기간이 도과한 군사기밀은 더 이상 군사기밀로 보호되어야 할 필요가 있다고 보기 어려우므로 군사기밀성이 인정된다고 볼 수 없다.

따라서 보호기간이 도과한 군사기밀에 대한 군사기밀성이 인정되기 위해서는 해당 내용이 보호기간이 도과하지 않은 다른 군사기밀에 포함되어 있어야 한다.

3) 저자 의견 - 형식비성 구비 전 있었던 군사기밀 보호법 위반행위에 대한 처벌 필요성

실무상 실질비성을 갖춘 정보가 형식비성 구비 전 탐지·수집 또는 누설되는 경우가 많다. 이러한 정보가 단지 형식비성이 구비되지 않았다는 이유만으로 법적 보호를 받지 못한다면, 중대한 처벌의 공백이 생길 수 있고, 행위자들이 이러한 법적 공백을 악용할 가능성도 배제할 수 없다.

---

30) 원심은 국방부 고등군사법원 1993. 12. 29. 선고 93노15 판결.
"판시 '○○전쟁과 △△△△연구'는 해제 또는 공개되지 않고 계속 비밀로서 존안되고 있다는 점 및 비밀열람 기록전과 비밀대출부 등에 의하여 엄격히 관리되고 있다는 점에 비추어 보면 위 판시문건이 설사 예고기간이 경과된 것이라 하더라도 존안절차에 따라 관리되며, 달리 해제 또는 공개되지 않았다면 계속하여 군사기밀보호법상 군사상의 기밀로 보호받아야 할 것이므로 위 논지는 이유없다."

31) 군사기밀보호법[시행 1988. 2. 25.] [법률 제3993호, 1987. 12. 4., 타법개정] 제7조(누설) 군사상의 기밀을 부당한 방법으로 탐지하거나 수집한 자는 10년이하의 징역이나 금고에 처한다.

32) 비밀을 생산한 부대(기관)에서 기록물 관리기관으로 이관하기 전까지 활용 및 보호하여야 할 기간을 말한다.

위와 같은 사정에 더하여 국방보안업무훈령은 판례가 군사기밀의 형식비성을 인정하는 단계 이전, 최초의 비밀생산 시부터 준수하여야 할 절차를 규정하고 있다. 군사기밀의 보호 필요성을 감안하고, 국방보안업무훈령상 비밀생산 단계에서의 절차를 준수하였다면, 판례가 인정하는 형식비성 인정 시기를 보다 앞당길 필요가 있다고 생각한다.

설령, 형식비성 인정 시기를 앞당기지 않더라도 비밀 생산 단계에서 앞서 언급한 국방보안업무훈령상 제 규정을 준수한 경우라면, 그것이 "군사기밀이라는 뜻이 표시 또는 고지되거나 보호에 필요한 조치가 이루어진 것"에 해당한다는 이유로 군사기밀이라 주장하는 것도 이론상 가능하다고 생각한다. 앞서 언급했던 국방부 보통군사법원 2018. 2. 20. 선고 2016고40(분리) 판결도 이유에서 "참고인들이 자료 1장을 평문수발 형식으로 전달받아 회의자료로 작성하였던 것으로 회의자료를 작성하면서 별도로 비밀등급을 부여하거나 표시한 적이 없었다고 진술하여 피고인이 보고 받아 적은 회의자료에도 비밀등급 표시가 없었던 것으로 봄이 상당한 점"을 언급한바, 만약 위 사례에서 피고인이 생산 단계에서부터 제 규정을 준수하였다면 다른 결론이 도출되었을 수도 있기 때문[33]이다.

Ⅲ. 타 개념과의 비교

1. 개관

군사기밀 보호법 외 다른 법에도 군사기밀과 유사한 용어들이 있다. 형법 제98조 제1항의 "국가기밀", 같은 조 제2항의 "군사상 기밀"(국가보안법 제4조 제1항 제2호도 동일), 군형법 제13조 제2항의 "군사상 기밀", 군형법 제80조의 "군사상 기밀"이 그것들이다. 여기에서는 각 법에 규정된 내용과 그것들의 의미만 판례를 위주로 개략적으로 살피기로 한다.

33) 위와 같은 논의와 별개로 군사기밀을 취급하는 사람이 형식비성 구비 전 정당한 사유 없이 군사기밀에 대한 보호조치를 하지 아니한 경우 군사기밀 보호법 제10조에 따라 처벌될 수 있다.

2. 관련 규정과 의미

형법

제98조(간첩) ① 적국을 위하여 간첩하거나 적국의 간첩을 방조한 자는 사형, 무기 또는 7년 이상의 징역에 처한다.

② 군사상의 기밀을 적국에 누설한 자도 전항의 형과 같다.

제127조(공무상 비밀의 누설) 공무원 또는 공무원이었던 자가 법령에 의한 직무상 비밀을 누설한 때에는 2년 이하의 징역이나 금고 또는 5년 이하의 자격정지에 처한다.

군형법

제13조(간첩)

① 적을 위하여 간첩행위를 한 사람은 사형에 처하고, 적의 간첩을 방조한 사람은 사형 또는 무기징역에 처한다.

② 군사상 기밀을 적에게 누설한 사람도 제1항의 형에 처한다.

제80조(군사기밀 누설)

① 군사상 기밀을 누설한 사람은 10년 이하의 징역이나 금고에 처한다.

② 업무상 과실 또는 중대한 과실로 인하여 제1항의 죄를 범한 경우에는 3년 이하의 징역이나 금고 또는 700만원 이하의 벌금에 처한다.

국가보안법

제4조(목적수행) ① 반국가단체의 구성원 또는 그 지령을 받은 자가 그 목적수행을 위한 행위를 한 때에는 다음의 구별에 따라 처벌한다.

2. 형법 제98조에 규정된 행위를 하거나 국가기밀을 탐지·수집·누설·전달하거나 중개한 때에는 다음의 구별에 따라 처벌한다.

가. 군사상 기밀 또는 국가기밀이 국가안전에 대한 중대한 불이익을 회피하기 위하여 한정된 사람에게만 지득이 허용되고 적국 또는 반국가단체에 비밀로 하여야 할 사실, 물건 또는 지식인 경우에는 사형 또는 무기징역에 처한다.

나. 가목외의 군사상 기밀 또는 국가기밀의 경우에는 사형·무기 또는 7년 이상의 징역에 처한다.

가. 형법 제98조 제2항

형법 제98조 제2항의 군사상 기밀이라 함은 현대전의 양상에 비추어 순수한 군사상의 기밀 뿐만 아니라 군사력에 직결되고 군작전 수행과 관련이 있는 정치, 경제, 사회, 문화등 국가의 모든 분야에 걸쳐 적국에 알려짐으로써 우리나라에 군사상 불이익이 되는 일체의 기밀을 포함한다(대법원 1983. 6. 14. 선고 83도863 판결).[34]

나. 국가보안법 제4조 제1항 제2호 나목

국가보안법 제4조 제1항 제2호 나목에서 정하고 있는 기밀은 정치, 경제, 사회, 문화 등 각 방면에 관하여 반국가단체에 대하여 비밀로 하거나 확인되지 아니함이 대한민국의 이익이 되는 모든 사실, 물건 또는 지식으로서, 그것들이 국내에서의 적법한 절차 등을 거쳐 이미 일반인에게 널리 알려진 공지의 사실, 물건 또는 지식에 속하지 아니한 것이어야 하고, 또 그 내용이 누설되는 경우 국가의 안전에 위험을 초래할 우려가 있어 기밀로 보호할 실질가치를 갖춘 것이어야 한다. 다만 국가보안법 제4조가 반국가단체의 구성원 또는 그 지령을 받은 자의 목적수행 행위를 처벌하는 규정이므로 그것들이 공지되었다고 하기 위하여는 신문, 방송 등 대중매체나 통신수단 등의 발달 정도, 독자 및 청취의 범위, 공표의 주체 등 여러 사정에 비추어 보아 반국가단체 또는 그 지령을 받은 자가 더 이상 탐지·수집이나 확인·확증의 필요가 없는 것이라고 볼 수 있어야 할 것이고, 누설할 경우 실질적 위험성이 있는지 여부는 그 기밀을 수집할 당시의 대한민국과 북한 또는 기타 반국가단체와의 대치현황과 안보사항 등이 고려되는 건전한 상식과 사회통념에 따라 판단하여야 할 것이며, 그 기밀이 사소한 것이라 하더라도 누설될 경우 반국가단체에는 이익이 되고 대한민국에는 불이익을 초래할 위험성이 명백하다면 이에 해당한다 할 것이다(대법원 1997. 7. 16. 선고 97도985 전원합의체 판결).

---

34) 한편, 다음과 같은 판례도 있다.
형법 제98조 소정의 간첩죄에 있어서 군사기밀이라 함은 순전한 군사상의 기밀에만 그치는 것이 아니고 현대전의 양상하에서는 사회, 경제, 정치등에 관한 기밀은 동시에 군사상의 기밀이 될 수 있고, 국방정책상 북한괴뢰집단에 알리지 아니하거나 확인되지 아니함이 대한민국의 이익이 되는 사항이라면 실제로 북한괴뢰집단이 이를 알고 있던 모르고 있던 간에 이를 기밀사항으로 보아야 한다(대법원 1983. 3. 22. 선고 82도3036 판결).

다. 군형법 제80조

군형법 제80조에서 말하는 군사상의 기밀이란 반드시 법령에 의하여 기밀사항으로 규정되었거나 기밀로 분류명시된 사항에 한하지 아니하고 군사상의 필요에 따라 기밀로 된 사항은 물론 객관적, 일반적인 입장에서 외부에 알려지지 않는 것에 상당한 이익이 있는 사항도 포함한다고 해석하여야 하므로 그 기밀은 군사기밀보호법 제2조 소정의 범위에 국한되지 않는 것이라고 보아야 하므로, 일반적으로 군사상의 필요에 따라 특별히 보호를 요한다고 하여 설정한 대외비는 군사기밀보호법상의 군사기밀은 아니라 하더라도 군형법상의 군사상의 기밀로 취급하여야 한다(대법원 2000. 1. 28. 선고 99도4022 판결).

라. 형법 제127조

형법 제127조는 공무원 또는 공무원이었던 자가 법령에 의한 직무상 비밀을 누설하는 것을 구성요건으로 하고 있는데, 여기서 '법령에 의한 직무상 비밀'이란 반드시 법령에 의하여 비밀로 규정되었거나 비밀로 분류 명시된 사항에 한하지 아니하고, 정치, 군사, 외교, 경제, 사회적 필요에 따라 비밀로 된 사항은 물론 정부나 공무소 또는 국민이 객관적, 일반적인 입장에서 외부에 알려지지 않는 것에 상당한 이익이 있는 사항도 포함하나, 실질적으로 그것을 비밀로서 보호할 가치가 있다고 인정할 수 있는 것이어야 한다(대법원 2021. 11. 25. 선고 2021도2486 판결).

3. 각 조항 적용례

각 조항(공무상비밀누설죄 제외)의 적용례를 정리하면 다음 표와 같다.

<table>
<tr><td colspan="8">적국을 위하여 간첩(국가기밀을 탐지·수집하는 행위)하거나 적국의 간첩을 방조한 경우 또는 군사상의 기밀을 적국에 누설한 경우(직무에 관하여 군사상 기밀을 지득한 경우)</td></tr>
<tr><td colspan="4" rowspan="3">○</td><td colspan="4">×</td></tr>
<tr><td colspan="4">누설 상대방이 적국인 경우</td></tr>
<tr><td colspan="2">○</td><td colspan="2">×</td></tr>
<tr><td colspan="4">반국가단체의 구성 또는 그 지령을 받은 자가 그 목적수행을 위한 경우</td><td colspan="2" rowspan="2">직무와 관계없이[35] 지득한 군사상 기밀을 적국에 누설한 경우</td><td colspan="2">객체가 군사기밀 보호법 상 군사기밀인 경우</td></tr>
<tr><td colspan="2">○</td><td colspan="2">×</td><td>○</td><td>×</td></tr>
<tr><td colspan="2" rowspan="2">국가보안법 제4조 제1항 제2호 적용</td><td colspan="2" rowspan="2">행위자가 군형법 적용 대상자인 경우</td><td colspan="2">객체가 군사기밀 보호법 상 군사기밀이기도 한 경우</td><td></td><td></td></tr>
<tr><td>×</td><td>○</td><td></td><td></td></tr>
<tr><td colspan="2" rowspan="2">군사상 기밀 또는 국가기밀이 국가안전에 대해 중대한 불이익을 회피하기 위하여 한정된 사람에게만 지득이 허용되고 적국 또는 반국가단체에 비밀로 하여야 할 사실, 물건 또는 지식인 경우</td><td>○</td><td>×</td><td rowspan="4">형법 제99조 (일반이적) (무기 또는 3년 이상의 징역)</td><td rowspan="4">형법 제99조 (일반이적) (무기 또는 3년 이상의 징역) (및 이론상 군사기밀보호법위반죄도 성립 가능)</td><td rowspan="4">군사기밀 보호법 적용 (탐지·수집한 행위와 누설한 행위 모두 처벌)</td><td rowspan="4">군형법 제80조 (탐지·수집한 행위에 대한 처벌 규정 없음) 10년 이하의 징역이나 금고</td></tr>
<tr><td rowspan="3">군형법 제13조 적용 (사형 또는 무기징역)</td><td rowspan="3">형법 제98조 적용 (사형, 무기 또는 7년 이상의 징역)</td></tr>
<tr><td>○</td><td>×</td></tr>
<tr><td>사형 또는 무기징역</td><td>사형·무기 또는 7년 이상의 징역</td></tr>
</table>

35) 직무에 관하여 군사상 기밀을 지득한 자가 이를 적국에 누설한 경우에는 형법 제98조 제2항의 간첩죄가 적용된다.

02

군사기밀의 지정, 관리, 공개 및 해제

제2장 군사기밀의 지정, 관리, 공개 및 해제

제1절 개관

군사기밀 보호법은 제4조부터 제9조까지 군사기밀의 관리에 관한 규정을 두고 있는데, 그 구체적인 내용은 "군사기밀을 어떻게 지정하는지(제4조), 군사기밀을 어떻게 보호하는지(제5조), 군사기밀을 어떻게 공개(제7조), 제공 또는 설명하는지(제8조), 군사기밀에 대한 공개 요청을 받았을 때 어떻게 공개하는지(제9조) 및 군사기밀을 어떻게 해제하는지(제6조)"이다.

저자 의견으로 논의의 흐름상 군사기밀의 "지정－관리－공개－해제" 순서가 자연스러우므로 군사기밀의 해제에 관한 규정을 가장 마지막에 두는 것이 적절하다고 생각한다.

제2절 군사기밀의 지정 원칙 및 지정권자

제4조(군사기밀의 지정 원칙 및 지정권자) ① 군사기밀은 그 내용과 가치의 정도에 따라 적절히 보호할 수 있는 최저등급으로 지정하여야 한다.
② 군사기밀의 등급별 지정권자는 대통령령으로 정한다.

군사기밀 보호법 시행령

제4조(군사기밀의 지정권자) ① 법 제4조 제2항에 따른 군사Ⅰ급비밀 지정권자는 다음 각 호와 같다.
1. 「보안업무규정」 제9조 제1항 제1호부터 제12호까지의 Ⅰ급비밀 취급 인가권자 및

그가 지정하는 사람 2. 방위사업청장 3. 국방정보본부장 4. 해군작전사령관, 해병대사령관, 공군작전사령관 5. 국군방첩사령관, 국군정보사령관 6. 「국방과학연구소법」에 따른 국방과학연구소장 7. 그 밖에 국방부장관이 지정하는 사람 ② 법 제4조 제2항에 따른 군사Ⅱ급비밀 및 군사Ⅲ급비밀 지정권자는 다음 각 호와 같다. 1. 군사Ⅰ급비밀 지정권자 및 그가 지정하는 사람 2. 「보안업무규정」 제9조 제2항 제2호부터 제4호까지의 Ⅱ급비밀 및 Ⅲ급비밀 취급 인가권자 및 그가 지정하는 사람 3. 국방부, 합동참모본부 및 국방정보본부의 장성급(將星級) 장교 4. 국방부 직할부대 및 기관의 장, 편제상 장성급 장교인 참모 5. 육군·해군·공군(이하 "각군"이라 한다) 본부의 장성급 장교 및 그 직할부대장 6. 각군 예하(隸下) 부대 중 편제상 장성급 장교가 지휘하는 부대의 장, 장성급 장교인 참모 7. 그 밖에 국방부장관이 지정하는 사람

Ⅰ. 군사기밀 등급의 지정

군사기밀 보호법 시행령 제4조에 따른 군사기밀의 지정권자는 같은 시행령 제3조의 등급 구분과 같은 시행령 [별표 1]의 세부 기준에 따라 군사기밀을 그 내용과 가치의 정도에 따라 적절히 보호할 수 있는 최저등급으로 지정하여야 한다.

예컨대 어떤 군사기밀에 군사Ⅱ급비밀과 군사Ⅲ급비밀에 해당하는 내용이 혼재되어 있다면 해당 군사기밀을 군사Ⅲ급비밀로 지정해야 한다는 것으로 군사기밀의 등급을 과도하게 지정하는 것을 방지하기 위함이다.

Ⅱ. 군사기밀의 등급별 지정권자

군사기밀의 등급별 지정권자는 군사기밀 보호법 시행령 제4조에 규정되어 있는데, 정리하면 아래 표와 같다.

군사기밀 지정권자	군사기밀 보호법 시행령	보안업무규정
군사Ⅰ급 비밀 지정권자	**제4조 제1항** 1. 「보안업무규정」 제9조 제1항 제1호부터 제12호까지의 Ⅰ급비밀 취급 인가권자 및 그가 지정하는 사람 2. 방위사업청장 3. 국방정보본부장 4. 해군작전사령관, 해병대사령관, 공군작전사령관 5. 국군방첩사령관, 국군정보사령관 6. 「국방과학연구소법」에 따른 국방과학연구소장 7. 그 밖에 국방부장관이 지정하는 사람[36]	**제9조 제1항**[37] 1. 대통령 2. 국무총리 3. 감사원장 4. 국가인권위원회 위원장 4의2. 고위공직자범죄수사처장 5. 각 부·처의 장 6. 국무조정실장, 방송통신위원회 위원장, 공정거래위원회 위원장, 금융위원회 위원장, 국민권익위원회 위원장, 개인정보 보호위원회 위원장 및 원자력안전위원회 위원장 7. 대통령 비서실장 8. 국가안보실장 9. 대통령경호처장 10. 국가정보원장 11. 검찰총장 12. 합동참모의장, 각군 참모총장, 지상작전사령관 및 육군제2작전사령관 13. 국방부장관이 지정하는 각군 부대장
군사 Ⅱ·Ⅲ급 비밀 지정권자	**제4조 제2항** 1. 군사Ⅰ급비밀 지정권자 및 그가 지정하는 사람 2. 「보안업무규정」 제9조 제2항 제2호부터 제4호까지의 Ⅱ급비밀 및 Ⅲ급비밀 취급 인가권자 및 그가 지정하는 사람	**제9조 제2항**[38] 1. 제1항 각 호의 사람 2. 중앙행정기관등인 청의 장 3. 지방자치단체의 장 4. 특별시·광역시·도 및 특별자치시·특별자치도의 교육감 5. 제1호부터 제4호까지의 사람이 지정한 기관의 장

36) 국방보안업무훈령에서 정하고 있다.
37) 보안업무규정 제9조 제1항은 Ⅰ급비밀 취급 인가권자와 Ⅰ, Ⅱ급비밀 소통용 암호자재 취급 인가권자를 함께 규정하고 있다.
38) 보안업무규정 제9조 제2항은 Ⅱ, Ⅲ급비밀 취급 인가권자와 Ⅲ급비밀 소통용 암호자재 취급 인

	3. 국방부, 합동참모본부 및 국방정보본부의 장성급(將星級) 장교 4. 국방부 직할부대 및 기관의 장, 편제상 장성급 장교인 참모 5. 육군 · 해군 · 공군(이하 "각군"이라 한다) 본부의 장성급 장교 및 그 직할부대장 6. 각군 예하(隸下) 부대 중 편제상 장성급 장교가 지휘하는 부대의 장, 장성급 장교인 참모 7. 그 밖에 국방부장관이 지정하는 사람	

제3절 군사기밀의 보호조치 등(제5조)

제5조(군사기밀의 보호조치 등) ① 군사기밀을 취급하는 자는 제4조에 따라 지정된 군사기밀에 대하여 군사기밀이라는 뜻을 표시하거나 고지하여야 한다. 다만, 군사기밀의 표시 또는 고지가 불가능하거나 부적당한 것은 그 군사기밀에 대한 접근을 방지하거나 그 군사기밀이 있는 곳을 은폐하는 등 군사기밀의 보호에 필요한 조치를 하여야 한다.
② 군사기밀을 관리하거나 취급하는 부대 또는 기관의 장은 군사기밀의 보호를 위하여 군사보호구역을 설정할 수 있다.
③ 군사기밀의 관리 · 취급 · 표시 · 고지, 그 밖에 군사기밀의 보호조치와 군사보호구역의 설정 등에 필요한 사항은 대통령령으로 정한다.

"표시" 또는 "고지", "보호에 필요한 조치"의 의미 및 이와 관련한 군사기밀 보호법 시행령의 내용은 제1장 군사기밀 보호법 일반론 Ⅱ. 군사기밀의 요건 5. 형식비성 목차에 자세히 언급하였으므로 본 절에서는 설명을 생략한다.

가권자를 함께 규정하고 있다.

제4절 군사기밀의 해제(제6조)[39]

> 제6조(군사기밀의 해제)
> 군사기밀을 지정한 자는 군사기밀로 지정된 사항이 군사기밀로서 계속 보호할 필요가 없어졌을 때에는 지체 없이 그 지정을 해제하여야 한다.
>
> **군사기밀 보호법 시행령**
> 제6조(해제) ① 법 제6조에 따른 군사기밀의 해제는 해제를 예고한 날이 되어 군사기밀의 지정이 해제되는 예고문에 의한 해제와 공개 등의 사유로 군사기밀로서 계속 보호할 필요가 없게 되어 군사기밀의 지정이 해제되는 긴급해제로 구분한다.
> ② 제1항에 따른 긴급해제 시에는 해당 군사기밀의 지정권자는 해제사실을 해당 군사기밀 취급 부서에 신속하게 통보하여야 한다.
> ③ 제1항에 따른 군사기밀의 해제절차 등에 관하여 필요한 사항은 국방부장관이나 방위사업청장이 소관 사무에 따라 각각 정한다.

Ⅰ. 서설

원칙적으로 공공기관이 보유한 정보는 국민의 알 권리를 보장하기 위해 공개하여야 한다. 예외적으로 군사상 필요에 의해 기밀로 지정하고 비공개로 하던 정보가 군사기밀이다. 군사기밀로 한 번 지정되었더라도 기밀로 계속 보호할 필요가 없게 되는 경우 원칙으로 돌아가 군사기밀 지정을 해제하고 국민에게 이를 공개하여야 한다.

Ⅱ. 구체적 내용

국방보안업무훈령에 따르면 비밀을 생산할 경우 원본의 예고문에는 보호기간을 명시해야 하고, 비밀의 보호기간은 보호되어야 할 필요가 있는 기간으로 부

39) 본 절의 내용은 수원고등법원 2023. 12. 21. 선고 2023노856 판결 중 관련 내용을 발췌하여 정리한 것이다.

여한다(제50조 제1, 2항). 그리고 각급부대의 장은 예고문이 부적절하다고 판단될 경우 예고문을 변경할 수 있고, 연 2회 이상 보유비밀 예고문의 타당성 여부 검토 계획을 수립하여 시행하고 그 결과를 기록·유지하여야 하며, 예고문 변경 검토 결과를 비밀이력카드에 기록해야 한다(제51조 제1 내지 3항). 또한 비밀지정권자는 비밀(군사 I 급비밀 제외)이 부여된 보호기간 도래 전에 그 가치를 상실하였거나 비밀로서 계속 보호할 필요성이 없게 된 때에는 지체 없이 이를 해제하여야 한다(제199조).[40]

군사기밀이 생성될 때에는 반드시 예고문에 의하여 해당 군사기밀의 보호기간이 명시되므로, 원칙적으로는 보호기간 연장 등 별도의 예고문 변경절차가 없었다면 최초 예고문에 의하여 예고된 보호기간 만료일이 도래하면 군사기밀은 그 가치를 상실하거나 비밀로서 계속 보호할 필요성이 없게 되어 군사기밀 지정이 해제된다. 이를 '예고문에 의한 해제'라 한다. 위와 같이 보호기간이 도래하기 전에 군사기밀의 비밀성이 상실된다면 해당 군사기밀을 지정한 자에 의하여 지체 없이 그 지정이 해제되어야 한다. 이를 '긴급해제'라고 한다.

한편, 보호기간이 도과된 군사기밀이 군사기밀성을 상실하는지 여부에 대하여는 제1장 군사기밀 보호법 일반론 제2절 군사기밀의 개념과 요건 Ⅱ. 군사기밀의 요건 5. 형식비성 바. 관련 쟁점 2) 군사기밀의 보호기간이 도과한 이후 군사기밀 보호법 위반행위를 한 경우 목차에 서술된 바와 같다.

제5절 군사기밀의 공개(제7조)와 공개 요청(제9조)

> 제7조(군사기밀의 공개) 국방부장관 또는 방위사업청장은 다음 각 호의 어느 하나에 해당하는 사유가 있을 때에는 대통령령에 정하는 바에 따라 군사기밀을 공개할 수 있다.
> 1. 국민에게 알릴 필요가 있을 때

40) 국방보안업무훈령의 내용은 서울남부지방법원 2021. 8. 23. 선고 2021고합119 판결에서 공개된 내용에 한하여 서술하였다.

2. 공개함으로써 국가안전보장에 현저한 이익이 있다고 판단될 때

제9조(공개 요청) ① 모든 국민은 군사기밀의 공개를 국방부장관 또는 방위사업청장에게 문서로써 요청할 수 있다.
② 제1항의 공개 요청에 따른 군사기밀의 공개에 관하여는 제7조를 준용한다.
③ 제1항에 따른 군사기밀의 공개 요청 및 처리의 절차 등에 관하여 필요한 사항은 대통령령으로 정한다.

군사기밀 보호법 시행령
제2조(정의) 이 영에서 사용하는 용어의 뜻은 다음과 같다.
1. "군사기밀의 공개"란 군사기밀 내용을 적법한 절차에 따라 공개할 것을 결정하여 비밀 취급이 인가되지 아니한 일반인에게 성명(聲明) · 언론 · 집회 등을 통하여 공표하는 것을 말한다.

제7조(공개)
① 국방부장관이나 방위사업청장이 법 제7조에 따라 군사기밀을 공개할 때에는 보안정책회의를 거쳐 공개하되, 중요 군사기밀의 공개에 관하여는 국가정보원장의 승인을 받아야 한다.
② 제1항에 따라 공개되는 군사기밀은 공개한 때부터 군사기밀의 지정이 해제된 것으로 본다.

제9조(공개 요청) ① 법 제9조에 따라 군사기밀의 공개를 요청하려는 자는 별지 서식의 군사기밀 공개 요청서에 그 사유를 적어 방위사업청장이나 그 군사기밀을 취급하는 부대의 장에게 제출하여야 한다.
② 제1항에 따른 군사기밀 공개 요청서를 접수한 부대의 장은 그 기밀의 공개에 대한 자체 검토의견서를 첨부하여 국방부장관에게 제출하여야 한다.
③ 제1항에 따른 군사기밀 공개 요청에 따른 국방부장관이나 방위사업청장의 군사기밀 공개에 관하여는 제7조를 준용한다.
④ 국방부장관은 제1항에 따른 군사기밀 공개 요청서에 대한 처리 결과를 그 군사기밀을 취급하는 부대장을 거쳐 그 요청인에게 서면으로 통보하여야 하고, 방위사업청장은 직접 그 요청인에게 서면으로 통보하여야 한다.

Ⅰ. 의의

국방부장관 또는 방위사업청장은 국민에게 알릴 필요가 있을 때 또는 공개함으로써 국가안전보장에 현저한 이익이 있다고 판단될 때 군사기밀을 공개할 수 있고, 국민의 공개 요청이 있을 경우에도 군사기밀을 공개할 수 있다. 이에 따라 군사기밀을 공개할 경우 공개한 때부터 군사기밀의 지정이 해제된다.

Ⅱ. 군사기밀의 공개 절차 정리

1. 군사기밀 보호법 제7조에 따른 공개의 경우

<table>
<tr><td colspan="2">국방부장관 또는 방위사업청이 국민에게 알릴 필요가 있다고 판단한 때 또는 공개함으로써 국가안전보장에 현저한 이익이 있다고 판단한 때</td></tr>
<tr><td colspan="2">↓</td></tr>
<tr><td colspan="2">공개하려는 군사기밀이 중요 군사기밀인 경우</td></tr>
<tr><td>○</td><td rowspan="3">×</td></tr>
<tr><td>↓</td></tr>
<tr><td>국가정보원장의 승인</td></tr>
<tr><td colspan="2">↓</td></tr>
<tr><td colspan="2">보안정책회의</td></tr>
<tr><td colspan="2">↓</td></tr>
<tr><td colspan="2">군사기밀 공개</td></tr>
</table>

2. 군사기밀 보호법 제9조에 따른 공개의 경우

<table>
<tr><td colspan="2">군사기밀의 공개를 요청하려는 자가 군사기밀 공개 요청서에 그 사유를 적어 방위사업청장이나 그 군사기밀을 취급하는 부대의 장에게 제출</td></tr>
<tr><td colspan="2">↓</td></tr>
<tr><td rowspan="3">방위사업청장</td><td>군사기밀을 취급하는 부대의 장</td></tr>
<tr><td>↓</td></tr>
<tr><td>그 기밀의 공개에 대한 자체 검토의견서를 첨부하여 국방부장관에게 제출</td></tr>
</table>

	↓
공개하려는 군사기밀이 중요 군사기밀인 경우	
○	×
↓	
국가정보원장의 승인	
↓	
보안정책회의	
↓	
군사기밀 공개 또는 비공개 결정	
↓	
방위사업청장	국방부장관
↓	↓
군사기밀 공개 요청서에 대한 처리 결과를 직접 그 요청인에게 서면 통보	군사기밀 공개 요청서에 대한 처리 결과를 그 군사기밀을 취급하는 부대장을 거쳐 그 요청인에게 서면 통보

Ⅲ. 공공기관의 정보 공개에 관한 법률과의 관계

1. 일반론

공공기관의 정보공개에 관한 법률에 따를 때 공공기관이 보유·관리하는 정보는 원칙적으로 공개 대상이 되지만(제9조 제1항 본문), 다른 법률 또는 법률에서 위임한 명령에 따라 비밀이나 비공개 사항으로 규정된 정보(제9조 제1항 단서, 같은 항 제1호) 또는 국가안전보장·국방·통일·외교관계 등에 관한 사항으로서 공개될 경우 국가의 중대한 이익을 현저히 해칠 우려가 있다고 인정되는 정보는 공개하지 아니할 수 있다(제9조 제1항 단서, 같은 항 제2호). 즉, 군사기밀에 대한 정보공개청구가 있을 경우에는 군사기밀 보호법 또는 보안업무규정에 따라 비공개결정을 할 수 있다.

이와 관련하여 국민권익위원회는 육군 부대개편 세부내용이 포함된 군사Ⅲ

급비밀에 대한 정보공개 거부처분 취소청구에 대하여 그 정보는 공개될 경우 국가의 중대한 이익을 현저히 해칠 우려가 있다고 인정되는 정보에 해당한다는 이유로 기각결정을 한 바 있다.

[결정] 정보공개 거부처분 취소청구[국민권익위원회 2014-13694, 2014. 9. 23., 기각]

[재결요지]

피청구인은 이 사건 정보가 육군의 부대개편 세부내용이 포함되어 '군사 Ⅲ급비밀'에 해당한다는 이유로 이 사건 처분을 하였고, '군사 Ⅲ급비밀'은 누설될 경우 국가안전보장에 상당한 위험을 끼칠 것으로 명백히 인정되는 것이라고 관계법령에서 규정하고 있음을 볼 때, 이 사건 정보가 정보공개법 제9조 제1항 제2호에서 규정하는 공개될 경우 국가의 중대한 이익을 현저히 해칠 우려가 있다고 인정되는 정보에 해당한다고 할 것이고, 달리 이 사건 정보가 명백히 군사기밀에 해당되지 않는다고 볼 자료도 없으므로, 피청구인이 정보공개법 제9조 제1항 제2호에 따라 이 사건 정보의 공개를 거부한 이 사건 처분이 위법·부당하다고 할 수 없다.

2. 군사기밀 보호법상 공개 요청과의 관계

만약 청구인이 공공기관의 정보공개에 관한 법률에 따라 군사기밀에 대한 공개를 청구한 경우 이를 군사기밀 보호법상 공개 요청과 동일하게 볼 수 있는지 또는 이에 군사기밀 보호법상 공개 요청이 포함되어 있는 것으로 볼 수 있는지 문제된다.

이와 관련하여 대법원은 국방부의 한국형 다목적 헬기(KMH) 도입사업에 대한 감사원장의 감사결과보고서가 군사Ⅱ급비밀에 해당하는 이상 공공기관의 정보공개에 관한 법률 제9조 제1항 제1호에 의하여 공개하지 아니할 수 있다고 판단하면서 공공기관의 정보공개에 관한 법률에 의한 정보공개청구를 군사기밀 보호법에 의한 군사기밀 공개요청과 동일한 것으로 보거나 그 공개요청이 포함되어 있는 것으로 볼 수 없다고 판단하였다.

[판례] 공공기관의 정보공개에 관한 법률에 의한 정보공개청구를 군사기밀보호법에 의한 군사기밀 공개요청과 동일한 것으로 보거나 그 공개요청이 포함되어 있는 것으로 볼 수 없다고 판단한 사례

대법원 2006. 11. 10. 선고 2006두9351 판결

판결요지

[1] 국방부의 한국형 다목적 헬기(KMH) 도입사업에 대한 감사원장의 감사결과보고서가 군사2급비밀에 해당하는 이상 공공기관의 정보공개에 관한 법률 제9조 제1항 제1호에 의하여 공개하지 아니할 수 있다고 한 사례.

[2] 공공기관의 정보공개에 관한 법률에 의한 정보공개의 청구와 군사기밀보호법에 의한 군사기밀의 공개요청은 그 상대방, 처리절차 및 공개의 사유 등이 전혀 다르므로, 공공기관의 정보공개에 관한 법률에 의한 정보공개청구를 군사기밀보호법에 의한 군사기밀 공개요청과 동일한 것으로 보거나 그 공개요청이 포함되어 있는 것으로 볼 수는 없다.

판결이유

가. 정보공개법 제9조 제1항 본문은 "공공기관이 보유·관리하는 정보는 공개대상이 된다."고 규정하면서 그 단서 제1호에서는 "다른 법률 또는 법률이 위임한 명령(국회규칙·대법원규칙·중앙선거관리위원회규칙·대통령령 및 조례에 한한다)에 의하여 비밀 또는 비공개 사항으로 규정된 정보"는 이를 공개하지 아니할 수 있다고 규정하고 있는바, 이 사건 헬기도입사업에 대한 감사결과보고서가 군사2급비밀에 해당하는 이상, 정보공개법 제9조 제1항 제1호에 의하여 공개하지 아니할 수 있는 것임이 분명하다.

나. 한편, 정보공개법 제3조는 "공공기관이 보유·관리하는 정보는 이 법이 정하는 바에 따라 공개하여야 한다."라고 규정하고, 제4조 제1항은 "정보의 공개에 관하여는 다른 법률에 특별한 규정이 있는 경우를 제외하고는 이 법이 정하는 바에 의한다."라고 규정하며, 제10조 제1항은 "정보의 공개를 청구하는 자는 당해 정보를 보유하거나 관리하고 있는 공공기관에 대하여 다음 각 호의 사항을 기재한 정보공개청구서를 제출하거나 구술로써 정보의 공개를 청구할 수 있다."고 규정하고, 제11조 제1항은 "공공기관은 제10조의 규정에 의하여 정보공개의 청구가 있는 때에는 청구를 받은 날부터 10일 이내에 공개 여부를 결정하여야 한다."라고 규정하는 한편, 군사기밀보

호법 제9조 제1항은 "모든 국민은 군사기밀의 공개를 국방부장관에게 문서로써 요청할 수 있다."고 규정하고, 제9조 제2항, 제3항, 제7조, 같은 법 시행령 제7조 등의 규정에 의하면 군사기밀의 공개를 요청받은 국방부장관은 국민에게 알릴 필요가 있거나 공개함으로써 국가안전보장에 현저한 이익이 있다고 판단되는 때에는 보안정책회의를 거쳐 공개할 수 있되, 중요 군사기밀의 공개에 관하여는 국가정보원장의 승인을 얻도록 되어 있다.

이와 같이, 정보공개법에 의한 정보공개의 청구와 군사기밀보호법에 의한 군사기밀의 공개요청은 그 상대방, 처리절차 및 공개의 사유 등이 전혀 다르므로 특별한 규정이 없는 한 정보공개법에 의한 정보공개청구를 군사기밀보호법에 의한 군사기밀 공개요청과 동일한 것으로 보거나 그 공개요청이 포함되어 있는 것으로 볼 수는 없다고 할 것이다.

03

군사기밀의 제공 및 설명(제8조)

제3장 군사기밀의 제공 및 설명(제8조)

제8조(군사기밀의 제공 및 설명) 국방부장관 또는 방위사업청장은 다음 각 호의 어느 하나에 해당하는 사유가 있을 때에는 대통령령으로 정하는 바에 따라 군사기밀을 제공하거나 설명할 수 있다.

1. 법률에 따라 군사기밀의 제출 또는 설명을 요구받았을 때
2. 군사외교상 필요할 때
3. 군사에 관한 조약이나 그 밖의 국제협정에 따라 외국 또는 국제기구의 요청을 받았을 때
4. 기술개발, 학문연구 등을 목적으로 연구기관 등이 요청할 때

군사기밀 보호법 시행령

제8조(제공 및 설명) ① 국방부장관이나 방위사업청장이 법 제8조에 따라 군사기밀을 제공하거나 설명할 때에는 다음 각 호의 방법에 따라야 한다.

1. 비밀보호 서약 등 보안조치를 마련할 것
2. 군사기밀을 제공하거나 설명하기 전에 다음 각 목의 사항을 고지할 것
   가. 군사기밀의 기밀등급
   나. 군사기밀에 대한 녹음·메모·촬영·발췌 및 복사 등의 금지
   다. 제3자에 대한 군사기밀의 제공 또는 설명의 금지
   라. 군사기밀을 제3자에게 누설할 경우 법 제12조부터 제15조까지와 제18조에 따라 처벌받는다는 사실
   마. 제공받은 군사기밀에 대한 도난·분실·화재 또는 파괴 등으로부터의 보호 의무
3. 군사기밀을 설명하는 경우 제3자의 출입제한 등의 보안조치가 이루어진 장소에서 할 것

② 제1항에 따른 군사기밀의 제공 또는 설명의 절차 및 보안조치 등을 위하여 필요한 사항은 국방부장관이나 방위사업청장이 소관 사무에 따라 각각 정한다.

Ⅰ. 법령 개관

군사기밀의 제공 및 설명과 관련된 내용을 정리하면 아래 표와 같다.

<table>
<tr><td colspan="2">국방부장관 또는 방위사업청장이
1. 법률에 따라 군사기밀의 제출 또는 설명을 요구받았을 때
2. 군사외교상 필요할 때
3. 군사에 관한 조약이나 그 밖의 국제협정에 따라 외국 또는 국제기구의 요청을 받았을 때 또는
4. 기술개발, 학문연구 등을 목적으로 연구기관 등이 요청할 때</td></tr>
<tr><td colspan="2">↓</td></tr>
<tr><td>군사기밀을 제공하는 경우</td><td>군사기밀을 설명하는 경우
(제3자의 출입제한 등의 보안조치가 이루어진 장소에서)</td></tr>
<tr><td colspan="2">1. 비밀보호 서약 등 보안조치를 마련할 것
2. 군사기밀을 제공하거나 설명하기 전에 다음 각 목의 사항을 고지할 것
가. 군사기밀의 기밀등급
나. 군사기밀에 대한 녹음·메모·촬영·발췌 및 복사 등의 금지
다. 제3자에 대한 군사기밀의 제공 또는 설명의 금지
라. 군사기밀을 제3자에게 누설할 경우 법 제12조부터 제15조까지와 제18조에 따라 처벌받는다는 사실
마. 제공받은 군사기밀에 대한 도난·분실·화재 또는 파괴 등으로부터의 보호 의무</td></tr>
</table>

Ⅱ. 저자 의견 - 군사기밀 보호법 시행령 개정 필요성

군사기밀 보호법 시행령 제8조 제1항 제2호 라목에 따르면, 국방부장관이나 방위사업청장은 군사기밀 보호법 제8조에 따라 군사기밀을 제공하거나 설명하기 전에 "군사기밀을 제3자에게 누설할 경우 법 제12조부터 제15조까지와 제18조에 따라 처벌받는다는 사실"을 고지해야 한다. 입법자는 군사기밀을 제공받거나 설명을 듣는 사람들에게 경각심을 주기 위하여 국방부장관이나 방위사업청장으로 하여금 위와 같은 사실을 고지하도록 규정한 것으로 보인다.

하지만 공식적인 절차에 따라 제공받은 군사기밀 보호법 제12조 위반죄는 애당초 성립하기 어려워 보이므로 이를 제외해야 한다. 왜냐하면 군사기밀 보호법 제12조 제1항은 군사기밀 보호법 제11조를 위반한 사람이 이를 누설한 경우를 벌하는 조항이고, 제12조 제2항은 우연히 군사기밀을 알게 되거나 점유한 사람이 이를 누설한 경우를 벌하는 조항인데, 법령에 따라 군사기밀을 제공받거나 설명을 들은 사람을 적법한 접근절차에 따르지 않고 군사기밀을 탐지·수집한 사람이라 볼 수 없고, 그 사람이 우연히 군사기밀을 알게 되었다고 볼 수도 없기 때문이다. 법령에 따라 군사기밀을 제공받거나 설명을 들은 사람을 적법한 접근절차에 따르지 않고 군사기밀을 탐지·수집한 사람이라 볼 수 없고,[41] 그 사람이 우연히 군사기밀을 알게 되었다고 볼 수도 없기 때문이다.

41) "적법한 절차"에 대하여 헌법재판소는 "'적법한 절차'는 군사기밀 보호조치, 제공·설명·공개 등 군사기밀 취득절차와 관련된 군사기밀 보호법 조항들 및 그 위임에 따라 이를 구체화하는 하위 법령에 정하는 절차를 의미한다고 봄이 상당하다. 법원은 이 사건 법률조항의 '적법한 절차'의 의미를 '관계법령에 정하고 있는 절차'로 일관되게 해석·적용하고 있다."라고 결정(헌법재판소 2019. 11. 28. 자 2018헌바298 전원재판부 결정)한 적 있다.

04

군사기밀 보호법을 위반한 경우 죄책

제4장 군사기밀 보호법을 위반한 경우 죄책

*** 군사기밀 보호법을 위반한 경우 죄책을 항목별로 정리하면 아래 표와 같다.**

<table>
<tr><th>죄목</th><th colspan="2">행위태양</th><th>적용법조</th><th>가중
(제13조
의2,
제15조)</th><th>미수범
처벌
(제18조)</th><th>필요적
자수감면
(제19조)</th><th>자격정지
병과
(제20조)</th><th>몰수·
추징 등
(제20조
의2)</th></tr>
<tr><td rowspan="2">군사기밀
보호조치
불이행</td><td rowspan="2">군사기밀을 취급하는 사람(저자 의견: 해당 군사기밀과 업무상 직접 관련 있는 사람)이 정당한 사유 없이</td><td>제5조 제1항에 따른 조치를 하지 않은 경우
(① 적법한 절차를 거쳤다면 알 수 있거나 점유할 수 있었던 군사기밀에 대한 보호조치 의무를 이행하기 않은 경우, ② 이미 알고 있거나 점유하고 있는 군사기밀의 보관장소를 이동하는 등 보관상태를 변경하는 경우 또는 ③ 업무수행 과정에서 보안규정을 위반한 경우)</td><td>법 제10조 제1항</td><td>×</td><td>×</td><td>○</td><td>○</td><td>○</td></tr>
<tr><td>군사기밀을 손괴·은닉하거나 그 밖의 방법으로 그 효용을 해친 경우</td><td>법 제10조 제2항</td><td>×</td><td>×</td><td>○</td><td>○</td><td>○</td></tr>
<tr><td>군사기밀의 탐지·수집</td><td colspan="2">군사기밀을 적법한 절차에 의하지 아니한 방법으로 탐지하거나 수집한 사람
[저자 의견: 행위자(해당 군사기밀과 업무상 직접 관련 있는 사람인지 여부 또는 업무상 군사기밀을 취급하는 사람인지 여부 또는 비밀취급인가를 갖고 있는지 여부 불문)가 적법한 절차를 위반하여 적극적으로 ① 군사기밀을 알아내는 행위 또는 ② 군사기밀에 대한 점유를 취득하는 행위(유·무형물을 입수하거나 사용할 수 있는 상태에 두는 행위)
※ 탐지·수집한 사람이 해당 군사기밀 내용을 알고 있었는지 여부는 문제되지 않음]</td><td>법 제11조
(이 경우 탐지·수집한 군사기밀에 군사기밀 보호법 제4, 5조에 따른 보호조치를 취해야 한다고 볼 수 없고, 이와 같은 보호조치를 취하지 않았다 하여 그 행위를 법 제10조 제1항 위</td><td>○</td><td>○</td><td>○</td><td>○</td><td>○</td></tr>
</table>

<table>
<tr><td></td><td colspan="3"></td><td>반죄로 처벌 할 수도 없음)</td><td></td><td></td><td></td><td></td><td></td></tr>
<tr><td>군사기밀의 탐지·수집 후 누설</td><td colspan="3">법 제11조를 위반한 사람이 이를 타인에게 누설한 경우</td><td>법 제11조, 제12조 제1항 (실체적 경합)</td><td>○</td><td>○</td><td>○</td><td>○</td><td>○</td></tr>
<tr><td rowspan="7">군사기밀의 누설</td><td rowspan="5">업무상 군사기밀을 취급하는 사람 또는 취급하였던 사람인 경우</td><td rowspan="2">그 업무상 알게 되거나 그 업무상 점유한 군사기밀인 경우
※ 적법한 절차에 의하지 아니한 방법으로 탐지·수집한 군사기밀은 “업무상 점유”한 군사기밀에 포함되지 않음</td><td>과실로 타인에게 누설</td><td>법 제14조</td><td>×</td><td>×</td><td>○</td><td>○</td><td>○</td></tr>
<tr><td>타인에게 누설</td><td>법 제13조 제1항</td><td>○</td><td>○</td><td>○</td><td>○</td><td>○</td></tr>
<tr><td rowspan="2">그 업무에 기인한 군사기밀 취급과정에서 보호조치 의무를 이행하지 않은 경우 or
보안규정을 위반하여 그 업무에 필요한 자료를 수집하는 경우</td><td>과실로 타인에게 누설</td><td>법 제10조, 제14조 (실체적 경합)</td><td>×</td><td>×</td><td>○</td><td>○</td><td>○</td></tr>
<tr><td>타인에게 누설</td><td>법 제10조, 제13조 제1항 (실체적 경합)</td><td>○</td><td>○</td><td>○</td><td>○</td><td>○</td></tr>
<tr><td colspan="2">우연히 군사기밀을 알게 되거나 점유 + 그 정을 알면서 타인에게 누설
(그 업무상 알게 되거나 그 업무상 점유한 군사기밀이 아닌 경우)</td><td>법 제12조 제2항</td><td>○</td><td>○</td><td>○</td><td>○</td><td>○</td></tr>
<tr><td rowspan="2">업무상 군사기밀을 취급하는 사람 또는 취급하였던 사람이 아닌</td><td>그 업무상 알게 되거나 그 업무상 점유한 군사기밀인 경우</td><td>타인에게 누설</td><td>법 제13조 제2항</td><td>○</td><td>○</td><td>○</td><td>○</td><td>○</td></tr>
<tr><td colspan="2">우연히 군사기밀을 알게 되거나</td><td>법 제12조</td><td>○</td><td>○</td><td>○</td><td>○</td><td>○</td></tr>
</table>

	경우	점유 + 그 정을 알면서 타인에게 누설 (그 업무상 알게 되거나 그 업무상 점유한 군사기밀이 아닌 경우)	제2항					
비인가자의 군사기밀 점유	업무상 군사기밀을 취급하였던 사람	취급인가 해제 후에도 군사기밀을 점유한 경우	법 제11조의2	○	○	○	○	○
신고·제출·삭제의 불이행	군사기밀을 보관하는 사람	이를 분실하거나 도난당한 경우 지체 없이 그 사실을 소속 기관 또는 감독 기관의 장에게 신고하지 않은 경우	법 제16조 제1항	×	×	○	○	○
	군사기밀을 습득하거나 타인으로부터 제공받아 점유한 사람	수사기관이나 군부대로부터 제출 요구를 받고 즉시 이를 제출하지 않은 경우	법 제16조 제2항	×	×	○	○	○
	압수의 목적물인 군사기밀이 형사소송법 제106조 제3항 또는 형사소송법 제219조에 따라 출력이나 복제의 방법으로 제출된 경우 그 점유자	검사나 군검사 또는 그 지휘를 받는 사법경찰관이나 군사법경찰관으로부터 컴퓨터용 디스크, 그 밖에 이와 비슷한 정보저장매체에 남아 있는 군사기밀의 삭제 요구를 받고 즉시 이를 삭제하지 아니한 경우	법 제16조 제3항	×	×	○	○	○

군사 보호구역 침입	군사보호구역을 침입한 사람		법 제17조 제1항	×	×	○	○	○
		군사기밀을 훔친 사람 또는 군사기밀을 손괴·은닉하거나 그 밖의 방법으로 그 효용을 해친 사람	법 제17조 제2항	×	×	○	○	○

제1절 군사기밀의 탐지·수집(제11조)

> 제11조(탐지·수집)
> 군사기밀을 적법한 절차에 의하지 아니한 방법으로 탐지하거나 수집한 사람은 10년 이하의 징역에 처한다.

Ⅰ. 서설

본 죄는 군사기밀을 적법한 절차에 의하지 아니한 방법으로 탐지하거나 수집함으로써 성립한다. 군사기밀 보호법은 '적법한 절차' 및 '탐지·수집'의 의미 및 범위에 관해 아무런 규정을 두지 않았고, 그 내용을 하위 법령에 명시적으로 위임한 바 없이 해석에 맡기고 있다.

Ⅱ. 주체

본 죄의 주체에는 제한이 없다. 따라서 (업무상) 군사기밀을 취급하는 사람인지 여부를 불문한다. 즉, 비밀취급인가를 가지고 있는지와 무관하다. 다만, 해당 군사기밀과 업무상 직접 관련 없는 사람이어야 한다. 적국을 위한 목적이 있을 것도 요하지 않는다(헌법재판소 1992. 2. 25. 자 89헌가104 전원재판부 결정).

헌법재판소 1992. 2. 25. 자 89헌가104 전원재판부 결정
국가의 기밀은 그 자체의 비중에 따라 중요성이 결정되는 것이고 그 탐지·수집자의 신분의 여하, 특정목적의 유무 여하에 따라 비밀의 가치에 소장이 있는 것은 아니기 때문에 적국을 위한 의사가 전혀 없는 자, 특정신분이 없는 자에 의하여 행하여진 경우라 할지라도 군사상의 기밀이 누설되면 국가의 안정보장에 해로운 결과를 초래한다는 점에서는 목적자, 신분자와 다름이 없는 것이다. 따라서 군사기밀보호법이 행위자의 목적이나 신분에 관계없이 부당한 방법으로 군사상 기밀을 탐지하거나 누설하는 경우를 벌하도록 규정하고 있는 것은 기밀의 범위가 적정하게 정립되어 있는 한, 그 당위성 및 정당성이 인정된다고 할 것이다.

Ⅲ. 행위

군사기밀을 적법한 절차에 의하지 아니한 방법으로 탐지하거나 수집하여야 한다. 대법원은 "적법한 절차에 의하지 아니한 방법으로 탐지하거나 수집한" 의미에 대해 "군사기밀에 대한 적법한 접근절차에 따르지 않고 권한 없이 탐지·수집의 대상을 찾아 그 내용을 알아내거나 그에 대한 점유를 취득하는 것을 말한다"라고 판시한 바 있다(대법원 2018. 6. 15. 선고 2013도5539 판결 등 참조).

1. "적법한 절차에 의하지 아니한 방법"의 의미

군사기밀에 대한 적법한 접근절차에 따르지 않고 권한 없이 탐지·수집의 대상을 찾아 그 내용을 알아내거나 그에 대한 점유를 취득하는 것을 뜻한다. 군사기밀에 접근할 권한이 없는 사람이 탐지·수집하거나 군사기밀을 취급할 권한이 있는 사람이라도 업무와 관계없이 탐지·수집하는 경우가 이에 해당할 수 있다(대법원 2018. 6. 15. 선고 2013도5539 판결).

헌법재판소는 "'적법한 절차'는 군사기밀 보호조치, 제공·설명·공개 등 군사기밀 취득절차와 관련된 군사기밀 보호법 조항들 및 그 위임에 따라 이를 구체화하는 하위법령이 정하는 절차를 의미한다고 봄이 상당하다. 법원은 이 사건 법률조항의 '적법한 절차'의 의미를 '관계법령에 정하고 있는 절차'로 일관되게 해석·적용하고 있다"라고 판시하였다(헌법재판소 2019. 11. 28. 자 2018헌바298 전원재판부 결정). 여기서 "관계법령"이란 군사기밀 보호법, 군사기밀보호법 시행령, 보안업무규정 및 국방보안업무훈령 등을 의미한다.

참고로 본 조항의 구성요건은 1994. 3. 28. 법률 제4616호로 개정되기 전까지 "군사상의 기밀을 부당한 방법으로 탐지하거나 수집한 자는 10년 이하의 징역이나 금고에 처한다"였다. 여기서 "부당한 방법"이 무엇을 의미하는지와 그것이 명확성 원칙에 위배되는지에 관한 헌법재판소의 결정이 있다.

[결정] "부당한 방법으로" 탐지하거나 수집한 자를 처벌하도록 하고 있는 규정이 구성요건의 구체성과 명확성을 결하고 있는지 여부(소극)

헌법재판소 1992. 2. 25. 자 89헌가104 전원재판부 결정

결정사항

나. 동법 제6조 소정의 "부당(不當)한 방법(方法)으로" 탐지하거나 수집한 자를 처벌하도록 하고 있는 규정이 구성요건(構成要件)의 구체성(具體性)과 명확성(明確性)을 결하고 있는지 여부

결정요지

나. "부당(不當)한 방법으로 탐지·수집한 자"라는 구성요건(構成要件)은 관계법령이 정하고 있는 적법(適法)한 절차에 의하지 아니하고 군사기밀(軍事機密)을 탐지(探知)·수집(蒐集)한 자를 의미하는 것임이 분명하며 이러한 내용은 통상의 판단능력(判斷能力)을 가 진 사람이라면 충분히 그 의미를 이해할 수 있다고 사료되므로 "부당(不當)한 방법으로"라는 용어를 썼다는 이유만으로 구성요건(構成要件)의 구체성(具體性) 내지 명확성(明確性)을 결여하였다고 할 수는 없는 것이다.

2. "탐지"와 "수집"의 의미

군사기밀 보호법은 "탐지·수집"의 개념을 정의하고 있지 않다. 이에 문언의 가능한 의미 범위 내에서 법 적용기관의 해석이 필요하다.

일반적으로 '탐지'란 '드러나지 않은 사실이나 물건을 찾아 알아내는 행위', '수집'이란 '여러 가지 물건이나 재료를 찾아 모으는 행위'를 뜻한다. 즉 문언의 의미에 따르면 탐지·수집은 그 대상인 물건 등을 찾아 그 내용을 알아내거나 그에 대한 점유를 취득하는 것이고, 이미 취득한 물건을 보관, 관리, 분류, 이동하는 등의 행위까지 당연히 포함한다고 보기는 어렵다.[42)]

가. 업무상 군사기밀을 취급할 권한 있는 사람의 탐지·수집 인정 여부

군사기밀 보호법 제11조에서 정한 "적법한 절차에 의하지 아니한 방법으로 탐지하거나 수집한"이라는 표현은 군사기밀에 대한 적법한 접근 절차에 따르지

42) 대법원 2018. 6. 15. 선고 2013도5539 판결.

않고 권한 없이 탐지·수집의 대상을 찾아 그 내용을 알아내거나 그에 대한 점유를 취득하는 것을 뜻한다고 보아야 한다. 군사기밀에 접근할 권한이 없는 사람이 탐지·수집하거나 군사기밀을 취급할 권한이 있는 사람이라도 업무와 관계없이 탐지·수집하는 경우가 이에 해당할 수 있다.

이와 비교하여 업무상 군사기밀을 취급할 권한이 있는 사람이 그 취급 과정에서 단순히 보호조치 의무를 이행하지 않은 경우 또는 이미 알고 있거나 점유하고 있는 군사기밀의 보관 장소를 이동하는 등 보관 상태를 변경한 경우는 군사기밀 보호법 제11조에 위반한다고 보기 어렵다. 이렇게 해석하지 않는 경우, 업무상 군사기밀을 취급할 권한 있는 사람이 군사기밀 보호조치 의무를 위반한 경우를 처벌하는 군사기밀 보호법 제10조를 별도로 둔 것이 무의미해진다.

또한 보호조치 의무 위반한 행위를 군사기밀 보호법 제11조(10년 이하의 징역)에 위반한다고 보는 경우, 업무상 군사기밀을 취급할 권한 있는 사람이 전역 또는 퇴직으로 그 권한이 사라졌음에도 군사기밀을 무단으로 반출·점유한 행위를 처벌하는 군사기밀 보호법 제11조의2의 법정형(2년 이하의 징역 또는 2천만 원 이하의 벌금)보다 훨씬 무겁게 처벌하는 결과를 초래한다는 점에서 불합리한 결과가 된다.

[판례] 탐지·수집에 이미 취득한 물건을 보관·관리·분류·이동하는 등의 행위가 포함되는지 여부(소극), 업무상 군사기밀을 취급하는 사람이 그 취급 과정에서 단순히 보호조치 의무를 이행하지 않은 경우 또는 이미 알고 있거나 점유하고 있는 군사기밀의 보관 장소를 이동하는 등 보관상태를 변경하는 경우가 이에 해당하는지 여부(소극)

대법원 2018. 6. 15. 선고 2013도5539 판결[43)]

판결요지

[1] 탐지·수집의 문언에 따른 해석, 군사기밀 보호법 제11조와 다른 처벌 규정의 체계적·논리적 관계, 합헌적 법률해석의 원칙 등에 비추어 보면, 군사기밀 보호법 제11조에서 정한 '적법한 절차에 의하지 아니한 방법으로 탐지하거나 수집한'이라는

---

43) 위 판결의 원심은 다음과 같다.
[교육사령부 보통군사법원 2013. 1. 18. 선고 2012고6 판결]
군사기밀 보호법 제11조는 '군사기밀을 적법한 절차에 의하지 아니한 방법으로 탐지하거나 수집

표현은 군사기밀에 대한 적법한 접근절차에 따르지 않고 권한 없이 탐지·수집의 대상을 찾아 그 내용을 알아내거나 그에 대한 점유를 취득하는 것을 뜻한다. 군사기밀에 접근할 권한이 없는 사람이 탐지·수집하거나 군사기밀을 취급할 권한이 있는 사람이라도 업무와 관계없이 탐지·수집하는 경우가 이에 해당할 수 있다. 반면 업무상 군사기밀을 취급하는 사람이 그 취급 과정에서 단순히 보호조치 의무를 이행하지 않은 경우 또는 이미 알고 있거나 점유하고 있는 군사기밀의 보관 장소를 이동하는 등 보관 상태를 변경한 경우는 군사기밀 보호법 제10조 등 다른 규정에 해당하는 것은 별론으로 하고 군사기밀 보호법 제11조에 해당한다고 보기 어렵다.

[2] 업무상 군사기밀을 취급하는 피고인이 업무를 수행하면서 참고자료로 필요한 관련 군사기밀을 업무 편의를 위하여 프린터로 출력하여 사용하거나 대출받아 복사하

한 사람'을 처벌한다고만 하고 있어 업무상 군사기밀을 취급하는 사람이 업무상 필요에 의하여 보안규정을 위반하여 자료를 수집하고 반출한 경우 이 규정에 의하여 처벌할 수 있는지가 문제된다.

군사기밀 보호법 제12조 제1항은 '군사기밀을 탐지하거나 수집한 사람이 이를 타인에게 누설한 경우에는 1년 이상의 유기징역에 처한다.'라고 규정하고 있고, 제12조 제2항은 '우연히 군사기밀을 알게 되거나 점유한 사람이 군사기밀임을 알면서도 이를 타인에게 누설한 경우에는 5년 이하의 징역 또는 700만 원 이하의 벌금에 처한다.'라고 하고 있고, 제13조 제1항은 '업무상 군사기밀을 취급하는 사람 또는 취급하였던 사람이 그 업무상 알게 되거나 점유한 군사기밀을 타인에게 누설한 경우에는 3년 이상의 유기징역에 처한다.'라고 하고 있으며, 제13조 제2항은 '제1항(제13조)에 따른 사람 외의 사람이 업무상 알게 되거나 점유한 군사기밀을 타인에게 누설한 경우에는 7년 이하의 징역에 처한다.'라고 규정하여, 군사기밀 보호법은 군사기밀을 탐지하거나 수집한 사람이 이를 누설하는 경우와 업무상 이를 취급하는 사람이 업무상 알게 된 군사기밀을 누설하는 경우를 보다 중하게 처벌하고 있고, 제14조의 과실로 인한 업무상 기밀의 누설의 경우에는 업무상 이를 취급하는 사람이 업무상 알게 된 군사기밀을 과실로 누설하는 경우에만 처벌하고 있다. 만약, 군사기밀 보호법 제11조 위반에 업무상 군사기밀을 취급하는 사람이 보안규정을 위반하여 업무에 필요한 군사기밀인 자료를 수집하는 경우가 포함된다고 해석한다면, 이를 타인에게 누설하는 경우에는 군사기밀 보호법 제12조 제1항(1년 이상의 유기징역)이 적용되는 것이 일견 타당하다고 보여, 업무상 군사기밀을 취급하는 사람이 보안규정을 준수하여 업무상 필요한 자료를 수집하다가 누설하는 경우에 적용되는 제13조 제1항(3년 이상의 유기징역)과 비교했을 때, 불합리한 결과가 발생한다. 더구나, 군사기밀 보호법 제10조 제1항은 군사기밀을 취급하는 사람이 군사기밀 보호법 상의 군사기밀 보호조치 등을 불이행하였을 경우 이를 처벌하는 규정을 따로 마련하고 있다. 군사기밀 보호법의 여러 규정을 종합적으로 해석하면, 결국 군사기밀 보호법 제11조의 '군사기밀을 적법한 절차에 의하지 아니하고 탐지·수집한 자'에는 업무상 군사기밀을 취급하는 자가 업무상 필요에 의하여 자료를 수집하는 과정에서 절차를 위반하는 경우는(군사기밀 보호법 제10조 위반에 해당할 수 있음은 별론으로 하고) 특별한 사정이 없는 이상 포함되지 않는다고 해석하는 것이 타당하다고 본다. 이 사건의 경우 피고인이 업무를 처리하는 과정에서 업무상 필요에 의하여 이 사건 각 공소사실에 포함되어 있는 각 문건을 복사하거나, 출력하는 등으로 보관하게 되었고, 보안감사를 잠시 피하고 그 이후 업무에 다시 참고하기 위하여 피고인의 집에 가져다 두었고, 그 과정에서 보안규정을 준수하지 아니한 것으로, 군사기밀 보호법 제11조를 적용하여 처벌할 특별한 사정이 있다고도 보이지 않는 바, 이는 군사기밀 보호법 제11조 위반을 구성하지 아니한다.

고 원본을 반납하거나 회의에서 제공받은 다음 업무 참고용으로 계속 사용하기 위해 출력물 또는 사본 등을 파기하지 않고 사무실에 보관하다가, 보안감사에 대비하여 자신의 아파트로 반출함으로써 적법한 절차에 의하지 않은 방법으로 군사기밀을 탐지·수집하였다고 하여 군사기밀 보호법 위반으로 기소된 사안에서, 피고인이 업무상 필요에 따라 출력물 또는 사본을 계속 보관하거나 반출한 행위는 군사기밀에 대한 보호조치 의무를 위반한 것에 해당할 수 있지만 같은 법 제11조의 탐지·수집에 해당한다고 보기는 어렵다고 한 사례.

[판례] 피고인에게 업무상 군사기밀 취급 권한이 있더라도 이미 업무상 알고 있거나 점유하고 있던 군사기밀에 해당하지 않는 경우로서 탐지·수집의 성립을 긍정한 사례

서울중앙지방법원 2024. 1. 17. 선고 2022노1667 판결[44][45]

원심이 적법하게 채택하여 조사한 증거들에 의하여 알 수 있는 다음과 같은 사정 즉, ① 군사보안업무훈령에 의하면, 비밀을 복제·복사할 경우에는 비인가자의 접근통제, 비밀이력카드에 기록 등 필요한 보안대책을 강구하고 실무자가 직접 하여야 하고(제33조 제1항), 개인 소유의 컴퓨터나 주변장치(USB, CD－RW, 소프트웨어 등)는 부대장의 승인과 보안담당관의 보안점검을 받지 않는 한 임의로 반·출입할 수 없는 점(제140조 제2항), ② 피고인은 비밀이력카드에 복제·복사 내용을 기록하는 등 훈령에 따른 절차를 준수하지 않고 이와 같이 금지된 비인가 개인용 외장하드를 이용하여 군사기밀인 별지 범죄일람표 Ⅱ 기재 문건을 복사·저장하여 외부로 반출한 점, ③ 당시 해, 공군무관 BP, G의 진술 등에 의하면 육군 등과 서로 임무가 달라 이와 같은 군사기밀을 열람하거나 공유할 이유가 전혀 없다는 것으로, 육군 후

44) 위 판결의 원심인 서울중앙지방법원 2022. 7. 6. 선고 2020고단875 판결의 범죄사실 중 군사기밀 탐지·수집죄와 관련된 범죄사실을 아래와 같이 발췌하였다.
범죄사실
1. 피고인의 경력
피고인은 1986. 3.경 육군 소위로 임관하여, 국군정보사령부, 국방정보본부에서 근무하였고, 2007. 1.경부터 같은 해 12.경까지 국군정보사령부 특수운영처 B과장, 2008. 1.경부터 같은 해 12.경까지 국군정보사령부 특수운영처 C과장, 2008. 11.경부터 2010. 6경까지 국군정보사령부 D부대장, 2010. 6.경부터 2011. 5.경까지 E 대한민국 대사관 주재관, 2011. 6.경부터 2013. 7.경까지 E 대한민국 대사관 육군무관으로 각각 근무하였으며, 그 후 국방정보본부, 정보학교, E 대한민국 대사관 육군 무관 등으로 근무하다가 2018. 4. 1. 국방부 전직지원교육에 입교하면서 비밀취급인가가 해제되었고 2019. 3. 31.경 대령으로 퇴역하였다.
피고인은 국군정보사령부, 국방정보본부, E 한국대사관 육군 무관으로 근무하면서 수시 보안교육 및 대북첩보·군사정보 수집 업무를 직접 수행한 경험을 통해 국군정보사령부의 조직편제 및

임자에게 업무인수인계를 위하여 군사기밀을 옮겼다는 피고인의 주장은 납득하기 어려운 점[46], ④ 본인이 작성에 관여한 문서(범죄일람표 Ⅱ 기재 순번 1, 2)라도 이미 군사기밀로 관리된 비밀을 복사하여 외부로 유출하는 행위는, 피고인이 주장하는 단순한 보관 장소나 보관 상태의 변경이라고 볼 수 없고, 피고인이 보관할 수 없는 군사비밀을 자신의 지배하에 옮기는 것으로서 군사기밀의 탐지·수집에 해당하는 점 등을 종합하여 보면, 피고인은 군사기밀을 탐지·수집할 고의를 가지고 원심 판시와 같이 적법한 절차에 의하지 아니한 방법으로 군사기밀을 탐지·수집한 사실을 충분히 인정할 수 있다.

임무기능 그리고 취급업무 대부분이 국가안전보장 및 국가이익과 밀접한 관계가 있는 군사기밀이라는 사실을 잘 알고 있으며, 군사기밀은 공·사적인 사유를 불문하고 개인의 숙소 및 자가에 반출될 수 없고 군사기밀의 열람·복사는 기밀취급 인가자에 한하여 기밀관리자의 승인을 받아 규정된 기밀 관리절차에 따라 이루어져야 하고, 부대장의 승인과 보안담당관의 허가를 받은 저장장치 외에 개인 소유의 컴퓨터나 주변장치에 임의로 반출입 할 수 없는 등 적법한 절차에 의하지 않은 방법으로 취득·보관해서는 안 된다는 등의 군사보안규정에 대해서도 잘 알고 있음에도 불구하고, 피고인이 업무 중 취급하였거나 또는 업무와 관계없이 접근할 수 있는 기회를 이용하여 국군정보사령부나 E 대한민국 대사관 무관부에서 생성·관리하는 군사기밀을 피고인 개인 소유의 외장형 하드디스크에 복사·저장하는 등의 방법으로 이를 개인적으로 취득·보유할 것을 마음먹었다.

3. 군사기밀보호법위반(탐지·수집)

E 한국대사관 무관부는 주재국 군부와 상호 이해증진 등 국방외교 뿐 아니라 국가안보에 영향을 미치는 군사와 관련된 첩보수집 및 보고 등을 임무로 하고 있고, 무관부에서 생성한 북한 및 주변국 등에 대한 군사·외교·경제 등의 정보는 외부에 노출될 경우 우리나라의 안보에 치명적 위협을 줄 수 있고 주변국과의 군사·외교적 마찰을 불러올 수 있는 내용이 포함되어 있으며, 나아가 정보의 출처와 수집 방법 및 정보에 대한 무관부의 평가를 담고 있어 그 내용이 누설되면 국가안전보장에 명백한 위험을 초래할 우려가 있는 군 관련 정보로써 군사기밀이라는 뜻이 표시 또는 고지되거나 보호에 필요한 조치가 이루어져 있으며, E 한국대사관 무관부는 육군무관·해군무관·공군무관만 접근할 수 있도록 출입이 엄격히 통제된 무관부 전문실에서 위 군사기밀을 디지털 암호화하여 국내 국군정보사령부에 발송하는 등 보안대책을 강구하여 군사기밀을 보호하고 있다.

군사기밀에 접근할 권한이 없는 사람이 탐지·수집하거나, 군사기밀을 취급할 권한이 있는 사람이라도 업무와 관계없이 탐지·수집하는 등 군사기밀을 적법한 절차에 의하지 아니한 방법으로 탐지하거나 수집하여서는 아니 된다.

피고인은 2013. 7. 19.경 F 소재 E 대한민국 대사관에 있는 무관부 전문실에서, 전문저장용 컴퓨터에 보관 중인 북한에 의한 전쟁 발발시 E 무관부가 단계별로 취해야 될 조치사항에 대한 '전시 무관부의 세부활동 지침과 중점활동', 'E 한국대사관의 단계별 외교대책', '재외동포 계도 활동', '해외 홍보심리전 활동', '전시 외교 교섭사항' 등이 기재된 군사Ⅲ급비밀인『E 전시 무관활동 계획』문서파일에 업무와 관계없이 임의로 접근하여 이를 피고인 개인 소유의 외장형 하드디스크에 임의로 복사·저장하여 이를 취득한 후 외부로 반출한 것을 비롯하여, 별지 범죄일람표Ⅱ 기재와 같이 E 한국대사관 무관부 소속의 육군무관·해군무관·공군무관이 생성한 군사Ⅱ,Ⅲ급 기밀 26건을 위와 같은 방법으로 취득한 후 외부에 반출함으로써 군사기밀을 탐지·수집하였다.

이로써 피고인은 군사기밀을 적법한 절차에 의하지 아니한 방법으로 탐지·수집하였다.

45) 대법원 2024. 5. 17. 선고 2024도1708 판결로 확정됨.

46) 저자 주: 이 부분 기재를 보면 법원은 피고인과 해당 군사기밀 간에는 업무상 직접 관련이 없다

따라서 피고인의 이 부분 주장은 이유 없다.

[판례] 탐지·수집의 객체가 피고인이 이미 업무상 알고 있거나 점유하고 있던 군사기밀이라는 이유로 탐지·수집죄의 성립을 부정한 사례

제2지역군사법원 2023. 11. 14. 선고 2023고211 판결

피고인이 연인관계에 있던 사람에게 자신의 업무를 과시하기 위한 목적으로 휴대전화 카메라를 이용하여 군사기밀 중 일부분이 띄워져 있던 PC 모니터 화면을 사진 촬영한 것이 군사기밀을 적법한 절차에 의하지 아니한 방법으로 탐지 및 수집하였다고 기소된 사건에서, 군사기밀 보호법은 제11조에서 규정하고 있는 '탐지', '수집'의 의미에 대해 '적법한 접근절차에 따르지 않고 탐지·수집의 대상을 찾아 그 내용을 알아내거나 그에 대한 점유를 취득'하는 것으로 판단하고 있고, 결국 구성요건 행위로서의 탐지 및 수집은 접근할 권한이 없는 사람 또는 군사기밀을 취급할 권한이 있는 사람이라도 업무와 관련 없이 '기존에 몰랐던 것을 알아내거나(탐지)' '지금까지 소지하지 않던 것을 새로이 입수(수집)'하는 경우 성립하고, 기존에 정당한 권한을 가지고 업무상 알게 되었거나 점유하고 있던 군사기밀에 대해서는 성립할 수 없다고 해석하는 것이 상당하다고 전제한 뒤, 피고인이 이 사건 군사기밀을 제반 보안규정을 위반하여 적법한 절차를 준수하지 않고 사진 촬영을 한 것은 사실이나, 피고인은 이 사건 군사기밀을 정식으로 대여하고 이를 참고하여 개인 임무 카드 작성 등의 업무를 수행하고 있었으므로, 이 사건 군사기밀은 피고인이 군사기밀을 취급할 권한이 있는 상태에서 업무상 알게 되거나 점유하고 있던 군사기밀임이 명백하다고 판시하면서, 피고인이 이미 업무상 알게 되거나 점유하고 있던 군사기밀을 사진 촬영하였다 하더라도 이러한 행위가 군사기밀 보호법 제11조의 탐지·수집에는 해당한다고 할 수 없다고 판시하였다.

제2지역군사법원 2025. 2. 20. 선고 2023고554 판결

위 법리 및 이 법원이 채택하여 조사한 증거에 의하여 인정되는 다음과 같은 사실 및 사정들 즉, ① 피고인은 2012. 12. 19.부터 2015. 11. 30.까지는 주파수분석관으로, 2015. 12. 1.부터 2020. 5. 31.까지는 교신망통제관으로 각 근무하며 적군에 대한 통신 관련 정보를 분석하고 보고서를 작성하는 업무를 담당하면서 SI 비밀을 포함한

고 판단한 것으로 보인다.

군사기밀을 취급하여 왔던 점, ② 피고인이 출력하여 보관하고 있던 별지 범죄일람표 기재 군사기밀들은 각 2013년부터 2019년 사이 출력된 것인데 이 시기는 피고인이 각 주파수분석관, 교신망통제관으로서의 업무를 수행하던 때이므로, 피고인은 업무수행 과정에서 업무 편의를 위하여 업무상 권한에 따라 별지 범죄일람표 기재 군사기밀들을 프린터로 출력하여 사용하거나 복사하여 가지고 있었던 것으로 보이는 점, ③ 비록 피고인이 별지 범죄일람표 기재 군사기밀들을 위 업무가 종료된 이후에도 파기하지 않고 사무실에 보관하다가 주거지로 반출하였다고 하더라도 이는 이미 알거나 점유하고 있는 군사기밀의 보관 장소를 이동하는 등 보관 상태를 변경한 경우에 지나지 아니하는 점 등을 종합하면 피고인이 업무상 필요에 따라 출력물 또는 사본을 계속 보관하다가 집으로 반출한 행위는 군사기밀 보호법 제11조의 '적법한 절차에 의하지 아니한 방법으로 탐지하거나 수집한' 행위에 해당하지 아니한다.

서울중앙지방법원 2013. 3. 29. **선고** 2013노140 **판결**[47)]

이 사건에서 문제된 군사기밀을 국회의원 수석보좌관, 방위사업청 H과장으로 비밀취급인가를 받아 업무상 생성, 취득하여 점유하고 있었던 피고인이 그 직책에서 퇴직하면서 군사기밀의 중요성에 따른 별도의 선별, 취사선택 없이 자신의 이삿짐과 함께 그대로 자신의 집으로 옮긴 행위는 이미 수집하여 점유하고 있던 군사기밀의 보관장소를 변경한 것에 불과할 뿐, 군사기밀 보호법 제11조에서 규정하고 있는 군사기밀의 탐지·수집에 해당하지 않는다고 봄이 상당하다(대법원 2008. 4. 10. 선고 2008도679 판결 참조, 위 판결은 회사의 직원으로서 영업비밀을 사용할 수 있는 사람이 자신의 이메일계정으로 영업비밀을 송부한 것이 영업비밀 취득에 해당하는지가 문제되었는데, 부정경쟁방지및영업비밀보호에관한법률위반죄가 목적범이라는 점 등에서 이 사건과 같지는 않지만 기밀 또는 비밀의 탐지·수집과 유사한 개념인 '취득'에 대한 해석을 담고 있어 참조할 만하다).
따라서 원심의 판단은 정당하다.

서울고등법원 2024. 6. 28. **선고** 2024노204 **판결**[48)]

원심과 당심이 적법하게 채택하여 조사한 증거들에 의하여 인정되는 다음과 같은 사실 내지 사정들을 종합하여 보면, 피고인이 이 부분 공소사실 기재와 같이 BL로

47) 대법원 2018. 6. 28. 선고 2013도4001 판결로 확정됨.
48) 이 판결의 원심은 아래와 같이 비밀취급인가를 받고 군사기밀을 점유하게 된 자가 동일한 군사기밀을 취득한 경우에는 군사기밀 보호법 제11조 위반에 해당하지 않는다고 판단한 바 있다.

부터 각 파일을 제공받음으로써 군사기밀보호법 제11조 위반죄가 성립한다고 봄이 상당하다. 그럼에도 이 부분 공소사실을 무죄로 판단한 원심판결에는 사실을 오인하거나 법리를 오해하여 판결에 영향을 미친 위법이 있다. 따라서 검사의 이 부분 주장은 이유 있다.

1) 피고인이 기존부터 점유하고 있었던 ‘1.평면도－O.dwg’ 파일 및 ‘1.평면도－BO.dwg’ 파일(증거기록 별책 순번 26, 27번)과 피고인이 R 사업에 관한 비밀취급인가가 해제된 후인 2019. 9. 17. BL로부터 제공받은 이 사건 ‘1.평면도－O.dwg’ 파일 및 ‘1.평면도－N.dwg’ 파일(증거기록 별책 순번 15, 16번)에 나타난 설계도면들을 비교하면, 시설물의 구조, 위치 등 주요 부분은 일치하는 것으로 보이지만, 순번 15, 16번 파일의 경우 가운데 부분에 ‘통신용 맨홀 구조물’이 추가되어 있고 그에 따른 구조물의 제원 및 설치 방법 등에 관한 설명서가 추가되어 있으며 군사기밀 표지가 기재되어 있음을 알 수 있다.

2) 순번 26, 27번 파일은 피고인의 외장하드 이미지 파일에서 선별된 6건의 설계도면 파일들 중 일부인데, 이에 대하여 AJ는 검찰조사에서 2019. 4. 1.부터 2019. 6. 4.까지 BL로부터 이메일로 위 6건의 파일을 수신하여 이를 저장한 사실을 인정하면서, ‘그것은 비밀자료를 수집한 것이 아니라 발주처에 대해 중간단계 보고를 해야 해서 그 때까지 통신설계 작업이 된 설계도면을 BL로부터 받아 NAS 서버에서 중간보고서 작업을 한 것이다’라고 진술하였다(증거기록 8권 3540면).

4) 위와 같은 제반 사정들을 고려하면, 순번 26, 27번 파일은 AJ가 중간보고서 작성을 위해 BL로부터 제공받은 것으로서 설계 작업이 진행 중이던 상태의 미완성 설계도면 파일인 반면, 순번 15, 16번 파일은 BL이 설계작업을 완료하고 군사Ⅲ급비밀

서울동부지방법원 2023. 12. 21. 선고 2023고합184 판결.

살피건대, 검사가 제출한 증거들을 종합하여 보면 피고인은 2018. 8. 30.경 ‘<사업명>’ 사업 군사 3급비밀취급인가를 받고 위 사업 관련 군사기밀을 점유하고 있었던 사실, 피고인이 2018. 8. 30.경부터 점유하고 있었던 군사기밀 중 ‘<파일명>’ 파일 및 ‘<파일명>’ 파일이 포함되어 있었고, 위 각 파일은 2019. 9. 17. T로부터 이메일로 받은 군사기밀 파일인 ‘<파일명>’ 파일 및 ‘<파일명>’파일과 동일한 내용인 사실이 인정된다. 그런데 군사기밀에 대한 비밀취급인가를 받고 군사기밀을 점유하게 된 자가 탐지·수집 행위를 통해 동일한 군사기밀을 취득한 경우 그 군사기밀의 비밀성이 새롭게 침해되는 것이라 보기 어렵고, 그로 인하여 국가안전보장에 새로운 위험이 발생하는 것이 아니므로, 이러한 행위는 탐지·수집으로 인한 군사기밀보호법위반죄를 구성하지 않는다고 봄이 상당하다.

결국 피고인이 이미 점유하고 있던 군사기밀과 동일한 내용의 군사기밀을 2019. 9. 17. T를 통해 이메일로 전송받았다고 하더라도, 이를 별도의 군사기밀 탐지·수집행위로서 새로운 군사기밀보호법위반죄가 성립한다고 볼 수도 없다.

표시를 하여 납품한 최종 완성본 파일이므로, 순번 15, 16번 파일은 순번 26, 27번 파일과 동일한 군사기밀이라고 평가할 수 없고, 위 순번 26, 27번 파일보다 군사기밀로서 보호가치가 더 크다고 할 것이다. 따라서 이 사건 순번 15, 16번 파일은 위 순번 26, 27번 파일과는 별개의 군사기밀로서, 그 파일의 내용이 누설될 경우 국가안전보장에 새로운 위험을 초래할 우려가 있는 군사기밀에 해당한다고 봄이 상당하다.
5) 피고인은 당심 제2회 공판기일에서 '순번 15, 16번 파일이 피고인이 기존에 점유하고 있던 군사기밀 파일과 다소간의 차이가 있다는 점을 인정하면서 공소사실을 모두 인정한다.'고 진술하였다.

다만, 위 판결들과 달리 피고인이 이미 업무상 알고 있거나 점유하고 있던 군사기밀에 대한 탐지·수집죄 성립을 긍정한 판결도 일부 존재한다.

고등군사법원 2017. 1. 24. 선고 2016노316 판결
비록 당시 피고인이 이 사건 군사Ⅲ급비밀을 업무상 적법하게 점유하고 있었다고 하더라도 이를 자신이 개인적으로 가지고 있던 휴대폰 카메라를 이용하여 촬영함으로써 점유와 별도로 촬영 행위를 하고 이를 보관한 점, 이러한 촬영행위는 비밀을 복제 또는 복사하는 행위로서 그로 인하여 이 사건 군사Ⅲ급비밀과 별개로 그 촬영물이 새로이 복제 또는 복사되어 생성된 것으로 보아야 하는 점, 이는 군사기밀이 이미 수집된 상태의 지속이라고 볼 수 없고, 별도로 군사기밀을 수집하는 행위에 해당한다고 판단되는 점, 이후 피고인이 위와 같이 수집한 이 사건 군사Ⅲ급비밀의 촬영물을 2회에 걸쳐 타인에게 누설하기까지 한 점 등을 종합하여 보면, 피고인이 이 사건 군사Ⅲ급비밀을 촬영한 것은 군사기밀을 수집한 것에 해당한다.

제2지역군사법원 2025. 2. 20. 선고 2023고554 판결
위 법리 및 이 법원에서 채택하여 조사한 증거에 의하여 인정되는 다음과 같은 사실 및 사정들에 의하면, 피고인이 적법한 접근절차에 따르지 않고 권한 없이 군사기밀에 대한 점유를 취득한 사실을 인정할 수 있으므로 변호인과 피고인의 위 주장은 받아들일 수 없다.
위와 같은 규정 내용을 종합하면, ○○비밀은 ○○○○보호시설 내에서만 생산, 취급, 관리, 보관할 수 있도록 엄격히 관리되고 있고, ○○비밀은 단순히 출력하는 경

> 우에도 당일에 파기하고 출력기록대장에 기록하도록 하는 등 복제가 엄격히 제한되어 있으며, ○○비밀이 보관된 ○○○○보호시설에는 휴대전화를 반입하거나 녹음을 할 수 없도록 통제되고 있음을 알 수 있다.
> ② 피고인이 비록 군사기밀 인가자로서 위 원본 비밀파일 자체에 대하여 접근할 권한이 있었다고 하더라도, 피고인에게 위 파일을 복제할 권한은 업무상으로도 주어진 바가 전혀 없고, 피고인은 위 훈령 상의 절차를 준수하지 아니하고 휴대전화를 반입하고 ○○○○보호시설에 들어가 무단으로 ○○비밀을 복제한 뒤 ○○○○보호시설 외부로 반출하였으므로, 이러한 피고인의 행위는 적법한 접근절차에 따르지 않고 권한 없이 무단으로 군사기밀에 대한 점유를 취득한 것으로 평가된다.
> ③ 피고인과 변호인은 피고인의 위 행위가 단순히 비밀의 보관 장소나 보관 상태를 변경한 것이라고 주장하나, 피고인이 보관할 수 없는 군사기밀을 무단으로 복제하여 자신의 지배하에 옮기는 것을 단순한 장소의 변경이라고 볼 수는 없다.

나. 군사기밀을 알거나 점유하고자 하는 적극적 행위 필요

군사기밀 보호법이 처벌하는 탐지·수집은 "군사기밀을 알기 위한 행위이거나 점유하기 위한 적극적 행위"로 해석된다. 즉, "군사기밀을 알거나 점유하는 결과"에 선행하여 "군사기밀임을 인식하고, 그것을 점유하고자 의도한다고 평가되는 적극적 행위"가 있어야 한다.

이러한 적극적 행위는 반드시 타인에게 군사기밀을 제공하기로 하는 사전 공모에까지 이르러야만 하는 것은 아니다. 하지만 단순히 군사기밀 제공의 상대방이 비밀을 보여주는 것을 알면서도 소극적으로 이를 제지하지 않은 정도로는 군사기밀 보호법이 정한 탐지·수집에 해당한다고 보기 어렵다. 법원은 일방적으로 전송한 군사기밀이 포함된 전자우편 등을 단순히 수신한 것에 불과한 경우, 피고인에게 '군사기밀을 알거나 점유하고자 의도한다고 평가되는 적극적 행위'가 있었다고 볼 수 없다는 점에서 군사기밀 보호법 제11조 위반이라 볼 수 없다고 판단한 바 있다.

대법원 2015. 9. 24. 선고 2013도10101 판결

군사기밀 보호법에 군사기밀의 탐지·수집에 관한 정의 규정은 없으나, 수집의 사전적 의미는 '어떤 물건이나 자료를 찾아서 모은다.'는 것인 점과 군사기밀 보호법 제12조 제1항에 군사기밀을 탐지·수집한 자가 이를 타인에게 누설한 경우 처벌하는 규정을 둔 것과 별도로 같은 법 제12조 제2항에서 우연히 군사기밀을 알게 되거나 이를 점유한 자가 그 정을 알면서도 이를 타인에게 누설한 경우 처벌하는 규정을 둔 점에 비추어 보면, 군사기밀 보호법 제11조의 군사기밀 '수집'에 해당하려면 수집의 대상에 대한 인식을 가지고 이를 모으려는 의도를 필요로 한다고 할 것이므로, 피고인이 의도하지 않았던 이 사건 문건을 이메일로 받은 것으로 보이는 이상, 이를 군사기밀 보호법 제11조의 군사기밀 '수집'에 해당한다고 보기 어렵다.

수원고등법원 2023. 12. 21. 선고 2023노856 판결

피고인이 이 사건 문서를 D으로부터 전송받아 C에게 전송한 2020. 7. 13. 당시 피고인이 C와 함께 E 헬기의 해외 수출 사업을 추진하고 있었던 사실이 인정되기는 하나, 피고인이 평소 알고 지내던 D으로부터 카카오톡이나 이메일로 이 사건 문서를 전송받았을 뿐 D에게 헬기 도태계획을 알아봐달라고 요청한 사실은 없다는 취지로 부인하고 있는 이 사건에서, 위 인정사실만으로는 피고인이 D에게 그와 같이 요청하였다거나 그 무렵 D을 통해 성명불상의 군 관계자들로부터 헬기 도태계획을 알아내기 위한 적극적인 행위를 하는 등 군사기밀 보호법상의 탐지·수집행위를 하였다는 점이 합리적인 의심을 배제할 정도로 증명되었다고 보기 부족하고, 달리 이를 인정할 증거가 없다.

서울중앙지방법원 2015. 8. 28. 선고 2015고합27 판결[49]

앞서 본 바와 같이 피고인은 L의 계약 갱신 과정에 긍정적인 영향을 준 것으로 보인다. 하지만 L의 업무는 위 군사기밀 관련 사업에 한정되지 않는다. L은 J 혹은 K의 컨설턴트로서 피고인과 업무상 관련이 있는 자이고, 그에 따라 피고인과 꾸준히 연락하고 접촉하여 왔다. L이 피고인에게 보낸 전자우편 중 군사기밀에 해당하는 내용이 있는 것은 일부에 불과하다. 그리고 피고인의 판시 범행에 대한 인식 정도, 즉 L이 보낸 전자우편 첨부파일에 군사기밀에 해당하는 내용이 있을 수도 있다고 인식한 정도는 미필적인 것에 불과하다고 보인다. 또한 비록 피고인이 L의 군사기밀 전송

49) 대법원 2016. 5. 27 선고 2016도1116 판결로 확정됨.

행위를 적극적으로 제지한 일은 없으나, 이는 L이 자신에게 군사기밀을 보내는지 여부 자체에 대해서 별다른 관심이 없어서였던 것으로 보이고, 계속적으로 군사기밀을 받기 위한 목적이었던 것으로 보이지는 않는다. 마찬가지로, 피고인이 계약 갱신 과정에서 L에게 긍정적인 의견을 제시한 것도 이후 계속해서 군사기밀을 받기 위한 목적에서 이루어진 것은 아니라고 보인다. 그렇다면 피고인이 계약 갱신 과정에서 L에게 긍정적인 의견을 제시한 행위 역시 '군사기밀을 알거나 점유하고자 의도한다고 평가되는 적극적 행위'에 이른다고는 볼 수 없다.

다. 탐지·수집 후 누설 불문

탐지·수집죄는 ① 탐지·수집자에게 군사기밀을 누설한 사람이 없거나 그 사람이 특정되지 않아도 성립하고, ② 누설자가 탐지·수집자의 요청을 받아서 누설 대상물을 수집하거나 작성해야 하는 것도 아니다. ③ 또한 탐지·수집자가 그 내용을 알고 있었다는 사정은 죄의 성부에 영향을 미치지 않고, ④ 탐지·수집자가 그 대상의 구체적인 내용까지 알 것을 요하지 않는다.

서울중앙지방법원 2022. 4. 22. 선고 2021고합110 판결
군사기밀 보호법 제11조의 문언상 군사기밀의 탐지·수집행위가 반드시 공범이나 기타 조력자의 존재를 전제한 것은 아니라는 점에서 피고인에게 군사기밀을 누설한 사람이 없거나 그 사람이 특정되지 않는다고 하여 피고인이 군사기밀을 탐지·수집하지 않은 것이라고 볼 수는 없다.

서울고등법원 2012. 4. 20. 선고 2011노2036 판결[50]
피고인은 대상 문건이 피고인의 요청에 따라 B이 군사기밀을 수집하여 작성한 것이 아니므로 피고인이 군사기밀을 탐지·수집한 것으로 볼 수 없다는 취지로 주장하나, B이 1차적으로는 개인적 용도로 위 자료를 수집하고 이를 영문 파일로 작성하여 두었다고 하더라도 피고인의 요청에 따라 군사기밀에 해당하는 위 문건을 피고인에게 교부한 이상, 피고인의 군사기밀 탐지·수집 행위를 유죄로 인정함에 아무런 문제가 없다.

---

50) 대법원 2012. 8. 17. 선고 2012도5177 판결로 확정됨.

서울고등법원 2015. 6. 18. 선고 2015노250 판결[51)]
피고인의 주장은, 자신이 이미 알고 있는 상태에서 D가 일반적인 것만을 보내 온 것이어서 군사기밀 수집에 해당하지 않는다는 것이나, 군사기밀 여부는 군사기밀 보호법 제2조에서 정한 바에 따라 판단하여야 하지 피고인의 인식 여하가 그 기준이 될 수는 없다. D의 진술에 의하더라도, D가 피고인의 요청에 따라 이메일에 해당 군사기밀을 첨부하여 보냈다는 것이므로, 피고인의 '수집'의 점도 인정된다.

서울고등법원 2023. 12. 13. 선고 2022노2889 판결
군사기밀 보호법 제11조에 정한 '탐지' 즉, '대상을 찾아내서 그 내용을 알아내는 것'의 의미는 찾는 대상이 비밀에 해당하고, 이를 외부에 누설하면 국가안전보장에 명백한 위험을 초래할 우려가 있음을 알아낸다는 것을 말하는 것이지, 그 대상의 구체적인 내용까지 알아내는 정도에 이르러야 하는 것은 아니다.

라. 위험범의 성격

탐지·수집죄가 성립하기 위해서는 ① 탐지·수집 행위로 인하여 국가안보를 위태롭게 할 위험이 초래되어야 할 필요가 없다. ② 탐지·수집 행위로 인해 국가안보의 침해라는 결과가 발생할 필요도 없다.

대법원 2018. 6. 15. 선고 2013도5539 판결
군사기밀 보호법 제11조 위반죄는 위와 같은 탐지·수집행위가 있으면 성립하고, 그로 인하여 국가안보를 위태롭게 할 위험이 초래되었다는 점까지 증명되어야 하는 것은 아니다.

헌법재판소 2014. 9. 25. 자 2011헌바358 전원재판부 결정
군사기밀의 보호는 그 누설에 의하여 위험이 현실화되어 돌이킬 수 없게 되고 그와 같이 현실화된 위험은 곧 국가안보라는 중대한 법익과 관계되는 것이므로, 그러한 침해의 결과가 발생하기 전에 결과발생의 위험성을 가져오는 행위를 전 단계에서 처벌할 필요성이 있다는 점에서, 이를 보호하는 법률은 위험범의 성격을 가질 수밖에 없다.

---

51) 대법원 2015. 9. 24. 선고 2015도10101 판결로 확정됨.

Ⅳ. 고의

탐지·수집하는 내용이 군사기밀에 해당한다는 점, 탐지·수집하는 행위가 적법한 절차에 의하지 아니한다는 점에 대한 인식과 의사가 있어야 한다. 피고인이 군사기밀 탐지·수집 행위의 위법성을 인식한 이상 교육 목적이 일부 수반되었다고 하더라도 그 행위의 정당성이 확보된다고 보기 어렵다.

[판례] 피고인이 군사기밀 탐지·수집 행위의 위법성을 인식한 이상 교육 목적이 일부 수반되었다고 하더라도 그 행사의 정당성이 확보된다고 보기 어렵다고 판단한 사례

서울고등법원 2012. 4. 20. 선고 2011노2036 판결[52)]

원심 및 당심이 적법하게 채택하여 조사한 증거들에 의하여 인정되는 여러 사정들 즉, 피고인이 L대학 교수로서 담당하고 있던 강의의 구체적 내용, JASSM과 WCMD에 관한 메모의 작성 경위와 시기, 메모 작성 이후 피고인의 동향 등에 비추어 볼 때, 피고인이 내세우는 사정들만으로 피고인이 L대학 강의시 참고자료로 활용하기 위하여 위 각 대상 문건을 작성하였다고 보기는 어렵다(이 사건의 경우 피고인이 위 각 대상 문건에 관한 군사기밀들을 탐지·수집하는 과정에서 그 위법성에 관한 인식이 충분하였다고 판단되는 이상, 설령 교육 목적이 일부 수반되었다고 하더라도 그러한 사정만으로 그 행위의 정당성이 확보된다고 볼 수는 없다).

따라서 우연히 군사기밀을 알게 되거나 점유하게 된 경우는 이에 해당하지 않는데, 이 경우 만약 그것이 군사기밀임을 알면서 타인에게 누설한 경우에는 군사기밀 보호법 제12조 제2항에 따라 처벌될 수 있다.

또한 본 죄는 목적범이 아니므로 국가안보를 위태롭게 하거나 다른 나라를 유리하게 할 목적 또는 군의 명예를 실추시키거나 군사경계 작전에 혼란을 초래할 의도나 목적은 필요하지 않다.

---

52) 대법원 2012. 8. 17. 선고 2012도5177 판결로 확정됨.

[판례] 군사기밀 보호법 제11조 위반죄가 성립하기 위하여 군의 명예를 실추시키거나 군사경계 작전에 혼란을 초래할 의도나 목적이 필요한지 여부(소극)

의정부지방법원 고양지원 2022. 12. 22. 선고 2022고단2036 판결
군사기밀 보호법 제11조 위반죄는 위와 같은 탐지·수집행위가 있으면 성립하고, 그로 인하여 국가안보를 위태롭게 할 위험이 초래되었다는 점까지 증명되어야 하는 것은 아니다(대법원 2018. 6. 15. 선고 2013도5539 판결 참조). 이 사건에서 피고인이 해안초소 전화번호로 두 차례 연락하여 본인을 사단이라고 칭하며 암구호를 물어 피고인을 상관 등으로 오인한 근무자로부터 암구호와 합구호를 알아낸 것은 적법한 접근절차에 따르지 않고 권한 없이 군사기밀의 내용을 알아낸 행위에 해당한다. 이와 같은 군사기밀 탐지 및 수집행위에는 피고인의 주장과 같이 군사기밀을 제공한 상대방과 군사기밀을 수집, 공유하기로 약속한 사정이 추가로 요구되지 않음은 문언 상으로도 명백하고, 위 조항을 그와 같이 제한 해석할 합리적 이유가 없다. 나아가 행위 태양이나 경과, 당시의 정황 등에 비추어 피고인의 고의도 인정되며, 피고인이 장난으로 그와 같은 행위를 하였고, 피고인에게 군의 명예를 실추시키거나 군사기밀을 누설하여 군사경계 작전에 혼란을 초래할 의도나 목적이 없었다 하여도, 피고인의 고의를 인정하는 데 방해가 되지 않는다.

행위자가 탐지·수집 고의를 부인하는 경우 간접사실 또는 정황증거를 통해 입증할 수밖에 없다. 관련 판례는 아래와 같다.

[판례] 간접사실 내지 정황증거를 통해 피고인에 대한 탐지·수집의 고의를 입증한 사례

서울중앙지방법원 2011. 12. 27. 선고 2011고합1026 판결[53)]
이 사건 각 군사기밀 내용들은 이 사건 당시 언론에 보도된 바 없었고, 국방부 민원실에서 제공하는 대외비인 국방중기계획 열람본 등을 통해 확인할 수 있는 자료도 아니었으므로 군사Ⅱ급비밀인 합동군사전략목표기획서, 합동무기체계기획서 또는 군사Ⅱ급비밀인 국방중기계획을 직접 열람하지 않고서는 그에 관한 내용들을 취득하는 것이 어려웠을 것으로 보이는 점, 그럼에도 불구하고 위 피고인들은 이 사건

53) 대법원 2015. 1. 29. 선고 2013도6274 판결로 확정됨.

군사기밀을 취득한 경로에 관하여 구체적인 방법을 밝히지 않고 있는바, 오히려 이들이 작성한 회의자료 등에 각 무기의 도입수량, 도입시기 등에 관한 출처로 국방중기계획을 의미하는 것으로 보이는 ○○와 합동군사전략목표기획서를 의미하는 것으로 보이는 □□□ 등이 기재되어 있는 것으로 보아 결국 피고인들은 일반인이 열람할 수 없는 합동군사전략목표기획서나 국방중기계획을 열람하거나 그 내용을 아는 자로부터 전달해 듣는 방법 등을 통해 이 사건 각 군사기밀에 관한 내용들을 알게 되었을 것으로 추측되는 점, 가사 피고인이 합동군사전략목표기획서나 국방중기계획의 열람 등이 아닌 다른 방법을 통해 이 사건 각 군사기밀에 관한 내용을 취득하였다 하더라도 이들의 각 군경력과 무기중개경력 및 이들 정보를 쉽게 취득할 수 없는 현실사정 등에 비추어 볼 때 이들은 ■■■와 같은 무기들의 도입수량이나 도입시기 등에 관한 내용들이 모두 군사기밀 보호법 상 비밀에 해당함을 잘 알면서도 이를 취득하였을 것으로 판단되는 점을 종합하여 보면, 피고인은 이 사건 각 군사기밀의 취득 당시 이러한 정보들이 군사기밀임을 알고 있었을 것이라고 봄이 상당하다.

고등군사법원 2012. 12. 20. **선고** 2012**노**239 **판결**
피고인은 당장의 업무필요성 뿐만 아니라 ① 향후의 업무 필요성에 대비해서 무작위로 자료를 수집해 온 점, ② 관련 자료의 양이 적지 않은 점, ③ 피고인은 자료들을 수집·관리함에 있어 군사기밀 보호법, 동법 시행령, 군사보안업무훈령 등이 정하는 절차를 위반한 점, ④ 피고인이 자료들을 개인 집에 사본이나 파일 형태로 보관함으로써 군 외부로의 누설 등 다른 목적으로 활용될 위험이 커지게 된 점, ⑤ 피고인은 자료들이 군사기밀이며 이를 관련 규정에 맞지 않게 취득·관리한 사실도 인식하였던 점에 비추어 볼 때 피고인의 행위는 군사기밀 보호법 제11조에서 말하는 '군사기밀을 적법한 절차에 의하지 아니한 방법으로 탐지하거나 수집'한 것에 해당하며, 그 고의도 인정된다.

서울중앙지방법원 2008. 6. 27 **선고** 2008**노**945 **판결**
원심이 적법하게 채택·조사한 증거에 의하면, C가 프로그램 검수일을 앞두고 군부대에는 프로그램 개발에 필수적인 인터넷이 연결되어 있지 않아 검수시기를 맞추기 어렵다고 하면서 회사 사무실에서 개발작업을 할 수 있도록 요청하자, 공소외인이 회사 사무실에서 작업해오되 가상 데이터를 만들어 사용하라고 한 사실, 피고인들 등은 회사 사무실로 작업장을 옮겨 처음에는 가상 데이터를 사용하여 작업을 하였으나 작업속도가 더디는 등 불편하자 C에게 실제 데이터를 사용할 수 있게 해달라고 요청한 사실, 그 후 C가 피고인 A 등에게 군 개발실에서 자료를 복사해 와서 사용하라고 한 사실이 인정된다. 위 인정사실과 함께 피고인들은 군사기밀을 취급함에 앞서 군에서 보안교육을 받은 점, 피고인들도 C 등으로부터 적법한 절차를 밟았다는 말을 직접 들은 것은 아니라고 하는 점 등에 비추어 보면, 피고인들이 아무런 제지 없이 군사기밀을 복제할 수 있었던 사정만으로는 그 행위에 군부대의 묵인을 넘는 어떤 적법한 조치가 있다고 오인하였다고 보기는 어렵고, 오히려 피고인들의 복제행위가 적법한 절차에 의하지 않은 방법이라는 인식은 있었다고 할 것이다. 피고인들의 이 부분 주장은 이유 없다.

서울고등법원 2016. 1. 29. 선고 2015노2278 판결[54)]

① 피고인은 30년간 해군본부, 합참 등에서 장교로 근무하면서 군사 I 급비밀 취급인가도 받은 바 있어 군사기밀을 취급한 경험이 많이 있는 것으로 보이고, 피고인은 검찰에서 "2008년 초순경 피고인이 당시 PO로 근무하던 부산에 장보고-II 사업단이 설치되어 위 사업단을 순시하고 그 설계회의에 참석한 적도 있었다."라는 취지로 진술하였던 점 ② 피고인은 실제 수사과정에서도 군사기밀과 대외비의 차이를 설명하고, 군사기밀 보존기간 등을 설명할 정도로 군사기밀의 내용이나 중요성에 대해 잘 알고 있었던 점, ③ 또한 피고인은 검찰에서 "장보고-Ⅲ 장비현황이 군사기밀이라고 생각했다."라는 취지로 진술하였던 점, ④ 그 밖에 '장보고-Ⅲ 장비현황' 및 '수중전력 발전계획' 문건의 입수 경위, 그 내용, 당시 차기 잠수함 도입현황, 피고인의 군 경력 등에 비추어 보면, 피고인은 '장보고-III 장비현황' 및 '수중전력 발전계획' 문건을 입수할 당시 그 내용이 군사기밀에 해당함을 잘 알고 있었던 것으로 보이고, 당시 '수중전력 발전계획' 문건에 군사기밀에 관한 표시가 되어 있지 않았다는 사정만으로는 피고인이 그와 같은 문건의 내용이 군사기밀임을 몰랐다고 보기 어렵다.

Ⅴ. 본 법과 타 조항의 관계

군사기밀 불법 거래에 관한 가중처벌 규정(제13조의2), 외국 또는 외국인을 위한 죄에 관한 가중처벌 규정(제15조), 미수범 처벌규정(제18조)이 적용된다. 자수할 경우 필요적 감면대상이고(제19조), 징역형을 선고할 경우 자격정지를 병과

54) 대법원 2016. 5. 12. 선고 2016도2551 판결로 확정됨.

할 수 있으며(제20조), 몰수·추징 조항(제20조의2)이 적용된다.

한편, 본 조와 군사기밀 보호법 제10조와의 관계에 관하여 대법원 2018. 6. 15. 선고 2013도5539 판결에 언급된 내용은 본 절 Ⅲ. 3. 목차에 기재되어 있다.

Ⅵ. 죄수

1. 일반론

군사기밀을 탐지·수집한 경우 탐지·수집한 군사기밀의 개수에 따라 죄수를 판단하기보다 탐지·수집한 군사기밀의 성격과 탐지·수집한 의도를 종합적으로 고려하여 판단해야 할 것이다. 즉, 한 번의 기회에 같은 성격의 군사기밀을 탐지·수집한 경우 반드시 수죄가 성립한다고는 볼 수 없다.

2. 군사기밀 누설죄와 군사기밀 탐지·수집죄 간 관계

가. 두 죄가 필요적 공범 중 대향범 관계인지 여부

필요적 공범이란 형법각칙상의 구성요건 자체가 반드시 2인 이상 여러 사람의 가담이 있어야 실현되는 경우를 의미하고,[55] 대향범은 2인 이상이 상호 대립되는 방향의 행위를 통하여 성립하는 범죄를 의미하는 것으로 ① 도박죄(형법 제246조)와 아동혹사죄(형법 제274조) 등과 같이 쌍방의 법정형이 같은 경우, ② 뇌물죄에 있어서 수뢰죄(형법 제129조)와 뇌물공여죄(형법 제133조), 배임수증재죄에 있어서 배임수재죄(형법 제357조 제1항)와 배임증재죄(형법 제357조 제2항) 등과 같이 쌍방의 법정형이 다른 경우 및 ③ 음화반포죄(형법 제243조) 등과 같이 일방만을 형사처벌하는 경우가 있다.

그렇다면, 군사기밀 누설죄와 탐지·수집죄가 필요적 공범 관계에 있다고 보아야 하는가? A가 B의 요구나 부탁 없이 임의로 B에게 군사기밀을 누설한 경우(A가 해당 군사기밀 내용이 B에게 도움이 될 것이라 임의 판단하여 B에게 군사기밀을 누설한 경우) A에게 군사기밀 누설죄가 성립할 수 있겠으나, B의 경우에는 앞서 본 탐지·수집의 요건이 충족되지 않았으므로 B에게 군사기밀 탐지·수집죄가

55) 주석 형법총칙 제3판 87쪽 이하 참조.

성립한다고 보기는 어렵다. 또한, B가 A의 사무실에 무단으로 침입하여 A가 관리하는 군사기밀을 탐지·수집하는 경우도 있을 수 있다는 점(이 경우에는 A에게 군사기밀 누설죄가 성립한다고 볼 수 없다)에서 반드시 탐지·수집죄는 군사기밀 누설자의 존재 또는 군사기밀 누설죄 성립을 전제한다고 보기도 어렵다.

따라서 군사기밀 누설죄와 군사기밀 탐지·수집죄는 필요적 공범 관계라 볼 수 없고, 각 사례마다 형법상 공범규정을 적용하여 기능적 행위지배 유·무 등에 따라 공동정범, 교사범 및 방조범의 성부를 판단하면 된다. 아래는 각 사례별 예시이다.

<table>
<tr><th>행위 태양</th><th>A의 죄책</th><th>B의 죄책</th></tr>
<tr><td>A가 스스로 탐지·수집한 경우</td><td>탐지·수집죄</td><td>·</td></tr>
<tr><td rowspan="2">A가 B의 부탁을 받고 탐지·수집 한 경우</td><td colspan="2">탐지·수집죄 공동정범</td></tr>
<tr><td>또는 탐지·수집죄</td><td>또는 탐지·수집죄 교사범</td></tr>
<tr><td rowspan="2">A가 B의 부탁을 받고 탐지·수집 후 B에게 누설한 경우</td><td colspan="2">탐지·수집죄 공동정범</td></tr>
<tr><td>및 B에 대한 누설죄</td><td>또는 탐지·수집죄 교사범</td></tr>
<tr><td rowspan="3">A가 B의 부탁을 받고 탐지·수집 후 B에게 누설,
B는 C에게 누설한 경우</td><td colspan="2">탐지·수집죄 공동정범</td></tr>
<tr><td>및 B에 대한 누설죄</td><td>또는 탐지·수집죄 교사범</td></tr>
<tr><td>또는 C에 대한 누설죄 공동정범</td><td>및 C에 대한 누설죄 공동정범 또는 C에 대한 누설죄</td></tr>
</table>

나. 군사기밀 수집행위가 업무상 군사기밀 누설 행위에 대한 수단이 된 경우 군사기밀 수집행위가 이른바 '불가벌적 수반행위'에 해당하여 업무상 군사기밀 누설행위에 대하여 흡수관계에 있는지 여부

1) 판례의 태도

고등군사법원 2017. 1. 24. 선고 2016노316 판결과 고등군사법원 2016. 7. 8. 선고 2016노30 판결은 군사기밀 수집행위가 업무상 군사기밀 누설행위에 대한 수단이 된 경우 군사기밀 수집행위가 이른바 '불가벌적 수반행위'에 해당하여 업무상 군사기밀 누설행위에 대하여 흡수관계에 있다고 볼 수 없고, 양 죄는 실체적 경합관계에 있다고 판단하였다.

[판례] 군사기밀 수집행위가 업무상 군사기밀 누설행위에 대한 수단이 된 경우 군사기밀 수집행위가 불가벌적 수반행위에 해당하여 업무상 군사기밀 누설행위에 대하여 흡수관계에 있는지 여부(소극)

고등군사법원 2017. 1. 24. 선고 2016노316 판결

① 군사기밀 보호법 제11조와 제13조는 구성요건을 달리하고 있고, 이를 각각 별도로 규정하여 처벌함으로써 달성하고자 하는 입법취지도 다른 점, ② 군사기밀 보호법 제13조는 업무상 군사기밀을 취급하는 사람 또는 취급하였던 사람이 그 업무상 알게 되거나 점유한 군사기밀을 타인에게 누설한 경우를 처벌하는 것으로서 업무상 군사기밀 누설행위에 군사기밀 수집행위가 일반적·전형적으로 수반된다고 보기도 어려운 점, ③ 적법한 절차에 의하지 않은 군사기밀 수집행위가 업무상 군사기밀 누설 행위에 비하여 별도로 고려되지 않을 만큼 경미한 것이라고 할 수도 없는 점 등에 비추어 보면, 설령 이 사건 군사Ⅲ급비밀 수집행위가 업무상 군사기밀 누설행위에 대한 수단이 되었다고 하더라도 그러한 군사기밀 수집행위가 이른바 '불가벌적 수반행위'에 해당하여 업무상 군사기밀 누설행위에 대하여 흡수관계에 있다고 볼 수는 없다.

고등군사법원 2016. 7. 8. 선고 2016노30 판결

군사기밀 보호법 제13조 제1항은 업무상 군사기밀을 취급하는 사람 또는 취급하였던 사람이 그 업무상 알게 되었거나 점유한 군사기밀을 타인에게 누설한 경우 처벌한다고 규정하고 있는바, 군사기밀 누설 행위에 탐지·수집 행위가 일반적·전형적으로 수반된다고 보기 어려우며, 탐지·수집행위가 있었다고 하여 반드시 누설행위로 이어지는 것도 아니므로 양지를 흡수관계라고 보기 어렵다. 또한 동법이 군사기밀을 보호하여 국가안전보장에 기여하고자 하는 목적, 탐지·수집 행위와 업무상 군사기밀 누설 행위를 각각 규정하여 별도로 처벌하는 입법취지 등에 비추어 보았을 때 엄격한 해석을 요한다고 할 것인바, 단순히 업무상 알게 되었거나 점유하고 있던 군사기밀을 누설하려고 한 자와 탐지·수집이라는 행위를 통하여 점유하게 된 군사기밀을 누설하려고 한 자를 동일하게 보기는 어렵다고 할 것이므로 각각의 행위는 실체적 경합관계에 있다.

2) 저자 의견

군사기밀의 탐지·수집을 '군사기밀임을 인식하고 군사기밀을 알거나 점유하고자 의도한다고 평가되는 적극적 행위'라고 해석하는 한, 탐지·수집에 의하지 않고 이미 인식하고 있던 군사기밀을 누설하는 경우도 있을 수 있다는 점에서, 군사기밀의 누설에 군사기밀의 탐지·수집이 반드시 전제된다고 볼 수 없다. 이에 군사기밀의 탐지·수집 행위가 업무상 군사기밀 누설 행위에 흡수된다고 보기 어렵다.

한편, 군사기밀 보호법 제11조 탐지·수집 행위가 있은 후 군사기밀 보호법 제13조 누설행위가 있는 경우, 양 죄가 모두 성립하는지에 대해서는 군사기밀 보호법 제13조의 해당 부분에서 설명하기로 한다.

Ⅶ. 입법론

1. 탐지·수집의 의미에 대한 새로운 해석론

가. 논의의 배경

군사기밀을 복사하는 행위와 휴대전화로 촬영하는 행위는 각각 유체물과 전자정보로서 결과물을 보관하는 형태만 다를 뿐 생성되지 않아야 할 군사기밀이 생성되었다는 사실은 동일하며 법익침해의 결과에 있어서 크게 차이나지 않는다. 그러므로 양자는 탐지·수집죄 성부에 차이가 없어야 한다고 생각한다. 이에 아래와 같이 탐지·수집의 의미에 대한 새로운 해석론을 제시하고자 한다.

나. 탐지·수집의 의미

탐지·수집은 행위자가(해당 군사기밀과 업무상 직접 관련이 있는 사람인지 여부 또는 업무상 군사기밀을 취급하는 사람인지 여부 또는 비밀취급인가를 갖고 있는지 여부 불문) 적법한 절차를 위반하여 적극적으로 ① 군사기밀을 알아내는 행위 또는 ② 군사기밀에 대한 점유를 취득하는 행위(유·무형물을 입수하거나 사용할 수 있는 상태에 두는 행위)라 정의함이 타당하다 생각한다. 이 경우 탐지·수집한 사람이 해당 군사기밀 내용을 알고 있었는지 여부는 문제되지 않는다. 만일 이와 같은 요건을 요구한다면, 만약 A가 B에게 군사기밀을 누설하는 현장에 우연히 있던 C가 그 내용을 듣고 자신이 들어서 알게 된 내용이 유효하다는 것을 확인하기 위해 적법절차에 위반하여 해당 군사기밀을 탐지·수집한 경우, C를 탐지·수집죄로 처벌할 수 없기 때문이다. 이하 각 개념별로 상술한다.

1) "업무"의 의미

"업무"란 직업 또는 계속적으로 행하는 일정한 사무를 통칭하고 그 직업, 직무는 법령에 의하든 계약에 의하든 관례에 의하든 관계가 없다(대법원 2000. 1. 28. 선고 99도4022 판결 등 참조).

2) "업무상 직접 관련성 유무"의 의미

"업무상 직접 관련이 있는지 유무"는 행위자가 비밀취급인가를 받았는지 여부, 행위자의 직업·직책 및 수행 업무, 행위자가 해당 직업·직책에서 근무한 기간 및 경력, 행위자가 소속된 기관·부서의 수행 업무, 해당 군사기밀의 성격과 내용, 해당 군사기밀이 행위자 또는 행위자가 소속된 기관·부서에 배부되었는지 여부[56]와 그 경위, 행위자가 해당 군사기밀 내용을 알아내려 하거나 해당 군사기밀에 대한 점유를 취득하려 한 이유와 경위, 행위자나 행위자가 소속된 기관·부서가 해당 군사기밀과 관련하여 수행하였던 업무나 수행 중 또는 수행할 업무가 있는지 여부 등으로 판단할 수 있다.

덧붙여 "국가안전보장을 위해 군사기밀을 최소한 보호하기 위함"이라는 군사기밀 보호법의 취지와 "군사기밀을 보호하여 국가안전보장에 이바지하기 위함"이라는 군사기밀 보호법의 목적, "부대의 임무수행에 필요한 것에 한하여 비밀을 생산한다"는 국방보안업무훈령 제21조 제2항의 내용, "비밀은 개인별 또는 부서별로 관리한다"는 국방보안업무훈령 제39조의 내용을 각각 고려하였을 때 이는 엄격하게 판단되어야 한다.[57] 예를 들면, 통상 군사기밀을 생산한 부서는 배부 필요성을 판단하여 결정한 배부선에 따라 군사기밀을 배부한다는 점에서, 배부선에 포함되지 않은 부서에 근무하는 사람은 비록 그 사람이 비밀취급인가자라 하더라도 해당 군사기밀과 업무상 직접 관련이 있다고 볼 수 없다. 배부선

---

56) 방위산업체에도 군사기밀이 배부되는 경우가 있는데, 여기에 배부되는 군사기밀은 ROC와 같은 핵심 내용이 가려진 것으로, "군사기밀이 행위자 또는 행위자가 소속된 기관·부서에 배부된 경우"에 해당한다 볼 수 없다.

57) 국방보안업무훈령의 내용은 서울고등법원 2024. 10. 8. 선고 2023노2602 판결에 포함된 내용을 서술하였다.

에 포함된 부서에 근무하는 사람이 그 부서에서 해당 군사기밀과 직접 관련 있는 업무를 하고 있지 않은 경우에도 마찬가지이다.

3) "적법한 절차 위반"의 의미

"적법한 절차를 위반했는지"는 군사기밀 보호법 및 같은 법 시행령, 보안업무규정 및 국방보안업무훈령 등에 정해진 군사기밀 취급 절차(군사기밀 보호조치, 제공·설명·공개 등 군사기밀 취득절차와 관련된 군사기밀 보호법 조항들 및 그 위임에 따라 이를 구체화하는 하위법령에 정해진 절차로 이른바, 관계법령에 정하고 있는 절차) 준수 여부로 판단하면 된다.

4) "적극적으로"의 의미

"적극적으로"의 의미 관련해서는 대법원 2016. 5. 27. 선고 2016도1116 판결에서 판시한 개념(군사기밀을 알거나 점유하는 결과에 선행하여 군사기밀을 알거나 점유하고자 의도한다고 평가되는 적극적 행위로, 반드시 군사기밀 제공 상대방과의 사전 공모에까지 이르러야만 하는 것은 아니지만, 단순히 군사기밀 제공 상대방이 비밀을 보내주는 것을 알면서도 소극적으로 이를 제지하지 않는 정도로는 부족)을 차용하면 된다.

다. 탐지·수집에 해당하지 않는 경우

그 외 해당 군사기밀과 업무상 직접 관련 있는 사람이 정당한 사유 없이 ① 적법한 절차를 거쳤다면 알 수 있거나 점유할 수 있었던 군사기밀에 대한 보호조치 의무를 이행하지 않거나 ② 이미 알고 있거나 점유하고 있는 군사기밀의 보관장소를 이동하는 등 보관상태를 변경하는 경우 또는 ③ 업무수행 과정에서 보안규정을 위반한 경우는 군사기밀 보호법 제10조 제1항 위반으로 의율하면 된다.

라. 도표 정리

앞서 언급한 내용을 표로 정리하면 아래와 같다.

주체	행위 태양	적용법조
해당 군사기밀과 업무상 직접 관련 있는 사람	정당한 사유 없이 ① 적법한 절차를 거쳤다면 알 수 있거나 점유할 수 있었던 군사기밀에 대한 보호조치 의무를 이행하지 않거나 ② 이미 알고 있거나 점유하고 있는 군사기밀의	제10조 제1항

	보관 장소를 이동하는 등 보관상태를 변경하는 경우 또는 ③ 업무수행 과정에서 보안규정을 위반한 경우	
행위자(해당 군사기밀과 업무상 직접 관련 있는 사람인지 여부 또는 업무상 군사기밀을 취급하는 사람인지 여부 또는 비밀 취급인가를 갖고 있는지 여부 불문)	적법한 절차를 위반하여 적극적으로 ① 군사기밀을 알아내는 행위 또는 ② 군사기밀에 대한 점유를 취득하는 행위(유·무형물을 입수하거나 사용할 수 있는 상태에 두는 행위) ※ 여기에서 탐지·수집한 사람이 해당 군사기밀 내용을 알고 있었는지 여부는 문제되지 않음	제11조 (이 경우 탐지·수집한 군사기밀에 제4, 5조에 따른 보호조치를 취해야 한다고 볼 수 없음[58])

2. "탐지·수집"이라는 용어 변경에 관한 입법론

"탐지·수집"이라는 용어는 일반적으로 사용하는 용어가 아니며(특히 "탐지"라는 용어는 더욱 그렇다) 군사기밀 보호법상 정의 규정도 없다. 누적된 판례에 따를 때 군사기밀의 탐지·수집은 "군사기밀을 알아내는 행위 내지 군사기밀에 대한 점유를 취득하는 행위"로 해석된다는 점을 고려했을 때, 군사기밀의 "취득"이라는 용어로 대체하는 것을 제안해본다.

만일 "취득"이라는 용어로 위 각 개념을 포섭하기 어렵다면, "군사기밀을 알아내거나 그에 대한 점유를 취득하는 행위"라는 서술형 문구도 생각해 볼 수 있겠다.

이에 따라 개정한다면, 군사기밀 보호법 제11조는, "군사기밀을 적법한 절차에 의하지 아니한 방법으로 취득한 사람(또는 알아내거나 그에 대한 점유를 취득한 사람)은 10년 이하의 징역에 처한다", 군사기밀 보호법 제12조 제1항은 "군사기밀을 적법한 절차에 의하지 아니한 방법으로 취득한 사람(또는 알아내거나 그에 대한 점유를 취득한 사람)이 타인에게 누설한 경우 1년 이상의 유기징역에 처한다"가 될 것이다. 지금보다 직관적으로 이해될 수 있을 것으로 보인다.

58) 대법원 2018. 6. 28. 선고 2016도17819 판결도 같은 취지이다. 자세한 내용은 군사기밀 보호법 제10조 제1항 위반죄 관련 부분 참조.

제2절 군사기밀의 누설

제1관 일반누설죄(제12조)[59]

> 제12조(누설)
> ① 군사기밀을 탐지하거나 수집한 사람이 이를 타인에게 누설한 경우에는 1년 이상의 유기징역에 처한다.
> ② 우연히 군사기밀을 알게 되거나 점유한 사람이 군사기밀임을 알면서도 이를 타인에게 누설한 경우에는 5년 이하의 징역 또는 5천만원 이하의 벌금에 처한다.

Ⅰ. 서설

본 죄는 군사기밀을 탐지하거나 수집한 사람이 이를 타인에게 누설함으로써(제1항), 우연히 군사기밀을 알게 되거나 점유한 사람이 군사기밀임을 알면서도 이를 타인에게 누설함으로써(제2항) 각각 성립한다.

헌법재판소는 본 조의 보호법익 관련하여 군사기밀은 국가의 안전보장과 직접적 관련이 있는 것으로서 그 내용이 누설되면 국익을 저해할 우려가 크고 국토의 방위에 위험을 초래할 우려가 있으므로, 군사기밀의 보호를 통해 국가의 안전을 보장하고자 하는 심판대상조항의 보호법익은 중대한 보호법익에 해당하는 것이라고 결정한 바 있다(헌법재판소 2020. 5. 27. 자 2018헌바233 전원재판부 결정).

Ⅱ. 주체

1. 제12조 제1항

군사기밀 보호법 제11조를 위반한 사람(군사기밀을 탐지·수집한 사람)만이 본 죄의 주체가 될 수 있다. 따라서 군사기밀을 탐지·수집한 후 누설한 행위에

59) 정확한 죄명은 '군사기밀보호법위반'이나, 후술할 '업무상누설죄'와 구별하기 위하여 편의상 이와 같은 표현을 사용하였다.

대해서는 군사기밀 보호법 제11조 위반 및 제12조 위반이 경합범 관계에 있다.

2. 제12조 제2항

우연히 군사기밀을 알게 되거나 점유한 사람이 본 항의 주체이다. 다른 사람으로부터 우연히 군사기밀을 들은 경우 또는 누군가 분실한 군사기밀을 우연히 발견한 경우를 그 예로 들 수 있다.

이와 관련하여 군사법원은 피고인이 웹사이트에 ATCIS 화면 사진이 게시된 것을 우연히 알게 된 후 이를 자신의 스마트폰으로 캡쳐한 뒤 다른 웹사이트에 첨부하여 게시한 사건에서 피고인에게 본 조를 적용하여 유죄를 선고한 바 있다(제1군단 보통군사법원 2016. 11. 23. 선고 2016고36 판결).

Ⅲ. 행위 - "타인"에게 "누설"할 것

1. 타인의 의미

"타인"은 비밀취급인가를 갖고 있는지 여부와 관계없이 해당 군사기밀과 업무상 직접 관련이 없는 사람이라 봄이 상당하다. 즉, 비밀취급인가를 갖고 있다 하더라도 해당 군사기밀과 업무상 직접 관련 없는 사람이라면 "타인"에 해당한다. 따라서 군사기밀을 탐지·수집한 사람이 해당 군사기밀 내용과 업무상 직접 관련 있는 다른 사람에게 전달한 경우 "타인"에게 누설하였다고 볼 수 없다.

다만, 아래에서 살펴보는 바와 같이 해당 군사기밀 내용과 업무상 직접 관련 있는 사람에게 전달하였다 하더라도 비밀을 전달받은 사람이 이를 그 업무집행과 무관하게 제3자에게 누설할 것으로 예상되는 등 국가기능에 위험이 발생하리라고 볼 만한 특별한 사정이 인정되는 경우에는 "타인"에게 누설한 것이라 볼 수 있을 것이다(같은 취지의 대법원 2021. 6. 10. 선고 2020도15219 판결).

[판례] '타인'의 의미

제2지역군사법원 2023. 8. 16. 선고 2022고50 판결[60)]

군사기밀 보호법은 군사기밀 누설의 상대방을 '타인'이라고만 규정할 뿐 아무런 제한을 두고 있지 않으나, 군사기밀 보호법 제5조 제1항, 제3항, 같은 법 시행령 제5조 제1항 제2호, 제10조, 보안업무규정 제24조, 국방부 국방보안업무훈령 제49조 제1항 등을 살펴보면, ① 특정 군사기밀과 업무상 직접 관련이 있고 ② 그 군사기밀에 해당하는 등급의 비밀취급 인가를 받은 사람은 그 군사기밀을 제공받거나 열람할 권한이 있으므로, 그 사람에 대한 군사기밀의 제공 등을 가리켜 군사기밀 보호법 제13조에서 말하는 '타인에 대한 군사기밀 누설'에 해당한다고 볼 수는 없다. ③ 이에 더하여 적법한 절차 없이 군사기밀을 탐지·수집하는 행위를 처벌하는 군사기밀 보호법 제11조와의 관계에서 보면, 비밀을 취급하는 자는 군사기밀 보호법, 같은 법 시행령, 보안업무규정, 국방보안업무훈령 등에서 정한 적법한 절차를 거친 자로 해석된다.

다만, 업무상 직접 관련이 있는지 여부는 '국가안전보장을 위해 군사기밀을 최소한 보호하기 위한 것'이라는 군사기밀 보호법의 취지, '부대의 임무수행에 필요한 것에 한하여 비밀을 생산한다'는 훈령 제21조 제2항, '비밀은 개인별 또는 부서별로 관리한다'는 훈령 제39조 등에 비추어 군사기밀을 제공받거나 열람하려는 자의 신분과 그 업무의 내용, 해당 군사기밀의 성격과 그 내용, 군사기밀을 필요로 하는 사유 등을 고려하여 엄격하게 판단하여야 한다.

[판례] 누설의 상대방이 비밀취급인가자로 군사기밀을 볼 수 있는 권한이 있으므로 군사기밀 누설의 "타인"이 될 수 없다는 주장을 배척한 사례

대법원 2016. 8. 18. 선고 2014도13403 판결

구 군사기밀 보호법은 군사기밀 누설의 상대방을 '타인'이라고만 규정할 뿐 아무런 제한을 두고 있지 않고, 상고이유 주장처럼 비밀취급인가자를 '타인'에 해당하지 않

60) 위 판결의 항소심(서울고등법원 2024. 10. 8. 선고 2023노2602 판결)은, 원심과 달리 피고인이 유관기관 합동회의 참석자들에게 이 사건 누설 문건을 열람하게 한 것이 군사기밀 보호법 제13조 제1항에서 금지하는 '누설'에 해당하고, 그 당시 피고인에게 누설의 고의가 있었음이 합리적인 의심의 여지없이 증명되었다고 보기 부족하다고 판단하였다. 하지만 원심의 위와 같은 법리는 배척하지 않았으므로, 법리를 그대로 기재하였다.

는다고 볼 근거도 없으므로, 원심이 그 판시와 같은 이유로 공소외인이 2급비밀취급 인가를 받았다 하더라도 군사기밀 누설의 상대방인 '타인'에 해당한다고 판단한 것은 정당하고, 거기에 상고이유 주장과 같이 군사기밀 보호법 제13조 제1항에서 정한 '누설'의 상대방에 관한 법리를 오해한 위법이 없다.

고등군사법원 2014. 10. 7. 선고 2012노238 판결

군사기밀보호법의 입법목적이 군사상의 기밀을 보호하여 국가안전보장에 기여하려는 것인 점, 비밀취급 인가는 장병에게 비밀을 등급별로 취급할 수 있는 권한을 부여하고 있을 뿐 구체적인 비밀업무를 전제로 발급하는 것은 아니라는 점(군사보안업무훈령 제64조, 제65조), 군사기밀보호법상 기밀누설의 상대방이 비밀취급인가 등을 갖고 있는 경우에도 해당 기밀의 내용을 아직 알지 못하는 상대방에 대한 기밀의 누설행위가 국가안전보장에 아무런 위해가 되지 않는다고는 단정할 수 없는 점, 비밀취급 인가를 받은 자 중에서도 해당 비밀과 업무상 관련이 있는 자에 한하여 비밀을 취급하도록 하고 있는 위 군사보안업무 훈령 제17조의 규정, 피고인 및 공소외인은 이 사건 유에스비(USB)를 주고받을 당시 그 안에 군사기밀 내용이 저장되어 있다는 사실을 각 알고 있었을 뿐 아니라 특히 피고인은 적법한 절차에 의하지 아니하고 이 사건 유에스비(USB) 안의 군사기밀 내용[61]이 공소외인에게 건네진다는 사실을 충분히 인식하였던 점, 고의에 의한 군사기밀 누설자를 처벌하는 군사기밀보호법 제13조와 누설의 상대방이라고 할 수 있는 군사기밀의 탐지·수집자를 처벌하는 군사기밀보호법 제11조와의 관계에 비추어 군사기밀보호법 제13조 제1항 소정의 '타인'에 최소한 '적법한 절차에 의하지 아니한 방법으로 군사기밀을 탐지·수집하는 사람'은 포함하는 것으로 해석하는 것이 군사기밀보호법의 체계적 해석에 부합하는 점, 누설의 상대방인 공소외인은 이 사건 기밀의 취득과 관련하여 군사기밀보호법 제11조의 탐지·수집 등의 행위로 유죄판결이 확정된 점 등에 비추어보면, 비록 공소외인이 2급비밀취급인가를 갖고 있었다고 하더라도 피고인의 행위가 군사기밀보호법 제13조 제1항의 '누설'에 해당하지 아니한다거나 공소외인이 동 조항의 누설의 상대방, 즉 '타인'에 해당하지 아니한다고 볼 수 없다.

---

61) 이 역시 피고인이 적법한 절차에 의하지 아니하고 취득·관리한 군사기밀, 이른바 '음성비밀'이다.

2. 누설의 의미

군사기밀 보호법은 '누설'에 대한 정의규정은 두고 있지 않으므로 해석이 필요하다. 국립국어원 표준국어대사전에 의하면 '누설'의 사전적 의미는 '비밀이 새어 나감, 또는 그렇게 함'이며, 대법원은 공무원 또는 공무원이었던 자가 법령에 의한 직무상 비밀을 누설하는 것을 구성요건으로 하고 있는 형법 제127조에서의 '누설'이란 그 비밀을 아직 모르는 다른 사람에게 임의로 알려주는 행위를 의미한다고 해석하고 있다(대법원 2021. 12. 30. 선고 2021도11924 판결 등 참조). 문언적 해석, 체계적 해석에 의하면 군사기밀 보호법상 '누설'이란 비밀을 아직 모르는 타인에게 알려주는 일체의 행위를 의미하는 것으로 해석할 수 있다.

가. 비밀임을 알지 못하는 타인에게 고지할 것

1) 비밀임을 알지 못하는 타인에게 고지한 때에 누설행위라 볼 수 있다. 또한 군사기밀을 누설하는 사람은 누설 당시 상대방이 해당 군사기밀 내용을 모르고 있다는 점을 인식해야 한다.

군사기밀 누설죄의 공판에서 피고인이 해당 정보를 이미 언론, 공공 자료 등을 통해 알려져 있었으므로 군사기밀에 해당하지 않으며 누설행위에도 해당하지 않는다고 주장한다. 하지만 이러한 주장은 대체로 받아들여지지 않는다. 알려진 정보는 군사기밀의 일부분에 불과하거나 그마저 수치, 수량 등 중요한 부분은 알려져 있지 않거나 알려져 있더라도 실제와 완전히 일치하지 않기 때문이다.

법원은 '비밀임을 알지 못하는 타인'을 다소 넓은 의미로 판단하고 있다. 피고인들에게서 군사기밀을 전달받은 상대방이 위 군사기밀에 관한 내용 중 일부를 이미 알고 있었다고 하더라도 통상 무기체계에 대한 도입계획은 국가예산상황이나 국내외 정황에 따라 변경되는 경우가 많으므로, 이미 알고 있는 정보가 현재에도 유효하다는 것을 알려주는 일 역시 군사기밀의 누설이라고 판단한 사례가 있다.

[판례] 이미 알고 있는 정보가 현재에도 유효하다는 것을 알려주는 것 역시 군사기밀의 누설에 해당할 수 있다는 사례

서울고등법원 2013. 5. 16. 선고 2012노36 판결[62]

원심과 이 법원이 적법하게 채택하여 조사한 증거에 의하여 인정되는 다음과 같은 사정, 즉 ① 이 사건 각 군사기밀은 우리 공군이 도입하려고 하는 무기들의 도입시기 및 도입수량 등에 관한 것으로서 우리 공군에게 위 무기들을 판매하려고 하는 Q사의 입장에서는 이러한 정보가 반드시 필요했던 것으로 보이는데, 피고인들로부터 위 각 군사기밀이 포함된 회의자료나 이메일들을 전달받은 Q사 직원들은 수사기관에서 대부분 위 회의자료 등을 전달받기 전에는 위 군사기밀에 관한 내용을 잘 알지 못하였다는 취지의 진술을 하였던 점, ② 피고인들의 주장대로 Q사가 피고인들이 제공한 정보를 이미 알고 있었다면, 범죄일람표 기재와 같이 수차례에 걸쳐 P과 회의를 열어 우리 공군의 무기수요 등을 자세하게 확인하려고 하지는 않았을 것으로 보이는 점, ③ 설령 피고인들에게서 이 사건 각 군사기밀을 전달받은 상대방인 Q사 직원 등이 위 군사기밀에 관한 내용 중 일부를 이미 알고 있었다고 하더라도 통상 특정 무기체계에 대한 도입계획은 국가예산상황이나 국내외 정황에 따라 변경되는 경우가 많으므로, 이미 알고 있는 정보가 현재에도 유효하다는 것을 알려주는 것 역시 군사기밀의 누설에 해당한다고 보아야 하는 점, ④ 피고인들이 위와 같이 Q사에 군사기밀을 제공한 것은, 무기제조업체가 이러한 군사기밀을 바탕으로 우리 방위사업청과 무기도입계약을 체결하게 하기 위함이고, 만약 계약이 체결될 경우 P과 같은 무기중개업체는 Q사와 같은 무기제조업체로부터 중개수수료를 받게 되는 경제적 이익을 기대할 수 있기 때문인 점 등을 고려하면, 피고인들이 Q사에 관련 군사기밀을 제공하기 전에 이미 Q사에서 그 내용을 알고 있었다고 보기 어렵고, 그 내용이 누설되는 경우 국가안전보장에 명백한 위험을 초래할 우려가 있는 군사기밀을 경제적 이득을 목적으로 누설하는 것에 대해 업무의 성질상 허용된다거나 사회상규에 어긋나지 않는 정당행위로 볼 여지도 없다.

2) 누설행위에 의하여 비밀이 타인에게 도달한 때에 기수에 이르고, 타인이 현실적으로 비밀을 인식할 것은 요하지 않는다. 일단 군사기밀이 도달한 이상 타인은 그 군사기밀 내용을 인식할 수 있는 가능성을 갖게 되기 때문이다.

---

62) 대법원 2015. 1. 29. 선고 2013도6324 판결로 확정됨.

[판례] 누설로 인하여 상대방이 그 내용을 알게 되었음을 요하지 않는다는 내용의 판례

서울중앙지방법원 2015. 1. 8. 선고 2014고합842, 2014고합1201 판결[63)]
군사기밀보호법 제12조에 규정된 군사기밀의 누설행위는 누설에 의하여 고지된 군사기밀이 상대방에게 도달한 때에 기수에 이른다고 할 것이고, 반드시 상대방이 그 내용을 알게 되었음을 요하지는 않는다. 일단 군사기밀이 상대방에게 도달한 이상 상대방은 그 군사기밀을 인식할 수 있는 가능성을 가지게 되며 군사기밀이 침해될 위험성이 있기 때문이다.

나. 누설의 수단과 방법에는 제한이 없음

기밀문서 중 일부를 누설하였거나 이를 복사하여 복사물로 외부에 유출하는 행위, 상대방이 이미 알고 있는 수치를 수정해 주는 행위, 소극적·묵시적 방법으로 누설하는 행위뿐만 아니라 부작위에 의한 누설행위도 모두 포함된다. 다만, 부작위에 의한 누설행위를 인정하기 위해서는 피고인의 부작위를 실행행위로서의 작위와 동일시할 수 있어야 한다.

[판례] 기밀문서 중 일부를 누설하였거나 이를 복사하여 복사물로 외부에 유출시킨 것이 군사기밀을 누설한 것에 해당하는지 여부(적극)

대법원 2000. 2. 11. 선고 99도4641 판결
군사기밀 보호법 제13조의 기밀누설 행위는 기밀문서 중 일부를 누설하였거나 이를 복사하여 복사물로 외부에 유출 시켰다 하더라도 군사기밀이 외부에 노출된 이상 기밀누설 행위에 해당함에는 아무런 영향이 없다고 할 것이다.

[판례] 상대방이 이미 알고 있는 수치를 수정해 준 것이 '누설'에 해당하는지 여부(적극)

서울고등법원 2010. 10. 7. 선고 2010노677 판결
피고인은 또 군사기밀을 누설하였다는 상대방인 B이 이미 합동원거리공격탄의 도입

---

63) 대법원 2015. 9. 24. 선고 2015도10101 판결로 확정됨.

개수를 178개로 알고 있었기 때문에 피고인은 단지 그 개수를 177개로 수정해 주었을 뿐이라고 주장한다. 그러나 B이 합동원거리공격탄 도입개수를 근사치로 알고 있었다고 하더라도 피고인이 자신이 알고 있는 군사기밀에 대한 정보를 토대로 이를 수정하거나 확인해 주었다면 상대방이 가지고 있는 정보의 가치가 증대되는 결과를 초래한다고 할 것이어서 그러한 행위 역시 군사기밀의 누설에 해당된다고 판단되므로 정확한 도입개수와 도입시기를 수정, 추가하여 회신한 피고인의 행위가 군사기밀 누설인 점에 변함이 없다.

다. 누설한 사항 중 일부 내용이 실제 군사기밀 내용과 다른 경우

이 경우에도 나머지 부분이 군사기밀인 내용을 제대로 담고 있다면 전체적으로 군사기밀누설죄에 해당한다.

[판례] 누설한 사항 중 일부 내용이 실제 군사기밀 내용과 다르더라도 나머지 부분이 군사기밀 내용을 담고 있는 경우, 군사기밀누설죄에 해당하는지 여부(적극)

대법원 2000. 1. 28. 선고 99도4022 판결
GRC-171 무전기를 계획대로 앞으로 확보할 것이라는 것 자체도 군사기밀사항이어서 단지 확보수량이 일부 부정확하다고 하더라도 확보계획이나 확보계획대로 이행한다는 자체를 군사기밀로 볼 수 있을 것이므로 피고인이 알린 사실 중 일부 부정확한 부분이 있더라도 전체적으로 보아 군사기밀누설죄에 해당한다고 보아야 할 것이다.

[판례] 상대방이 군사기밀을 탐지·수집하거나 확인하려 할 때 거부하거나 제지하지 않고 묵시적으로 승인하거나 확인시켜 주는 행위를 부작위에 의한 군사기밀 누설이라 판단한 사례

고등군사법원 2014. 11. 26. 선고 2014노111 판결
① 육군 중령인 피고인은 비밀취급인가자로서 비밀을 반출하기 위해서는 권한을 부여받거나 적법한 반출허가를 득하지 않았다면 이를 반출하지 아니할 의무가 있고, 이를 반출하는 경우에도 규정된 보호조치를 하는 등 군사기밀을 보호하여야 할 법령상·조리상 의무(군사기밀보호법 제1조, 군인복무규율 제10조 제1항)가 있었던 점,

② 그럼에도 불구하고 피고인은 비문을 단지 수첩에 끼운 채로 D의 사무실에 들어간 점, ③ D가 이를 보고 피고인의 수첩에서 꺼내어 가 열람하였고 피고인은 단지 기침이라든가 표정으로만 의사를 표시하였을 뿐 D를 제지하지 않은 점, ④ 피고인 스스로도 "솔직히 부담이 되기는 하였는데 예전에 모셨던 지휘관이고 어려워하는 사람의 부탁이라 뿌리칠 상황이 아니었다."고 진술하고 있는 점, ⑤ 열람한 시간에 대해서 일부 다툼이 있으나 D가 문건을 받아 한 장씩 넘기면서 대략 무슨 내용인지 확인한 사실에 대해서는 다툼이 없는 점, ⑥ D는 이 사건 문건을 넘겨 받아 한 장씩 넘기면서 1~2분 가량 대략 무슨 내용인지 확인하였다고 진술하고 있는 점과 위 법리를 종합적으로 고려하여 보면, 피고인이 D가 군사기밀을 가지고 갈 때 이를 만류하지 아니한 것은 작위에 의하여 누설한 것과 동일하게 평가될 수 있는 것이어서 부작위에 의하여 군사기밀 누설을 인정할 수 있다.

[판례] 피고인이 탐지·수집한 군사기밀을 녹음파일 형태로 휴대전화에 아무런 보호장치 없이 보관하고 있었다가 피고인의 외도를 의심하던 아내가 피고인이 잠든 사이 피고인의 휴대전화에 있던 위 파일을 외도의 증거로 생각하고 자신의 휴대전화에 발송한 사안에서 부작위에 의한 누설죄 성립을 부정한 사례

제2지역군사법원 2025. 2. 20. 선고 2023고554 판결
피고인이 잠이 든 사이에 피고인의 아내가 피고인의 휴대전화에 몰래 접근하여 군사기밀을 열람하고 이를 카카오톡 앱을 통하여 휴대전화로 전송하리라는 것은 일반적으로 쉽게 예상할 수 없는 일이고, 적법한 절차에 의하지 않고 군사기밀을 탐지·수집한 피고인에게 그 탐지·수집의 매체였던 휴대전화에 잠금장치 등을 해 놓았어야 할 주의의무가 발생한다고 보기도 어려우며, 단순히 휴대전화에 잠금장치를 해 놓지 아니하였다는 부작위를 타인에게 과실로 군사기밀이 든 자료를 직접 건네주는 등 실행행위로서의 적극적인 누설행위와 동등한 형법적 가치를 가진다고 볼 수는 없다.

라. 군사기밀 누설에 대한 입증

누설한 군사기밀을 특정하여야 할 필요 없이 군사기밀이 존재하고 관리되고 있다는 사실과 이에 대한 인식·인용을 입증하는 것으로 족하다.

[판례] 업무상 군사기밀 누설 입증을 위해 누설한 군사기밀을 구체적으로 특정해야 하는지 여부(소극)

> **고등군사법원 2014. 11. 26. 선고 2014노111 판결**
> 업무상 군사기밀 누설에 대한 입증은 누설한 군사기밀을 구체적으로 특정하여야 하는 것은 아니며, 군사기밀이 존재하고 관리되고 있다는 사실과 이에 대한 인식과 인용을 입증하는 것으로 족하다.

Ⅳ. 고의

본 죄가 성립하기 위해서는 누설 당시 누설 대상이 군사기밀인 점, 상대방이 해당 군사기밀 내용을 모르고 있다는 점을 각각 인식해야 한다. 제1항의 경우에는 탐지·수집 당시 그 대상이 군사기밀인 점에 대한 인식이 있어야 한다는 점은 앞서 살펴본 바와 같고, 제2항의 경우에는 누설 당시 그 대상이 군사기밀인 점에 대한 인식이 있어야 한다.

이와 관련하여 고등군사법원은 피고인이 비밀취급인가권이 있는 건설업자에게 비밀(설계도면)을 제공하였는데 그 건설업자가 비밀을 비밀취급인가권이 없는 하도급 업체 등 제3자에게 누설한 사건에서, 피고인이 건설업자에게 비밀을 제공할 당시 하도급 업체 등 제3자에게도 비밀이 누설될 가능성을 인식하였다면 피고인의 행위를 누설죄로 처벌할 수 있다는 취지로 판단한 적 있다(고등군사법원 2011. 6. 28. 선고 2011노185 판결).

또한 군사법원은 피고인이 선배로부터 강의자료를 달라는 부탁을 받고 강의자료와 다른 비밀이 함께 저장된 USB를 건네준 사건에서, 피고인이 "비밀자료를 건네주는 것에 대해 걱정되었으나 선배의 부탁을 거절할 수 없었고, 비밀을 삭제할 것이라 생각했다"는 취지로 진술한 이상 피고인에게 누설에 대한 고의가 인정된다고 판단하기도 하였다(고등군사법원 2014. 10. 7. 선고 2012노238 판결).

[판례] 피고인에게 군사기밀 누설에 대한 미필적 고의가 있다고 인정된 사례

대전고등법원 2006. 9. 14. 선고 2006노185 판결[64]

피고인 ○○○는 국방과학연구소에서 연구원으로 20년 이상 근무하여 왔으므로 국방부의 '보안업무 시행규칙'과 이에 근거한 국방과학연구소의 '비밀세부분류지침' 등을 잘 알고 있었다고 보아야 하고, 따라서 일반적으로 군 요구목표성능이 군사기밀로 관리되고 있다는 사실을 알고 있었다고 인정된다. 피고인 ○○○는 ◇◇◇가 이 사건 문서를 교부하면서 이미 공개된 자료라고 말하였다고 주장하지만, 피고인 ○○○가 ◇◇◇로부터 이 사건 문서를 받은 다음인 2006. 1. 11. 설명회에서 배포한 'FFX-1 전투체계용 탐색 레이더 시제제작 제안요구서'에 이 사건 문서 중 차기호위함 탐색레이더의 표적획득 정보, 최대탐지거리, 탐지고각에 대한 군 요구목표성능 부분이 '군사 IⅢ급비밀'로 표시되어 있는 것을 보더라도 이와 같은 주장은 받아들이기 어렵다. 따라서 피고인 ○○○는 ◇◇◇로부터 받은 이 사건 문서의 내용을 발췌, 정리하여 피고인 △△△에게 송부 할 당시 적어도 그 내용이 군사기밀이라는 데 대한 미필적 고의는 있었다고 보아야 한다.

본 죄는 목적범이 아니므로 구성요건의 성립에 목적을 필요로 하지 않는다. 하지만 재판에서 피고인측은 종종 업무 협조, 오히려 국익에 도움이 된다는 등 목적이 정당했으므로 사회상규에 반하지 않는 정당행위에 해당한다는 주장을 하는 경우가 있으나, 받아들여지지 않는다.[65]

[판례] 군사기밀 누설 행위가 정당행위에 해당한다는 피고인의 주장을 배척한 사례 1

제2지역군사법원 2023. 8. 16. 2022고50 판결

1. 피고인에게 위법성 인식이 있었는지 여부

피고인은 유관기관 합동회의가 비밀회의이고, 유관기관 합동회의 참석자들이 모두 비밀취급 인가를 갖고 있어 이 사건 군사기밀을 배포하는 것이 위법하다고 인식하지 못하였다고 주장하나, 피고인의 군 경력 등에 비추어 볼 때 피고인이 어떤 군사

---

64) 대법원 2007. 1. 26. 선고 2006도6936 판결로 확정됨.

65) 형법 체계상 정당행위는 위법성과 관련된 부분이나 피고인의 주관적 인식과도 관련된 것이라 판단하여 편의상 본 목차에서 함께 서술하였다.

기밀을 제3자에게 교부하여 열람시키려는 경우 비밀책임자에 의해 사전에 그 필요성, 타당성을 충분히 논의한 다음 필요한 부분에 한하여 이를 열람시키는 등의 절차를 거쳐야 한다는 점은 충분히 알았을 것으로 보이고 따라서 아무런 권한도 없는 피고인이 보고나 승인을 받지도 않고 단지 비밀취급 인가가 있는 참석자들을 대상으로 한 회의라는 이유만으로 대상자들에게 이 사건 군사기밀을 전부 보여줄 수 있다고 생각했다는 것만으로 그러한 인식에 어떤 정당한 이유가 있다고 볼 수도 없다.

2. 피고인의 행위가 정당행위로서 위법성이 조각되는지 여부

이 법원에서 채택하여 조사한 증거들에 의해 인정되는 다음과 같은 사정들을 종합하여 보면 피고인의 행위는 업무로 인한 행위 기타 사회상규에 반하지 아니하는 행위로서 상당한 이유가 있는 경우라고 할 수 없으므로, 정당행위에 해당한다는 취지의 주장도 이유 없다.

가. 피고인은 이 사건 군사기밀을 누설한 이유에 대하여 "유관기관 업무협조를 하는데 BE원 P 수사관 R의 요청에 의해서 BD도서 대공 유관기관 현지 정찰 및 토의를 실시하는데 H 대표로서 적동향에 대한 일반적인 설명을 해줬으면 좋겠다는 얘기를 듣고 W에 마침 C사령관 초도업무보고를 만드는 과정에 있는 자료를 보고 제가 필요한 부분을 가감해서 자료를 만들어 반출하였습니다."고 진술하였다. 즉, 피고인은 유관기관 합동회의에서 피고인은 적 동향을 공유하여 취약지역 및 도서를 대상으로 변화 및 관리, 위협성을 판단하기 위한 업무협조를 위해 이를 누설한 것으로 보여 그 목적 자체는 정당하다고 보인다.

나. 피고인은 이와 관련하여 유관기관 합동회의 목적에 직접 관계된 군사기밀뿐만 아니라 직접 관련이 없는 기밀까지 포함되어 있는 이 사건 군사기밀을 임의로 판단하여 적법한 절차 없이 참석자들에게 누설하였는바, 그 수단이나 방법이 상당하다고 할 수 없다.

다. 또한 군사기밀 보호법 제1조는 "이 법은 군사기밀을 보호하여 국가안전보장에 이바지함을 목적으로 한다."고 규정하고 있어 군사기밀을 누설하지 않음으로써 보호할 수 있는 법익은 국가안전보장임에 비하여 침해되는 법익은 업무협조의 효율성이 떨어질 수 있다는 것으로 법익의 균형성을 갖추었다고도 볼 수 없고, 피고인에게 이 사건 당시 군사기밀을 누설하여야만 할 긴급한 사정이 있었다고 볼 수 없으며, 이 사건 군사기밀을 평문화 하여 공유하는 등 다른 수단이나 방법이 없었다고 볼 수도 없다.

[판례] 군사기밀 누설 행위가 정당행위에 해당한다는 피고인의 주장을 배척한 사례 2

서울고등법원 2013. 5. 16. 선고 2012노36 판결[66)]
피고인들이 위와 같이 Q사에 군사기밀을 제공한 것은, 무기제조업체가 이러한 군사기밀을 바탕으로 우리 방위사업청과 무기 도입계약을 체결하게 하기 위함이고, 만약 계약이 체결될 경우 P과 같은 무기중개업체는 Q사와 같은 무기제조업체로부터 중개수수료를 받게 되는 경제적 이익을 기대할 수 있기 때문인 점 등을 고려하면, 피고인들이 Q사에 관련 군사기밀을 제공하기 전에 이미 Q사에서 그 내용을 알고 있었다고 보기 어렵고, 그 내용이 누설되는 경우 국가안전보장에 명백한 위험을 초래할 우려가 있는 군사기밀을 경제적 이득을 목적으로 누설하는 것에 대해 업무의 성질상 허용된다거나 사회상규에 어긋나지 않는 정당행위로 볼 여지도 없다.

Ⅴ. 본 법과 타 조항의 관계

군사기밀 불법 거래에 관한 가중처벌 규정(제13조의2), 외국 또는 외국인을 위한 죄에 관한 가중처벌 규정(제15조), 미수범 처벌규정(제18조)이 적용된다. 자수할 경우 필요적 감면대상이고(제19조), 징역형을 선고할 경우 자격정지를 병과할 수 있으며(제20조), 몰수·추징 조항(제20조의2)이 적용된다.

Ⅵ. 죄수

군사기밀을 탐지·수집한 사람이 이를 누설한 경우 군사기밀 보호법 제11조와 본 조 제1항 모두가 성립하고 양 죄는 실체적 경합관계이다. 피고인이 수개의 군사기밀을 누설한 경우 원칙적으로 누설된 군사기밀의 개수에 따라 죄수가 결정될 것이나 누설된 군사기밀의 내용과 행위 태양 등에 따라 일죄로 판단되는 경우도 있을 것이다. 기타 본 죄와 군사기밀 탐지·수집죄 간 관계에 대하여는 앞서 살펴본 바와 같다.

---

66) 대법원 2015. 1. 29. 선고 2013도6274 판결로 확정됨.

제2관 업무상 군사기밀 누설죄(제13조)

Ⅰ. 서설

> **제13조(업무상 군사기밀 누설)**
> ① 업무상 군사기밀을 취급하는 사람 또는 취급하였던 사람이 그 업무상 알게 되거나 점유한 군사기밀을 타인에게 누설한 경우에는 3년 이상의 유기징역에 처한다.
> ② 제1항에 따른 사람 외의 사람이 업무상 알게 되거나 점유한 군사기밀을 타인에게 누설한 경우에는 7년 이하의 징역에 처한다.

본 죄는 업무상 군사기밀을 취급하는 사람 또는 취급하였던 사람이 그 업무상 알게 되거나 점유한 군사기밀을 타인에게 누설함으로써(제1항), 제1항에 따른 사람 외의 사람이 업무상 알게 되거나 점유한 군사기밀을 타인에게 누설함으로써(제2항) 각각 성립한다.

1. 군사기밀 보호법 제12조와 관계

본 조 제1항은 업무상 군사기밀을 취급하는 사람 또는 취급하였던 사람이 그 업무상 알게 되거나 점유한 군사기밀을 타인에게 누설한 경우에 대하여 형을 높여서 별도로 처벌하는 것으로 군사기밀 보호법 제12조 제2항의 죄보다 불법성이 가중된 것이다. 즉, 군사기밀을 누설한 경우라도 그 군사기밀이 업무상 알게 되거나 점유한 군사기밀에 해당하지 않는다면 군사기밀 보호법 제12조에 의하여 처벌될 뿐 군사기밀 보호법 제13조 제1항에 따라 처벌되지 않는다(대법원 2016. 10. 27. 선고 2016도11677 판결).

군사기밀에 관련된 업무를 담당하는 사람은 기밀에 대한 접근 권한이 있어 쉽게 군사기밀을 지득하거나 입수할 수 있고, 접근·처리할 수 있는 기밀의 내용이나 양이 상당한 수준에 이를 것으로 예상되며, 업무상 군사기밀을 취급하는 것 자체로 군사기밀을 보호하고 보안을 유지해야 할 책무를 진다. 그럼에도 이를 위반하고 타인에게 누설한 것은 불법성과 죄질이 중하고 비난가능성 또한 상당히 높으므로, 무겁게 처벌할 필요가 있는 것이다(헌법재판소 2020. 5. 27. 자 2018헌바233 전원재판부 결정).

2. 군사기밀 보호법 제13조 각 항의 적용 여부 판단 기준

군사법원은 "군사기밀을 취급할 권한이 없는 사람에게 군사기밀을 누설하였으므로 군사기밀 보호법 제13조 제1항이 아닌 같은 법 제13조 제2항이 적용되어야 한다"는 피고인의 주장에 대하여 범행 주체가 업무상 군사기밀을 취급할 수 있는지 또는 점유할 수 있는지에 따라 군사기밀 보호법 제13조 제1항과 제2항의 적용 여부가 달라지는 것이지 기밀 누설의 상대방이 업무상 군사기밀을 취급할 수 있는지에 따라 적용 조문이 달라진다고 할 수 없다고 판단한 적 있다(국방부 보통군사법원 2015. 11. 25. 선고 2015고9 판결).

Ⅱ. 주체

1. 제13조 제1항

업무상 군사기밀을 취급하는 사람 또는 취급하였던 사람이다.

가. "업무"의 의미

형사법상 개념과 동일하다고 볼 수 있다. 직업 또는 계속적으로 행하는 일정한 사무를 통칭하고 그 직업, 직무는 법령에 의하든 계약에 의하든 관례에 의하든 관계가 없다(대법원 2000. 1. 28. 선고 99도4022 판결 등 참조).

나. "업무상 군사기밀을 취급하는 사람"의 의미

"업무상 군사기밀을 취급하는 사람"이란 주된 업무뿐만 아니라 보조 업무상 필요로 당해 군사기밀을 열람하여 참고할 수 있는 지위에 있거나 업무에 종사하는 사람을 의미한다(대법원 2000. 2. 11. 선고 99도4641 판결). 참고로, 헌법재판소는 "업무상 군사기밀을 취급하는 사람 또는 취급하였던 사람"의 의미에 대하여 직업적으로 군사기밀에 관한 사무를 맡아서 처리하는 사람 또는 처리하였던 사람을 뜻한다고 결정한 적 있다(헌법재판소 2020. 5. 27. 자 2018헌바233 전원재판부 결정).

군사기밀은 비밀책임관 정 및 비밀책임관 부를 임명하여 관리하도록 되어 있으므로 해당 군사기밀의 비밀보관 및 관리책임관의 직책에 있었던 사람만이 업무상 취급한 사람이라 주장할 수도 있다. 하지만 군사기밀 보호법 시행령 제5조 제1항 제2호에 의하면, 군사기밀 취급자가 군사기밀에 대하여 취하여야 할 보호조치의 일환으로 "군사기밀은 해당 등급의 비밀취급인가를 받은 사람으로서 업무상 관련이 있는 사람에게만 취급하게 할 것"을 규정하고 있다. 비밀보관 및 관리책임관은 군사보안행정상 부여하는 직책의 명칭이며, 비밀취급인가는 업무상 필요 시 비밀에 접근할 권한을 부여하는 것으로 대부분의 현역 및 군무원 등 군 구성원뿐만 아니라 방위산업에 참여하는 각종 연구소의 연구원, 낙찰업체의 직원 등에게도 부여된다.

군사법원은 '업무상 군사기밀을 취급하는 사람'에 비밀보관책임자나 보안담당관처럼 군사기밀의 보호조치 의무를 명시적으로 부여받은 사람뿐만 아니라 자신의 직무에 기해 군사기밀을 대출받거나 열람함으로써 군사기밀을 보관하거나 관리하게 된 사람도 포함된다고 보았다(국방부 보통군사법원 2014. 12. 24. 선고 2014고22, 2014고23(병합) 판결).

[판례] 업무상 군사기밀을 취급하는 사람 또는 취급하였던 사람의 범위가 해당비밀의 생산자, 해당 비밀과 직접 관련 업무 종사자(비밀책임관 정·부에 임명된 자 또는 되었던 자) 등에 한정되는지 여부(소극)

고등군사법원 2014. 10. 7. 선고 2012노238 판결

군사기밀 보호법은 군사기밀을 취급하는 자에게 지정된 군사기밀에 대하여 군사기밀이라는 뜻을 표시·고지하거나 군사기밀의 보호에 필요한 조치를 취하도록 하고 있고(제5조), 군사보안업무훈령은 비밀은 비밀취급 인가를 받은 자로서 그 비밀과 '업무상 관련이 있는 자'가 취급할 수 있는 것으로 규정하고 있으며(제17조), 비밀의 생산(제23조), 비밀의 관리(제39조), 비밀취급 인가권자 및 절차(제64조) 등에 대하여는 '비밀의 취급'과는 별도의 장·절에서 규정하고 있어 결국 군사기밀 보호법 제13조 제1항의 '업무상 군사기밀을 취급하는 사람 또는 취급하였던 사람'의 범위를 해당 비밀의 생산자, 해당 비밀과 직접 관련 업무 종사자(비밀책임관 정·부에 임명된 자 또는 되었던 자) 등에 한정하고 있는 것으로 볼 수 없다.

국방부 보통군사법원 2014. 12. 24. 선고 2014고22, 2014고23(병합) 판결

군사기밀 보호법 제3조는 "군사상의 기밀을 취급하는 자는 군사상의 기밀에 대해 군사상의 기밀이라는 뜻을 명백히 표시 또는 고지하여야 하고, 군사상 기밀의 관리·취급·표시 및 고지 기타 기밀보호에 관한 사항은 대통령령으로 정한다."라고 규정하고 있다. 또한 군사기밀 보호법 시행령 제5조에서는 군사기밀의 보호조치에 대해 구체적으로 정하고 있는데, 군사기밀 보호법 시행령 제5조 제2항에 의하면 군사기밀 취급자는 군사기밀을 해당 등급의 "비밀취급 인가를 받은 사람(이하 '비밀취급인가자' 라함)"으로서 업무상 관련이 있는 사람에게만 취급하도록 하고 있다. 물론 '군사상의 기밀을 취급하는 자'와 '비밀취급인가자'는 엄연히 다른 개념이라고 할 것인데, 비록 '비밀취급인가자'는 평소에는 자신이 비밀을 보관하는 자는 아니지만 업무상 필요가 있는 경우 법령이 정한 절차에 따라 비밀을 복사, 대출, 열람할 수도 있다. 이 경우 '비밀을 보관하거나 업무상 관리'하고 있는 동안 군사기밀 보호법상의 군사기밀의 지정권자(제4조, 제6조), 군사기밀의 취급자(제5조, 제10조), 군사기밀의 공개권자(제7조 내지 제9조), 군사기밀의 보관자(제16조)와 동일하게 군사기밀 보호법 제13조 제1항의 '군사상의 기밀을 취급하는 자'로 보아야 하는지가 문제된다.

군사기밀 보호법 제13조에서 제1항은 '업무상 군사기밀을 취급하는 사람 또는 취급하였던 사람'이 그 업무상 알게 되거나 점유한 군사기밀을 타인에게 누설한 경우 3년 이상의 유기징역에 처하도록 하고 있는 반면, 제2항은 '업무상 군사기밀을 취급하는 사람 또는 취급하였던 사람' 이외의 자가 그 업무상 알게 되거나 점유한 군사기밀을 타인에게 누설한 경우 7년 이하의 징역에 처하도록 하고 있어, 제1항에 의해 '업무상 군사기밀을 취급하는 사람 또는 취급하였던 사람'이 엄하게 가중처벌 되고 있다. 동 조항은 단순한 '군사기밀 취급자'를 처벌하는 규정이 아니고 일종의 신분범으로서 '업무상' 군사기밀을 취급하는 자의 군사기밀 누설로 인한 국가안전보장에 대해 위험성이 크기 때문에 이를 중하게 처벌하기 위해 그 형을 가중하고 있는 것이다.

군사기밀 보호법 제13조 제1항 소정의 '업무'라 함은 직업 또는 직무로서 계속적으로 행하는 일정한 사무를 통칭하고 그 직업, 직무는 법령에 의하든, 관례에 의하든, 계약에 의하든 관계없으며, "업무로 인하여 알게 되거나"의 의미는 업무에 기인하여 당연히 알고 있는 것으로, 알고 있는 이유가 반드시 군사기밀인 사항을 주재하는 것을 요하지 않으며 그 일에 참여하고 또는 상관의 명령에 의해 조사에 종사하는 등으로 인해 알게 된 것도 모두 업무로 인해 알게 된 것으로 볼 수 있고, "업무로 인하여 점유한"의 의미는 업무에 기인하여 입수하고 있는 것으로 군사상의 비밀인 물건의 보관을 직무로 하는 경우에 한하지 않고 또 반드시 주재할 필요도 없으며, 단지 그 일에 참여한 경우도 포함된다(대법원 2000. 1. 28. 선고 99도4022 판결)고 판시하고 있어, 원인이 무엇이든 상관없이 업무상 군사기밀을 취급하게 되는 경우라면 '업무상 군사기밀을 취급하는 자'로 보고 있다. 연혁적으로 보더라도 어디에도 '군사상의 기밀을 취급하는 자'를 비밀보관책임자나 해당 비밀의 지정권자로 제한하는 규정은 없었다.

군사기밀 보호법(법률 제4616호, 1993. 12. 27. 전부개정, '구 군사기밀 보호법'이라 함)은 제정 군사기밀 보호법의 '군사상의 기밀의 취급을 업무로 하는 자'를 어순만 바꾸어서 '업무상 군사기밀을 취급하는 자'로 문언을 개정하였는데, 구 군사기밀 보호법에 대한 국회심사보고서는 제안이유에서 1992. 2. 25. 헌법재판소의 제정 군사기밀 보호법 제6조에 대한 위헌결정(헌법재판소 1992. 2. 25. 자 89헌가104 전원재판부 결정)에 따라 군사기밀의 범위를 구체화하고 군사기밀의 실질적 보호방안을 마련하며 국민의 알권리 보장과 처벌규정에 있어서의 국민의 기본적 인권보장의 실현 등을 언급하고 있을 뿐 '업무상 군사기밀을 취급하는 자'로 문언이 수정된 것에 대해 아무런 언급이 없었다. 그렇다면 이는 제정 군사기밀 보호법이나 구 군사기밀 보호법에서 '업무'의 어순이 바뀌었더라도 이는 동일한 의미로 해석되어야 하고 '업무상 군사기밀을 취급하는 사람'의 의미는 비밀보관책임자나 보안담당관처럼 군사기밀의 보호조치 의무를 명시적으로 부여받은 경우뿐만 아니라 자신의 직무에 기해 군사기밀을 대출받거나 열람함으로써 군사기밀을 보관하거나 관리하게 되는 경우도 포함한다 할 것이다.

[판례] 업무상 군사기밀을 취급하는 사람에 해당한다고 본 사례

국방부 보통군사법원 2017. 11. 21. 선고 2017고4 판결

① 피고인은 2014. 2. 24.경부터 2014. 12. 14.경까지 D단의 E팀장으로 근무하며 해군 장보고－Ⅲ 사업과 관련하여 잠수함 설계·건조 등 과정에서 사업 관리 및 기술 관리를 지원하고 잠수함 소요군인 해군의 요구사항을 반영·확인하며, 해군 장보고－Ⅲ 사업과 관련한 대외 협조 등의 업무를 총괄한 사실, ② 피고인은 2014. 8. 8. 해군본부 R에 '업무수행'을 목적으로 장보고－Ⅲ Batch－Ⅱ 작전운용성능에 관한 비밀 사본 재생산을 공문을 통하여 요청하였고, 위 요청에 따라 해군본부 K장인 S은 2014. 8. 21. E팀에 장보고－Ⅲ Batch－Ⅱ 작전요구성능이 포함된 『비밀사본 배부(KSS－Ⅲ Batch－Ⅱ 소요결정 문서)』를 발송하였고, 같은 날 E팀에 접수되어 피고인이 직접 비밀 접수에 관한 결재를 한 사실, ③ 피고인이 H에게 군사기밀을 누설한 2014. 9. 5.에 근접한 2014. 9. 16.경, N청 T팀에서 E팀으로 『장보고－Ⅲ Batch－Ⅱ 선행연구 용역 최종 산출물 배부(1권 체계 종합 1/2)』등 11건의 장보고－Ⅲ Batch－Ⅱ 선행연구 용역에 관한 비밀을 발송하였고, 같은 날 E팀에 접수되어 접수용 비밀관리기록부에 등재된 사실, ④ 피고인은 이 법정에서 『비밀사본 배부(KSS－Ⅲ Batch－Ⅱ 소요결정 문서)』는 자신의 업무를 위한 참고자료로서 E팀장의 지위에 있던 피고인이 열람하고 참고할 수 있는 비밀이라는 취지로 진술한 사실 등을 종합하

면, 피고인은 업무상 필요로 『비밀사본 배부(KSS-Ⅲ Batch-Ⅱ 소요결정 문서)』를 포함한 장보고-Ⅲ Batch-Ⅱ 사업의 작전운용성능에 관한 군사기밀을 열람하고 참고할 수 있는 지위에 있다고 볼 수 있으므로, 피고인은 군사기밀보호법 제13조 제1항의 '업무상 군사기밀을 취급하는 사람'에 해당한다고 할 것이다.

고등군사법원 2014. 10. 7. 선고 2012노238 판결[67)]

① 피고인은 당시 공군대학 초급지휘관참모처장이었던 공소외인으로부터 "조종장교들이 반드시 숙지하여야 할 비밀내용들은[68)] 구해오라"는 지시를 받고 공군작전사령부에 파견근무 중 군사Ⅱ급비밀 내용이 포함된 「작전계획 5027-04 수정2호」 등 다수의 문건들을 취득하거나 또는 공군대학 2층 비밀보관소에 보관되어 있는 군사Ⅱ급비밀내용이 포함된 「07 Pre-ITO(기계획 통합임무명령서)」 CD를 대출받아 이를 수업목적으로 유에스비(USB)에 저장하게 된 것인 점, ② 이 사건 유에스비(USB)는 공군대학에서 교관들에게 업무용으로 배포한 것인 점, ③ 피고인이 당시 공군대학에서 '공군작전' 담당 수업교관으로 근무하였고, 초급장교를 대상으로 제공작전, 전략공격작전, 항공차단작전, 근접항공작전 등의 수업을 진행하였는데 그중 약 75% 정도는 일반자료를, 25% 정도는 군사Ⅱ급비밀 내용인 '기계획통합임무명령서(Pre-ITO)'를 기초로 수업이 이루어졌던 점, ④ 피고인은 일관하여 위와 같은 군사기밀을 유에스비(USB)에 저장한 것은 수업에 활용하기 위해서였다고 진술하고 있는 점, ⑤ 피고인은 "작전에 대한 수업을 충실하게 하기 위해서는 비밀보관소에서 잠깐 대출하여 열람하는 정도로는 부족하여 이와 같이 이른바 '음성비밀'을 생산하게 되었다"고 진술하였고, "당시 공군대학 분위기는 비밀내용이 포함된 교안을 정식으로 비밀등재하기 어려운 분위기여서 교안을 정식으로 비밀등재 할 수 없었다"고 진술하였던 점 등을 종합하여 보며, 피고인이 위 군사기밀(이른바 '음성비밀')들을 저장 및 관리한 것은 공군대학 교관으로서의 자신의 고유 업무인 작전 관련 과목의 수업에 활용하기 위해서였다는 점이 분명하므로, 피고인은 군사기밀보호법 제13조 제1항의 '업무상 군사기밀을 취급하는 사람'에 해당한다고 할 것이다.

---

67) 대법원 2016. 8. 18. 선고 2014도13403 판결로 확정됨.
"원심판결 이유에 의하면, 공군교육사령부 공군대학 군사운영교관인 피고인은 군사기밀 취급인가를 받은 자로서 자신이 맡은 업무상 판시 기밀서류들을 열람하여 참고할 수 있는 지위에 있었으므로, 위와 같은 업무로 인하여 알게 되거나 점유한 국가기밀을 누설한 행위는 같은 법 제13조 제1항의 업무상 군사기밀 누설죄에 해당한다. 같은 취지의 원심 판단은 정당하고, 이와 달리 같은 조 제2항의 죄에 해당할 뿐이라는 이 부분 상고이유 주장은 받아들일 수 없다."

68) 저자 주: "비밀내용들을"의 오기로 보이나 원문 그대로 기재한다.

고등군사법원 2014. 11. 26. 선고 2014노111 판결

1. 피고인 A가 업무상 군사기밀을 취급하는 자에 해당하는지 여부

피고인은 항공작전사령부 작전처 작전계획과장으로 근무하면서 항공작전계획 수립 및 항공전력 관련 업무를 수행하였을 뿐만 아니라, 작전참모의 지시에 따라 대형공격헬기(AH-X) 사업관련 2차 회의에 참석한 것이 명백하므로 군사기밀 보호법 제13조 제1항 소정의 '업무상 군사기밀을 취급하는 사람'에 해당한다고 판단된다.

2. 피고인 B가 업무상 군사기밀을 취급하는 자에 해당하는지 여부

① 피고인이 근무하였던 KHP 지원실은 KUH(한국형 기동헬기)와 KAH(한국형 공격헬기) 사업에 대해 소요군으로서 각종 업무 토의에 참석하여 의견을 제시하는 등 헬기사업과 관련한 기술적 분야를 지원하는 부서였던 점, ② 피고인은 2008. 12. 1.경부터 육군 항공작전사령부 KHP 지원실의 총괄장교인 계획운영장교로서 부서의 업무에 대하여 전반적으로 조정·통제·감독하는 임무를 수행하였었던 점, ③ KHP 지원실은 3급비밀 'KAH 군 운용요구도' 등 10여건의 군사기밀이 있었던 점, ④ 피고인은 대형공격헬기 작전운용성능 검토지원 업무를 하였고, 한국형공격헬기 탐색개발 수행간 검토회의에 참석하여 작전운용성능 세부 항목에 대해 토의하는 업무를 수행하였던 점, ⑤ 피고인은 한국형공격헬기 개발 관련되는 주업무를 저희 지원실에서 하다보니 그렇게 사업 돌아가는 것은 지속적으로 육군본부와 합참, 방위사업청 등 관련부서와 수시로 연락을 취하면서 계속 파악하고 있었다고 진술하고 있는 점 등을 종합적으로 고려하면, 피고인이 군사기밀의 보관책임 정이 아니거나 주재하지 않았다고 하더라도 그 일에 참여한 경우에 해당된다고 판단되므로 피고인은 군사기밀보호법 제13조 제1항 소정의 "업무상 군사기밀을 취급하는 사람"에 해당한다고 할 것이다.

2. 제13조 제2항

업무상 군사기밀을 취급하는 사람은 아니나 자신의 업무상 군사기밀을 알게 되거나 점유한 사람이다. 이와 관련하여 군사법원은 병사인 피고인이 선임병으로부터 암구호를 잘 숙지하지 못한다는 지적을 받고, 여자친구와 카카오톡 대화방에 암구호를 기록해두고 선임병들로부터 질문을 받았을 때 카카오톡 대화 내용 검색 기능을 통해 확인하고자 마음먹고, 암구호를 확인한 후 여자친구에게 카카오톡으로 암구호를 전송하였던 사건에서 피고인의 행위를 군사기밀 보호법 제13조 제2항 위반으로 의율한 적 있다(제1지역군사법원 2023. 11. 9. 선고 2023고103 판결[69]).

Ⅲ. 행위

1. 일반론

업무상 알게 되거나 점유한 군사기밀을 타인에게 누설하는 것이다.

가. "업무로 인하여 알게 되거나"의 의미

업무에 기인하여 당연히 알고 있는 것으로, 알고 있는 이유가 반드시 군사기밀인 사항을 주재하는 것을 요하지 않으며 그 일에 참여하고 또는 상관의 명령에 의해 조사에 종사하는 등으로 인해 알게 된 경우를 포함한다(대법원 2000. 1. 28. 선고 99도4022 판결).

나. "업무로 인하여 점유한"의 의미

업무에 기인하여 입수하고 있는 것으로 군사상의 비밀인 물건의 보관을 직무 또는 영업으로 하는 경우에 한하지 않고 또 반드시 주재할 필요도 없으며, 단지 그 일에 참여한 경우도 포함된다(대법원 2000. 1. 28. 선고 99도4022 판결). 따라서 군사기밀을 누설한 경우에도 그 군사기밀이 위와 같이 업무상 알게 되거나 점유한 군사기밀에 해당하지 아니하면 군사기밀 보호법 제12조에 의하여 처벌될 뿐 제13조 제1항으로는 처벌할 수 없다(대법원 2016. 10. 27. 선고 2016도11677 판결).

[판례] 업무상 알게 되거나 점유한 군사기밀이라고 판단한 사례

대법원 2000. 1. 28. 선고 99도4022 판결

기록에 의하니, GRC-171 무전기 확보사업은 피고인이 '99사업추진회의 준비 중 항공사업담당장교로서 상관의 질문에 대답하기 위하여 담당장교인 중령 공소 외 3에게 문의하여 알고 있었고, 또 1998년 3월 무렵 '99예산편성사업에 대해서 중기계획과 일치하는지 여부를 확인하고 1999년도에 정상적으로 사업집행이 가능한지를 선행조치부서에 확인하기 위한 회의에 참석하여 이를 알게 된 것이며, GPS사업 중 군이 요구하는 성능에 관한 사항은 무기체계처 중령 공소외 4의 담당이지만 그 사업자체는 피

69) 위 사건의 피고인은 경계근무 수행이라는 자신의 직무에 따라 관례적으로 군사기밀인 암구호를 열람하여 참고할 수 있는 지위에 있었으므로 "업무상 군사기밀을 취급하는 사람"에 해당하는 것 아닌가(즉, 군사기밀 보호법 제13조 제1항이 적용되었어야 하는 것 아닌가)하는 의문이 든다.

고인의 업무였다는 것이며, K－1전차관련사업 및 신형자주포관련사업은 피고인의 담당업무는 아니나 총괄장교로서 그 내용을 파악하고 있었을 뿐만 아니라 자신의 캐비넷에 보관 중인 군사Ⅲ급비밀인 '99방위력개선사업추진계획(바인더)' 중의 내용으로 이를 열람하여 알고 있었다는 것이므로 이들 모두를 업무로 인하여 알게 되거나 점유한 군사기밀이라고 보아야 할 것이다.

[판례] 시스템 접속 권한만으로 해당 시스템을 통해 확인할 수 있는 정보 전체에 대해 업무상 알게 되거나 점유하였다고 볼 수 없다 판단한 사례

국방부 보통군사법원 2017. 1. 17. **선고** 2016**고**34 **판결**
탄약지원사령부 비군사화반에 근무하던 피고인이 MLRS 탄약보유현황을 누설한 사안에서, 군사법원은 비군사화반은 비군사화 운영업체 및 민간위탁업자의 비군사화 작업에 관련된 안전관리를 주 임무로 하는 부서로 비군사화와 관련이 없는 탄약은 동 부서의 업무 범위에 포함되지 않으며, 업무 범위에 포함되지 아니한 탄약에 관련된 정보가 업무 과정에서 조사·활용되는 정황도 보이지 아니하므로 비록 피고인이 탄약지원사령부에 소속된 사람으로서 국방탄약정보체계 시스템에 접속할 수 있는 권한이 있었고, 동 사령부 소속의 경우 전체부대의 재산현황까지 조회할 수 있는 권한이 있다 하더라도 이와 같은 시스템 접속 권한만으로 해당 시스템을 통해 확인할 수 있는 정보 전체에 대해 업무상 알게 되거나 점유한 것이라고 보는 것은 군사기밀 보호법 제13조 제1항에 규정된 업무의 범위를 과도하게 확대 해석하는 것으로 판단된다.

[판례] 업무상 알게 되거나 점유한 군사기밀이 아니라고 판단한 사례

대법원 2016. 10. 27. **선고** 2016**도**11677 **판결**
가. 피고인은 공소외 1의 요청을 받고 공소외 1에게 제공하기 위하여 이 사건 군사기밀을 탐지·수집하였고, 이 사건 군사기밀을 탐지·수집한 후 이를 이용하여 연구를 한 사실도 없으며, 피고인이 실제로 한 행동들은 이를 무관준비 등의 업무에 사용하기 위한 것이라고 보이지 아니한다. 이에 비추어 보면, 피고인이 공소외 2에게 무관준비와 연구에 필요하다고 말한 것은 단지 이 사건 군사기밀을 탐지·수집하기 위하여 만들어낸 명목에 불과하며, 피고인도 위와 같은 말을 한 것은 핑계였다고 진술하고 있다.

나. 피고인은 그 당시 ○○○○본부 △△△△부 소속이었으므로 이 사건 군사기밀을 생산하고 관리하던 제□□□기무부대 전력군수반 기획관리참모부에 출입할 권한이 없었고, 이 사건 군사기밀의 내용도 기획관리참모부장의 업무인계·인수 자료 중 일부여서 소속과 업무가 전혀 다른 피고인이 접근하거나 열람할 권한이 없었으며, 이 사건 군사기밀의 내용 또한 무관준비요원 교육생의 업무와 관련이 있다고 보이지 아니한다.

다. 따라서 피고인이 이 사건 군사기밀에 관한 업무에 참여하거나 종사하였다고 보기 어렵고 또한 피고인의 업무에 기인하여 이 사건 군사기밀을 당연히 알게 되었다고 보기도 어려우므로, 비록 피고인이 위와 같은 경위로 이 사건 군사기밀을 탐지·수집하였다 하더라도 이를 가지고 피고인이 이 사건 군사기밀을 업무상 알게 되거나 점유하였다고 할 수 없다.

서울고등법원 2023. 8. 23. 선고 2022노1530 판결

원심 및 당심이 적법하게 채택하여 조사한 증거들에 의하여 인정되는 다음과 같은 사실 및 사정들을 종합하면, 피고인이 '업무상 군사기밀을 취급하는 자'에는 해당한다 하더라도 피고인이 누설한 이 사건 군사기밀을 '업무상 알게 되거나 점유하였다'고 인정되지는 않는다. 따라서 이에 관한 피고인의 주장은 이유 있다.

① 앞서 본 바와 같이 피고인은 2011. 1. 18. Ⅱ급비밀취급인가를 받았고, 이 사건 당시 해군본부 함정기술처 기술과에서 총괄담당으로 근무하였다. 피고인은 위 기술과에 근무하면서 기본설계에 관하여 조선소와 계약하기 위한 서류를 검토하거나, 조선소가 작성한 기본설계를 검토하는 등의 업무를 담당하였다. 기본설계는 개념설계를 바탕으로 작성된 TLR(함정건조기본지침서)[70]에 기초하여 작성되므로, 훈련함 기본설계 관련 업무를 담당했던 피고인은 훈련함 개념설계와 관련된 군사 Ⅲ급비밀인 이 사건 군사기밀에 관하여도 '업무상 군사기밀을 취급하는 사람'의 지위에 있었다고 볼 수는 있다.

② 그러나 피고인은 2009. 1. 1.부터 2011. 1. 17.까지 위 함정기술처 함정설계과에서 근무하기는 하였으나, 피고인은 당시 잠수함 관련 업무를 담당하여 수상함인 훈련함과 관련된 업무를 수행하지 않았다고 진술하였다. 또한 해군본부 함정기술처의 2021. 2. 25. 자 사실조회회신에 의하면, 피고인은 2013. 1.경부터 2013. 5. 31.까지 훈련함 관련 업무를 담당한 사실이 없고, 이 사건 당시 이 사건 군사기밀의 관리 담당자는 곽○○이었다. 따라서 피고인이 이 사건 군사기밀을 업무상 입수하여 점유하고 있었다고 볼 수는 없다.

③ 방위사업청은 2013. 1. 11. 훈련함 개념설계를 바탕으로 TLR을 최종 확정하여 해군에 통보하였다. 한편 피고인은 원심 법정에서 '개념설계는 TLR 확정을 위한 것이고, 기본설계는 확정된 TLR을 바탕으로 실제 배를 건조하기 위한 것이다. 방위사업청이 확정한 TLR이 기술과로 통보가 되면 기술과에서는 이 TLR만을 기준으로 조선소가 작성한 기본설계를 검토하므로, 개념설계보고서는 기본설계 관련 업무에서 참고할 필요가 없다.'는 취지로 진술하였다. 따라서 <u>훈련함의 기본설계를 담당했던 피고인이 개념설계와 관련된 이 사건 군사기밀을 업무상 당연히 알고 있다거나 입수하고 있었다고 보이지도 않는다</u>.

④ 곽○○은 각 부서의 막내들이 모든 비밀보관함의 열쇠 복사본을 가지고 있고, 비밀관리자 모르게 서로 비밀을 대출할 수 있을 정도로 부서 간 비밀의 대출이 자유로웠다고 진술하였다. 그러나 피고인이 위와 같이 이 사건 군사기밀에 접근이 가능하였다고 하더라도 그러한 사정만으로 피고인이 이 사건 군사기밀을 업무상 점유하고 있었다고 볼 수는 없다.

2. 군사기밀 보호법 제13조 제1항 전단의 "업무"와의 관계

군사법원은 군사기밀 보호법 제13조 제1항의 "업무상 군사기밀을 취급하는 사람"의 의미에 대해 판단하면서 "제13조 제1항 후단에서 '그' 업무상 알게 되거나 점유한 군사기밀을 타인에게 누설한 경우라고 명확하게 규정하고 있어 후단의 업무는 전단의 '업무'와 동일한 의미를 가지는 것이다"는 취지로 판단하였다(국방부 보통군사법원 2014. 12. 24. 선고 2014고22, 2014고23(병합) 판결).

70) 훈련함 크기, 경화 톤수, 속력, 승조원 수, 추진체계, 장비 등 개념설계의 핵심적인 사항이 요약된 지침서로, 기본설계를 위한 요구조건을 제시한다.

3. “업무상 알게 되거나 점유한 군사기밀”에 군사기밀 보호법 제11조에 규정된 “적법한 절차에 의하지 아니한 방법으로 탐지·수집한 군사기밀”이 포함되는지 여부

가. 상반되는 판례의 태도

1) 포함된다는 취지로 판단한 사례

고등군사법원 2019. 10. 2. 선고 2018노387 판결

(1) 위와 같이 인정되는 사실 내지 사정들을 위와 같은 군사기밀 보호법에 관한 법리에 비추어 살펴보면, 군사기밀 보호법 제13조 소정의 ‘업무로 인하여 알게 되거나’, ‘업무로 인하여 점유한’의 의미는 업무에 기인하여 알게 되거나 입수하고 있는 것이면 족하다고 할 것이고, 피고인은 ○○부대에서 업무를 수행하는 ○○팀원으로서, 이러한 직책에 있는 피고인에게는 팀 내 합동보관중인 비밀문서를 열람·대출하거나 ○○망에 접속하여 각 게시판의 비밀자료를 검색·열람할 수 있는 직무상 권한이 있다고 봄이 상당하므로, 피고인이 비록 적법하지 아니한 방법으로 관련 비밀문서들을 자신의 휴대폰으로 촬영하는 방법으로 점유하게 되었다고 하더라도 이러한 행위는 ‘업무상 군사기밀을 취득’한 것이라고 봄이 상당하다.

그렇다면, 위와 같은 피고인의 각 문건 취득행위를 군사기밀 보호법 제11조상의 ‘업무와 관계없는 기밀을 탐지 내지 수집한 행위’라고 보고 이를 각 누설한 행위를 동법 제12조의 일반 군사기밀 누설죄로 처벌할 것이 아니라, 업무에 기인하여 취득하게 된 각 군사기밀을 제3자에게 누설한 일련의 행위를 동법 제13조의 업무상 군사기밀 누설죄로 처벌하여야 할 것이다.

(2) 한편, 2017. 5.말경 군사기밀보호법위반과 관련하여, 원심은 ‘피고인이 2017. 5.말경 ○○의 파기문서함에서 가져온 2건의 군사비밀 문건을 2017. 5.말경 및 2017. 8. 22경 공소외인에게 각 누설하였다.’는 범죄사실을 모두 유죄로 인정하면서, 원심판결의 범죄사실란 제1의 저.항 마지막 문단에서 ‘이로써 피고인은 적법한 절차에 의하지 않은 방법으로 군사기밀을 탐지·수집하여 이를 타인에게 누설하였다.’라고 기재하고 있으나, 범죄사실에 대한 해당 법조에 관하여 다른 군사기밀보호법위반죄와 아무런 구별을 두고 있지 아니하므로, 업무상 취득한 군사기밀누설에 관한 군사기밀보호법위반죄의 성립을 인정하였는지 여부가 불분명하다.

직권으로 판단해보건대, 피고인이 접적지역의 상황에 관한 정보를 요구하는 공소외인을 위하여 ○○에 출입하고, 문서파기함에 있는 군사비밀을 동료들 몰래 은닉하여 보직을 이동하기까지 계속 소지하고 있었던 경우를 곧바로 업무에 기인하여 점유하게 된 경우로 포섭하기에는 다소 어려움이 있는 것은 사실이나, 피고인은 관련 규정에 따라 ○○에서 관련 문건을 지출하여 적법하게 열람·점유할 수 있는 업무상 지위에 있었고, 취득한 비밀이 피고인의 정보업무와 관련성이 없는 자료라고 단정할 수 없으며, 이 부분 공소사실이 군사기밀을 취득하는 피고인에 대하여 군사기밀 보호법 제10조에서 규정하고 있는 군사기밀을 은닉하는 등의 군사기밀 보호조치의 불이행까지 처벌하려는 것으로는 보이지 아니하므로, 비밀문서를 위법한 방법으로 점유하게 되었다고 하여 군사기밀 보호법 제13조에서 정하는 '업무상 취득한 비밀'이 아니라고 볼 수 없다고 할 것이다. 나아가, 군사기밀 보호법 제13조는 범행 주체에 대하여 '업무상 군사기밀을 취급하는 사람 또는 취급하였던 사람'이라고 규정하고 있으므로, 2017. 8. 22.경 공소외인에게 전달한 '○○' 제목 문건에 관한 누설죄 취득경위가 2017. 5. 말경 피고인이 업무상 취득한 군사기밀로 평가되는 이상, 비록 피고인이 비밀을 누설하는 시점에 업무자가 아니라고 할지라도 군사기밀 보호법 제13조의 업무상 취득한 군사기밀 누설에 관한 군사기밀보호법위반죄에 해당한다고 할 것이다.
(3) 그런데 이 사건 공소사실 중 피고인의 보직이 변경되어 더 이상 정보장교로서의 임무수행을 하지 않게 된 2017. 6. 15.경 군사기밀로부터 취득한 것이 기록에 의하여 명백한 2017. 7. 6.경 군사기밀보호법위반의 점은, 피고인이 우연히 ○○팀을 방문하게 된 기회에 팀장의 책상에 놓여진 2개의 문건을 몰래 촬영하였다는 것이므로, 이러한 수집 절차를 피고인의 업무에 기인하여 입수된 것으로 볼 수 없을 뿐만 아니라, 피고인도 자신의 소관 업무 외의 목적으로 군 내부 비밀에 접근하였음을 인정하고 있으므로, 이 부분 공소사실에 관한 행위는 군사기밀 보호법 제11조상의 군사기밀을 탐지·수집한 행위에 해당한다. 다만, 위와 같은 경로로 수집·탐지한 군사기밀을 공소외인에게 전달한 행위는 군사기밀 보호법 제13조의 업무상 취득한 군사기밀누설로는 처벌할 수 없고, 동법 제12조의 일반 군사기밀누설에 관한 군사기밀보호법위반죄로 처벌할 수 있을 뿐임에도 원심이 이 부분 공소사실에 대하여도 업무상 취득한 군사기밀누설에 관한 군사기밀보호법위반죄를 유죄로 인정하였으므로, 이 부분은 군사기밀 보호법에 관한 법리를 오해한 위법이 인정된다. 나아가, 군검사가 이 부분 공소사실에 관하여 군사기밀 보호법 제12조의 군사기밀누설죄로 기소하지 아니한 이상 불고불리의 원칙에 따라 업무상 취득한 군사기밀누설에 관한 군사기밀보호법위반의 점은 직권으로 무죄로 판단할 수밖에 없다.

2) 포함되지 않는다는 취지로 판단한 사례

제2지역군사법원 2025. 2. 20. 선고 2023고554 판결

① 구 군사기밀보호법(2011. 6. 9. 법률 제10792호로 개정되기 전의 것) 제13조 제1항은 "업무상 군사기밀을 취급하는 자 또는 취급하였던 자가 그 업무로 인하여 알게 되거나 점유한 군사기밀을 타인에게 누설한 때에는 3년 이상의 유기징역에 처한다"라고 규정하였고, 이후 법 문장을 한글로 적고, 어려운 용어를 쉽게 정비하려는 목적으로 법 개정이 이루어진 것이므로, 현행 군사기밀보호법 제13조 제1항의 "업무상 알게 되거나"라는 문언은 구 군사기밀보호법상 "업무로 인하여"와 동일한 의미를 갖는다. 이때 "업무로 인하여" 점유하였다는 것은 업무에 기인하여 점유한 것, 즉 업무상의 원인으로 점유하는 것을 의미하고, 적법한 절차에 의하지 않고 무단으로 복제하여 점유한 것까지 제13조 제1항의 "업무상 점유"한 군사기밀에 포함된다고 보기는 어렵다.

② 군사기밀보호법 제11조는 "군사기밀을 적법한 절차에 의하지 아니한 방법으로 탐지하거나 수집한 사람은 10년 이하의 징역에 처한다", 제12조 제1항은 "군사기밀을 탐지하거나 수집한 사람이 이를 타인에게 누설한 경우에는 1년 이상의 유기징역에 처한다", 제13조 제1항은 "업무상 군사기밀을 취급하는 사람 또는 취급하였던 사람이 그 업무상 알게 되거나 점유한 군사기밀을 타인에게 누설한 경우에는 3년 이상의 유기징역에 처한다"라고 각 규정하고 있으므로, 체계적 해석 및 유추해석금지의 원칙에 의하면 군사기밀보호법 제11조를 위반하여 적법한 절차에 의하지 아니한 방법으로 탐지하거나 수집한 군사기밀을 누설한 경우에는 군사기밀보호법 제12조 제1항에 따라 처벌되고, 이와는 달리 업무상 알게 되거나 업무상 권한에 따라 적법한 절차에 의해 점유한 군사기밀을 타인에게 누설한 경우에는 군사기밀보호법 제13조 제1항에 따라 처벌된다고 보아야 한다. 이와는 달리 업무상 군사기밀을 취급하는 사람이 업무와는 관계없이 점유하거나 업무상 적법한 접근절차에 따르지 않고 권한 없이 점유한 군사기밀을 타인에게 누설한 경우까지 법정형이 더 무거운 제13조 제1항에 따라 처벌된다고 보게 되면 제12조 제1항과의 조화로운 해석이 어려워지며, 명문의 형벌법규의 의미를 피고인에게 불리한 방향으로 확장해석하거나 유추해석하는 것으로 죄형법정주의의 원칙에 어긋난다.

③ 피고인은 업무상 군사기밀을 취급하는 사람에 해당하나, 피고인이 적법한 절차에 의하지 않고 무단으로 복제하여 점유한 파일을 군사기밀보호법 제14조, 제13조 제1항에 해당하는 '업무상 점유한 군사기밀'이라고 볼 수 없다. 위 파일을 누설한 행위는 군사기밀보호법 제12조 제1항에 해당할 여지가 있으나 군사기밀보호법 제12조 제1항에 해당하는 행위 유형에 대해서는 과실범을 처벌하는 규정이 존재하지 아니한다.

나. 저자 의견 – 포함되지 않는다는 의견

"업무상 알게 되거나 점유한 군사기밀"의 의미는 문언 그대로 업무에 기인하여 알게 된 것만을 의미(즉, 업무수행 과정에서 적법하게 알게 된 경우)하는 것이라 보아야 한다. 해당 군사기밀을 검색·열람·대출할 수 있는 직무상 권한이 있다는 이유로 적법하지 않은 방법으로 군사기밀을 알게 된 경우까지 "업무상 알게 되거나 점유한 군사기밀"이라고 보는 것은 형벌법규 해석에 어긋나고, 죄형법정주의에도 위배될 소지가 있다.

앞서 포함된다는 취지로 판단한 사례에서 소개한 고등군사법원 2019. 10. 2. 선고 2018노387 판결은 피고인의 업무와의 관련성을 피고인의 구체적 업무와의 관련성에 한정하지 않고, 피고인의 지위 및 직책에까지 확대한 사례로 보인다. 해당 판결 내에서도 군사기밀을 취득한 방법이 적법하지 않았던 두 가지 경우에서도 피고인이 정보장교로서의 임무수행을 하지 않게 된 이후의 행위에 대해서는 군사기밀 보호법 제13조가 아니라 같은 법 제11조 및 제12조에 의해 처벌하는 것이 타당하다고 판단한 바 있다.

즉, "업무상 알게 되거나 점유한"의 의미는 구체적 업무와의 관련성에 한정하여야 하고 지위 또는 직책에 따른 권한에까지 확대하여 해석하는 것은 타당하지 않다고 생각된다. 따라서 적법한 절차를 거치지 않고 탐지·수집한 군사기밀을 누설한 경우, 해당 군사기밀이 행위자의 업무와 관련이 있다 하더라도 군사기밀 보호법 제12조 제1항 위반죄로만 처벌해야 하고, 이와 같이 해석하는 것이 앞서 살펴본 탐지·수집의 개념[71]과도 일맥상통한다.

4. 누설의 의미

누설의 의미는 군사기밀 보호법 제12조 부분에서 설명한 것과 같다.

다만, 군사기밀 보호법 제13조는 군사기밀 그 자체를 보호하기 위한 것이라기보다는 업무상 군사기밀을 취급하는 공무원 등의 비밀엄수의무 침해에 의하여 위험하게 되는 이익, 즉 비밀누설로 인하여 국가기능에 위험이 발생하리라고 볼

71) 행위자(해당 군사기밀과 업무상 직접 관련이 있는 사람인지 여부 또는 업무상 군사기밀을 취급하는 사람인지 여부 또는 비밀취급인가를 갖고 있는지 여부 불문)가 적법한 절차를 위반하여 적극적으로 ① 군사기밀을 알아내는 행위 또는 ② 군사기밀에 대한 점유를 취득하는 행위(유·무형물을 입수하거나 사용할 수 있는 상태에 두는 행위)를 의미하고, 탐지·수집한 사람이 해당 군사기밀 내용을 알고 있었는지 여부는 문제되지 않는다.

만한 특별한 사정이 인정되는 경우 '누설'로 보아야 한다.

법원은 해병대사령부 정보참모처 C담당으로 업무상 군사비밀을 취급한 자로서 군사Ⅱ급비밀취급인가를 받은 군무원으로서 피고인이 유관기관 합동회의 참석자들에게 누설 문건을 열람하게 한 것이 군사기밀 보호법 제13조 제1항에서 금지하는 '누설'에 해당하지 않는다고 판단하면서, 본 조에서도 공무상비밀누설죄의 법리를 그대로 적용하여야 한다고 판단한 바 있다.

서울고등법원 2024. 10. 8. 선고 2023노2602 판결

공무상비밀누설죄는 공무상 비밀 그 자체를 보호하는 것이 아니라 공무원의 비밀엄수의무의 침해에 의하여 위험하게 되는 이익, 즉 비밀누설에 의하여 위협받는 국가의 기능을 보호하기 위한 것이다. 그러므로 공무원이 직무상 알게 된 비밀을 그 직무와의 관련성 혹은 필요성에 기하여 해당 직무의 집행과 관련 있는 다른 공무원에게 직무집행의 일환으로 전달한 경우에는, 관련 각 공무원의 지위 및 관계, 직무집행의 목적과 경위, 비밀의 내용과 전달 경위 등 제반 사정에 비추어 비밀을 전달받은 공무원이 이를 그 직무집행과 무관하게 제3자에게 누설할 것으로 예상되는 등 국가기능에 위험이 발생하리라고 볼 만한 특별한 사정이 인정되지 않는 한, 위와 같은 행위가 비밀의 누설에 해당한다고 볼 수 없다(대법원 2021. 11. 25. 선고 2021도2486 판결 등 참조). 그리고 이와 같은 법리는 공무상 비밀뿐만 아니라 군사기밀에 있어서도 마찬가지라고 보아야 한다(대법원 2021. 6. 10. 선고 2020도15219 판결 취지 참조).

다만, 이는 직무 집행의 일환으로 업무상 군사기밀을 취급하는 사람이 마찬가지로 업무상 군사기밀을 취급하는 공무원으로서 직무상 관련되어 있고, 내부적인 승인절차를 거쳤다면 군사기밀을 제공받을 수 있는, 비밀취급인가를 가진 다른 공무원에게 군사기밀을 제공한 경우로서, 직무 집행의 내부적인 절차를 결여한 경우로 보아 징계사유로 볼 수는 있으나 군사기밀 보호법 위반으로 볼 수는 없다는 판단이다.

서울고등법원 2024. 10. 8. 선고 2023노2602 판결

(1) 피고인은 2015. 11. 1.부터 2021. 8. 31.까지 해병대사령부 정보참모처 C담당으로 업무상 군사비밀을 취급한 자로서 군사 Ⅱ급비밀취급인가를 받은 군무원이다. 피고인은 2021. 3. 29. 국가정보원 인천지부로부터 유관기관 합동대공 취약도서 점검을 위한 「유관기관 합동 도서 출장(연평도·우도) 참석 등 협조 요청」공문을 접수하였고, 2021. 4. 12. 국가정보원 인천지부 수사관으로부터 '서북도서 및 인근 북한동향'에 참고할만한 자료 지원 요청을 받았다. 이에 피고인은 이 사건 군사기밀 중 유관기관 합동회의의 목적에 부합하는 내용을 추출한 다음 보안상 예민하거나 중요한 사진, 그림 등을 대폭 삭제하고 언론에 이미 노출되어 대중적 관심이 있는 내용 등을 고려해서 이 사건 누설 문건을 작성한 것으로 보인다. 즉, 피고인은 직무상 알게 된 비밀을 그 업무와의 관련성 및 필요성에 기하여 유관기관 합동회의의 목적에 부합하는 내용만으로 추출, 수정하여 이 사건 누설 문건을 작성한 다음 유관기관 합동회의에서 그 내용을 발표한 것이다. <중략>

(4) 위 유관기관 합동회의는 국정원이 주관하여 '보안시설'인 연평부대 대회의실에서 개최되었고, 이 사건 누설 문건은 유관기관 합동회의 현장에서 발표자료로 배포되었다가 회수·세절되었다. 당시 이 사건 누설 문건을 전달받은 회의 참석자들은 모두 (임시)비밀취급 인가를 갖고 있었던 것으로 보이므로, 위 참석자들이 이 사건 누설 문건을 그 직무집행과 무관하게 제3자에게 누설할 것이라고 예상하기 어려운 상황이었다. 위 유관기관 합동회의의 참석기관에 군인뿐만 아니라 인천중부경찰서와 인천해양경찰서 인천합동정보조사 관계자 등이 포함되어 있었다는 사정만으로 달리 볼 수는 없다. 그렇다면 위 유관기관 합동회의의 참석자들이 군사기밀 누설의 상대방인 '타인'에 해당할 가능성이 있다고 하더라도(대법원 2016. 8. 18. 선고 2014도13403 판결 참조), 피고인의 배포행위는 앞서 본 바와 같이 유관기관이 대공 취약도서를 점검하고 통합방위대책을 수립하여 적 침투·도발에 체계적으로 대비함으로써 국가의 기능을 보호하기 위한 것이지 국가의 기능에 위험을 초래하려는 것이 아니므로 이를 군사기밀 보호법 제13조에서 정한 '누설행위'라고 볼 수는 없다.

Ⅳ. 고의

누설 행위 당시 군사기밀을 누설한다는 인식과 의사가 있어야 한다.

Ⅴ. 본 법과 타 조항의 관계

군사기밀 불법 거래에 관한 가중처벌 규정(제13조의2), 외국 또는 외국인을 위한 죄에 관한 가중처벌 규정(제15조), 미수범 처벌규정(제18조)이 적용된다. 자수할 경우 필요적 감면대상이고(제19조), 징역형을 선고할 경우 자격정지를 병과할 수 있으며(제20조), 몰수·추징 조항(제20조의2)이 적용된다.

Ⅵ. 죄수 – 군사기밀보호법위반죄(군사기밀 누설)와 형법상 일반이적죄의 관계

최근 군사법원은 국군정보사령부에서 공작팀장으로 근무하던 피고인이 군사기밀을 탐지·수집한 후 중국 정보기관으로 추정되는 인원에게 누설한 사건[72]에서, 군사기밀 탐지·수집 행위에 대해서는 군사기밀보호법위반죄 성립을, 군사기밀을 누설하여 대한민국의 군사상 이익을 해한 행위에 대해서는 일반이적죄 성립을 각각 인정한 바 있다(중앙지역군사법원 2025. 1. 21. 선고 2023고30, 37(병합) 판결).

일반이적죄는 대한민국의 군사상 이익을 해하거나 적국에 군사상 이익을 공여함으로써 성립하는 범죄로 '군사상 이익'이란 군사 활동에 도움이 되는 유형·무형의 일체의 이익을 말하고, 침해나 공여행위는 직접·간접, 적극·소극을 묻지 않는다. 따라서 적국의 정황을 허위보고하여 대한민국의 작전계획을 잘못되게 하거나 적국을 위하여 자금을 조달하는 행위, 정부 소유의 선박을 강취하여 적국으로 운행·탈출하고 그 선박과 화물을 적국에 제공하는 행위, 직무와 관계없이 지득한 군사상 기밀을 적국에 누설한 행위[73] 등이 이에 해당한다.[74]

한편, 위 사건에서 군검사는 피고인의 군사기밀 누설 행위에 대해서는 별도로 군사기밀보호법위반죄로 의율하여 기소하지 않았다. 비록 일반이적죄의 법정형(무기 또는 3년 이상의 징역)이 군사기밀 누설로 인한 군사기밀보호법위반죄보

---

72) 이른바 블랙요원 명단 유출 사건이다.

73) 직무에 관하여 군사상 기밀을 지득한 자가 이를 적국에 누설한 경우에는 형법 제98조 제2항의 간첩죄가 적용된다.

74) 이상 일반이적죄에 대한 설명은 주석형법 제6판(2024. 8. 30.) 일반이적죄 부분을 참조하였다.

다 중한 것은 사실이나, 대한민국의 군사상 이익을 해하는 수단 중 하나라 볼 수 있는 군사기밀을 누설한 행위 자체에 대한 가벌성 또한 가볍지 않다는 점, 이와 같은 행위를 처벌하기 위한 별도의 법이 존재한다는 점을 각각 고려하면, 군사기밀호보법위반죄도 의율했어야 하는 것 아닌가 하는 생각이 든다.

Ⅶ. 관련 판례

[판례] 군검사가 피고인을 군사기밀 보호법 제13조 제1항 위반죄로 기소한 사건에서 1심에서 공소사실을 군사기밀 보호법 제11조, 제12조 제1항 위반죄로 교환적 변경한 후, 2심에서 다시 군사기밀 보호법 제13조 제1항 위반죄를 주위적 공소사실로, 군사기밀 보호법 제11조, 제12조 제1항 위반죄를 예비적 공소사실로 변경하는 공소장변경허가신청을 한 사건에서 이와 같은 공소장변경이 공소권남용에 해당하는지에 대한 판단(소극)

대법원 2024. 12. 12. 선고 2020도11949 판결

1. 공소장변경에 관한 주장에 대하여

가. 군사법원법 제355조의 공소장변경제도는 당사자주의적 견지에서 공소사실의 동일성이 인정되는 범위 내라 할지라도 공소장변경 절차에 의하여 심판의 대상을 명확히 한정하지 아니하면 심판대상이 되지 아니하는 것으로 함으로써 피고인이 예상하지 아니한 처벌을 받는 불이익을 방지하려는 것으로 형벌권의 적정한 실현과 소송경제를 도모하는 한편 피고인의 방어권을 실질적으로 보장하는 데에 그 제도적 가치가 있다(대법원 1996. 10. 11. 선고 96도1698 판결, 헌법재판소 2012. 5. 31. 선고 2010헌바128 결정 등 참조). 한편, 동적·발전적인 성격의 형사소송절차에서 처음 공소제기된 사실관계가 소송 진행에 따라 다르게 나타나는 등의 사정이 있을 수 있으므로 공소사실의 동일성이 인정되는 범위 내에서 특정 공소사실을 철회하였다가 다시 추가하는 등과 같은 공소장변경도 불가능한 것은 아니다. 그러나 헌법 제13조 제1항 후문 '거듭처벌금지의 원칙'의 정신에 비추어 소송절차에서 불안정한 지위에 놓이게 될 수 있는 피고인의 인권과 법적 안정성 보장의 관점에서 그러한 공소장변경이 얼마든지 허용된다고 볼 수는 없다.

따라서 공소장변경이 소송절차에서 피고인의 지위를 과도하게 불안정하게 하고, 피고인의 방어권을 본질적으로 침해하는 것과 같은 특별한 사정이 있는 경우 그러한 공소장변경은 원칙적으로 허용될 수 없다. 이때 그러한 특별한 사정이 있는지 여부는 검사의 공소장변경허가신청의 실질적 의도와 시기, 특히 검사가 공소장변경허가

신청 기회가 충분히 있는데도 불구하고 장기간 권한행사를 하지 않다가 피고인의 방어가 성공한 단계 이후에 전격적으로 공소장변경허가신청을 한 것인지 여부, 공소장변경허가신청의 횟수, 경과 및 공소사실의 철회·추가·변경 등 유형, 특히 검사의 신청이 특정 공소사실에 대하여 현실적 심판대상에서 제외하였다가 다시 이를 번복하는 취지인지 여부, 기존 공소사실과 변경하려는 공소사실에 대한 방어 내용의 차이, 공소장변경허가 신청을 전후로 이루어진 피고인의 방어권 행사 내용과 과정 등 심리의 경과에 비추어 공소장변경으로 인해 그 이전에 해 온 피고인의 방어활동이 무위로 돌아가는지 여부 및 변경하려는 공소사실에 대한 피고인의 실질적이고도 충분한 방어가 가능한지 여부 등 제반 사정들을 종합적으로 고려하여 판단하여야 한다. 다만, 위와 같은 특별한 사정이 있더라도 공소장변경 없이는 적정절차에 의한 신속한 실체적 진실의 발견이라는 형사소송의 목적에 비추어 현저히 정의와 형평에 반하는 결과를 초래하는 경우에는 예외적으로 그러한 공소장변경도 허용될 여지가 있으나, 그러한 예외가 인정되는지 여부도 피고인의 법적 안정성 보장과 공소장변경제도의 가치 등을 고려하여 매우 엄격하고 신중하게 판단해야 한다.

나. 기록에 의하면 다음과 같은 사실을 알 수 있다.

* 저자 주

위 판결의 이해를 돕기 위해 사실관계를 요약한 표를 삽입하였다.

	기소	1심 (군사법원)		2심 (일반 법원)
군검사	군사기밀 보호법 제11조 위반죄(제1 공소사실)	제1 공소사실을 군사기밀 보호법 제11조, 같은 법 제12조 제1항 위반죄(제2 공소사실)로 교환적으로 변경하는 공소장변경허가신청	→ 군검사 항소 (양형 부당)	제1 공소사실을 주위적으로 추가하고 제2 공소사실을 예비적 공소사실로 변경하는 공소장변경허가신청
법원	•	• 위 신청에 대한 허가 결정 • 제2 공소사실에 대하여 징역 1년의 선고를 유예하는 판결		• 위 신청에 대한 허가 결정 • 제1 공소사실을 유죄로 인정하여 징역 1년 6월 집행유예 3년의 판결 선고

1) 군검사는 2019. 7. 9. 피고인에 대하여 '피고인이 업무상 군사기밀을 취급하였던 자로서, 그 업무상 알게 되었거나 점유한 이 사건 군사기밀을 타인에게 누설하였다.'는 내용의 「군사기밀 보호법」 제13조 제1항 위반죄(법정형 3년 이상의 유기징역)의 공소사실(이하 '제1 공소사실'이라 한다)로 공소를 제기하였다.

2) 변호인은 2019. 10. 15. 제1심 법원 제1회 공판기일에 이 사건 군사기밀은 피고인이 업무상 알게 된 기밀이 아니라는 취지의 의견을 진술하였다. 이에 군검사는 변호인의 의견에 동의한다고 진술하면서 제1 공소사실을 '피고인이 적법한 절차에 의하지 아니한 방법으로 군사기밀을 탐지하거나 수집하고, 이를 타인에게 누설하였다.'는 「군사기밀 보호법」 제11조 위반죄(법정형 10년 이하의 징역), 제12조 제1항 위반죄(법정형 1년 이상의 유기징역)의 공소사실(이하 '제2 공소사실'이라 한다)로 교환적으로 변경하는 공소장변경허가신청을 하였고, 제1심 법원은 위 신청에 대한 허가 결정을 한 후 증거조사를 마쳤다. <u>피고인은 2019. 11. 5. 제1심 법원 제2회 공판기일에 변경된 제2 공소사실을 자백하였고, 제1심 법원은 변론을 종결한 후 2019. 11. 19. 피고인에 대한 제2 공소사실에 관하여 징역 1년의 선고를 유예하는 판결을 하였다.</u> 군검사는 제1심 판결에 대하여 형이 너무 가볍다는 이유로 항소하였다.

3) 군검사는 2020. 6. 18. 원심 법원 제1회 공판기일에 다시 제1 공소사실(제1심 법원에서 교환적 변경으로 철회된 부분)을 주위적 공소사실로 추가하고 제2 공소사실(제1심 법원에서 유죄로 인정된 부분)을 예비적 공소사실로 변경하는 공소장변경허가신청을 하였고, 이에 변호인이 '공소권의 남용이므로 위 신청을 기각하여 달라.'고 진술하였으나 <u>원심 법원은 위 신청에 대한 허가 결정(이하 '이 사건 공소장변경'이라 한다)을 하였다. 원심 법원은 2020. 7. 16. 제2회 공판기일에 '피고인이 이 사건 군사기밀 누설 당시 제3자에게 이 사건 군사기밀을 이미 인계한 상태였다.'는 취지로 변호인이 제출한 피고인 등의 문서등록대장목록에 대한 증거조사를 한 후 변론을 종결하였고, 2020. 8. 20. 주위적 공소사실로 추가된 제1 공소사실을 유죄로 인정하여 피고인에게 징역 1년 6월에 집행유예 3년의 판결을 선고하였다.</u>

다. 위와 같은 사실관계와 기록에 의하여 인정되는 다음과 같은 사정들을 앞서 본 법리에 비추어 살펴보면, 이 사건 공소장변경은 소송절차에서 피고인의 지위를 어느 정도 불안정하게 한 측면은 있으나, 피고인의 방어권을 본질적으로 침해하였다고 보기는 어려우므로 공소장변경이 허용될 수 없는 특별한 사정이 있는 경우라고 보기 어렵다.

1) 군검사는 제1심에서 적극적으로 피고인의 변소 내용을 받아들여 제1 공소사실을 철회하였고, 그와 동시에 교환적 변경으로 제2 공소사실을 추가하였는데, 이에 대하

여 징역 1년의 선고가 유예되자 형이 너무 가볍다는 이유로 항소한 이후 항소심인 원심 제1회 공판기일에 제1심에서 철회하였던 제1 공소사실을 다시 주위적 공소사실로 추가하는 내용의 공소장변경허가신청을 하였다. 군검사의 이러한 공소장변경허가신청은 결국 법정형이 3년 이상의 유기징역으로 형이 상당히 무거운 공소사실을 현실적 심판대상에서 제외하였다가 항소심에서 다시 이를 번복하는 취지로서 피고인으로 하여금 제1심보다 무거운 형으로 처벌되도록, 특히 신분적 불이익이 덜한 선고유예를 받을 수 없도록 하는데 그 신청 의도가 있는 것으로 볼 여지가 상당하다. 피고인으로서는 제1심 방어활동의 성과로서 철회된 제1 공소사실에 대해서 더 이상 심판받지 않을 것이라는 신뢰가 원심에서의 이 사건 공소장변경에 따라 제1 공소사실이 추가됨으로써 일거에 깨뜨려졌다. 이러한 점 등에 비추어 볼 때 원심에서의 이러한 공소장변경은 소송절차에서 피고인의 지위를 상당히 불안정하게 만들었다고 볼 여지가 있다.

2) 그러나 제1심에서 제1 공소사실을 제2 공소사실로 교환적 변경한 후 원심에서 다시 제1 공소사실을 주위적 공소사실로 추가하였다고 하더라도, 기본적 사실관계가 동일한 제1, 2 공소사실의 기초를 이루는 주된 사실관계는 제1심에서부터 원심에 이르기까지 심리대상에 계속 포함되어 있었다. 나아가 원심에서의 이 사건 공소장변경 이후 피고인이 제1 공소사실에 관하여 방어하기 위해 제출한 모든 증거가 채택되었고, 방어권 행사의 기회도 보장되었던 것으로 보인다. 피고인이 제1 공소사실에 관하여 항소심 단계에서야 이루어진 공소장변경으로 인해 방어 내용, 시간, 비용, 노력 등에서 현격히 차이나는 어려움을 겪었다거나, 제1심에서 제1 공소사실이 계속 유지되었더라면 제출할 수 있었던 유력한 증거가 항소심에서 전격적으로 이루어진 공소장변경 시점에서는 이미 상당한 기간의 경과로 산일되어 제출이 불가능해진 것 등과 같은 시기적 측면에서의 방어 곤란을 겪었다는 등의 사정을 찾기 어렵다. 결국 이 사건 공소장변경으로 인하여 피고인의 방어권이 본질적으로 침해되었다고 보기는 어렵다.

라. 따라서 군검사의 이 사건 공소장변경허가신청을 허가한 후 제1 공소사실을 유죄로 인정한 원심의 조치와 판단에 상고이유 주장과 같이 공소장변경에 관한 법리를 오해하고 필요한 심리를 다하지 아니하는 등의 잘못이 없다.

2. 「군사기밀 보호법」 제13조 제1항에 관한 법리오해 주장에 대하여

원심은 판시와 같은 이유로 제1 공소사실을 유죄로 판단하였다. 원심판결 이유를 관련 법리와 적법하게 채택된 증거에 비추어 살펴보면, 원심의 판단에 논리와 경험의 법칙을 위반하여 자유심증주의의 한계를 벗어나거나 「군사기밀 보호법」 제13조 제1

항 위반죄의 성립 등에 관한 법리를 오해한 잘못이 없다.

3. 결론

그러므로 상고를 기각하기로 하여, 관여 대법관의 일치된 의견으로 주문과 같이 판결한다.

제3관 과실누설죄(제14조)

제14조(과실로 인한 군사기밀 누설) 과실로 제13조 제1항의 죄를 범한 사람은 2년 이하의 징역 또는 2천만원 이하의 벌금에 처한다.

Ⅰ. 서설

본 죄는 과실로 군사기밀 보호법 제13조 제1항의 죄를 범함으로써 성립한다.

Ⅱ. 주체

본 조의 주체는 군사기밀 보호법 제13조 제1항의 주체인 업무상 군사기밀을 취급하는 사람 또는 취급하였던 사람이다.

Ⅲ. 행위

그 업무상 알게 되거나 점유한 군사기밀을 과실로 타인에게 누설해야 한다. 본 조에서 의미하는 과실이란 군사기밀을 취급하는 사람으로서 마땅히 다해야 하는 주의의무를 위반하는 것을 의미하는데, 주의의무의 예로 비밀의 생산·관리·보관 등과 관련된 보안규정을 준수할 의무, 비밀이 외부로 유출되지 않도록 최대한의 노력을 기울여야 할 의무 등을 들 수 있다(육군 교육사령부 보통군사법원 2013. 1. 18. 선고 2012고6 판결).[75]

---

75) 대법원 2018. 6. 15. 선고 2013도5539 판결로 확정됨.

군사법원은 위 판례에서 피고인이 업무상 군사기밀을 취급하는 피고인이 대출받아서 업무상 점유하게 된 군사Ⅱ급비밀을 무단으로 복사하여 생산한 문건을 아무런 보호장치 없이 거실 책장에 보관하고 있다가 그 집에 방문한 민간인이 논문 자료로 가져가는 문건들을 확인하지 않은 과실로 해당 문건이 민간인에게 누설된 결과를 초래한 사건에서 업무상의 과실로 군사상 기밀을 누설한 행위와 업무상 군사기밀을 취급하는 사람이 업무상 점유한 군사기밀을 과실로 타인에게 누설한 행위를 상상적 경합으로 의율하였다.

Ⅳ. 본 법과 타 조항의 관계

군사기밀 불법 거래에 관한 가중처벌 규정(제13조의2), 외국 또는 외국인을 위한 죄에 관한 가중처벌 규정(제15조) 및 미수범 처벌규정(제18조)이 적용되지 않는다. 자수할 경우 필요적 감면대상이고(제19조), 징역형을 선고할 경우 자격정지를 병과할 수 있으며(제20조), 몰수·추징 조항이 적용된다(제20조의2).

Ⅴ. 입법론

본 조와 유사한 규정으로 군형법 제80조 제2항이 있는데 그 내용은 아래와 같다.

군형법

제80조(군사기밀 누설) ② 업무상 과실 또는 중대한 과실로 인하여 제1항의 죄를 범한 경우에는 3년 이하의 징역이나 금고 또는 700만원 이하의 벌금에 처한다.

아래는 본 조와 군형법 제80조 제2항을 비교·정리한 것이다.

	군사기밀 보호법 제14조	군형법 제80조 제2항
과실의 정도	업무상 과실	업무상 과실 또는 중대한 과실
누설의 대상	군사기밀	군사상 기밀
법정형	2년 이하의 징역 또는 2천만원 이하의 벌금	3년 이하의 징역이나 금고 또는 700만원 이하의 벌금

본 조의 누설 대상은 "군사기밀"임에도 불구하고 그 대상이 "군사상 기밀"인 군형법 제80조 제2항에 비해 법정형이 가볍다. 군형법 제80조 제2항 위반의 경우 과실의 정도에 '중대한 과실'이 포함되어 있는 점, 법정형에 징역형 외 금고형도 포함되어 있는 점, 벌금형의 상한이 본 조보다 가벼운 점을 각각 고려하더라도, 군사기밀을 고의로 누설한 경우의 법정형이 군사상 기밀을 고의로 누설한 경우의 법정형보다 무거운 것을 감안[76]하였을 때 본 조의 법정형 역시 군형법 제80조 제2항보다 상향되어야 할 필요가 있다.

---

76) 군형법 제80조 제1항의 법정형이 10년 이하의 징역이나 금고인데, 군사기밀 보호법 제12조 제1항의 법정형은 1년 이상의 유기징역이고, 같은 법 제13조 제1항의 법정형은 3년 이상의 유기징역이다.

제3절 군사기밀 보호조치의 불이행 및 군사기밀의 손괴·은닉(제10조)

> 제10조(군사기밀 보호조치의 불이행 등) ① 군사기밀을 취급하는 사람이 정당한 사유 없이 제5조 제1항에 따른 표시, 고지나 그 밖에 군사기밀 보호에 필요한 조치를 하지 아니한 경우에는 2년 이하의 징역에 처한다.
> ② 군사기밀을 취급하는 사람이 정당한 사유 없이 군사기밀을 손괴·은닉하거나 그 밖의 방법으로 그 효용을 해친 경우에는 1년 이상의 유기징역에 처한다.

Ⅰ. 서설

본 죄는 군사기밀을 취급하는 사람이 정당한 사유 없이 군사기밀 보호법 제5조 제1항에 따른 표시, 고지나 그 밖에 군사기밀 보호에 필요한 조치를 하지 아니함으로써(제1항), 군사기밀을 취급하는 사람이 정당한 사유 없이 군사기밀을 손괴·은닉하거나 그 밖의 방법으로 그 효용을 해침으로써(제2항) 각각 성립한다.

Ⅱ. 주체

1. 일반론

군사기밀을 취급하는 사람이다. 군사기밀을 취급하는 사람이란 국방보안업무훈령에 따라 비밀취급이 인가된 사람을 말한다. 위 훈령에 따르면 민간인도 비밀취급인가를 받을 수 있으므로 본 조의 주체는 반드시 군인·군무원에 국한된다고 볼 수 없다.

2. "업무상 군사기밀을 취급하는 사람"과의 차이점

가. 관련 판례

이를 직접적으로 다룬 판례는 찾아볼 수 없다. 다만, 군사법원은 업무상 군사기밀을 취급하는 사람의 의미에 대해 설명하면서 "'군사상의 기밀을 취급하는 자'와 '비밀취급인가자'는 엄연히 다른 개념이라 할 것인데, 비록 '비밀취급인가자'는 평소에는 자신이 비밀을 보관하는 자는 아니지만 업무상 필요가 있는 경우 법령이 정한 절차에 따라 비밀을 복사·대출·열람할 수도 있다", "연혁적으로 보더라도 어디에도 '군사상의 기밀을 취급하는 자'를 비밀보관책임자나 해당 비밀의 지정권자로 제한하는 규정은 없었다"라고 판시[77]한 바 있어 참고할 만하다.

나. 저자 의견

위 판례와 "업무상 군사기밀을 취급하는 사람"에 대한 판례의 내용[78]을 고려하면, "군사기밀을 취급하는 사람"이란 군사기밀을 열람하여 참고할 수 있는 지위에 있거나 업무에 종사하는 사람을 의미한다고 볼 것이다. 즉, 비밀취급인가를 받은 사람을 의미하는 것으로, 그 범위는 '업무상 군사기밀을 취급하는 사람'의 범위보다 넓다.

이를테면 군사Ⅱ급비밀취급인가자이지만 부서에 군사기밀이 없거나 있더라도 그가 해당 군사기밀과 무관한 업무를 하는 경우 그는 단순히 "군사기밀을 취급하는 사람"에만 해당할 것이다. 반면에 그가 해당 군사기밀 관련 업무에 종사하는 경우라면 그는 "업무상 군사기밀을 취급하는 사람"이라 볼 수 있다.

예를 들어 부서에 작전계획 관련 군사기밀이 있는데, 비밀취급인가를 가진 장교 A는 해당 군사기밀과 관련된 업무를 담당하고, 비밀취급인가자이자 부서 보안담당관인 장교 B는 해당 군사기밀과 무관한 부서 행정업무만을 담당하는 경우, A는 "업무상 군사기밀을 취급하는 사람"이고, B는 "군사기밀을 취급하는 사람"에 해당한다. 즉, B는 부서 보안담당관으로서 군사기밀 보호법 제10조에 따라 군사기밀에 대한 보호조치 의무'만' 부담할 뿐이지만 A는 "업무상 군사기밀을 취급하는 사람"이자 "군사기밀을 취급하는 사람"으로 군사기밀 보호법 제10조에 따른 보호조치 의무'도' 부담한다.

77) 국방부 보통군사법원 2014. 12. 24. 선고 2014고22, 2014고23(병합) 판결.

78) 주된 업무 뿐만 아니라 보조 업무상 필요로 당해 군사기밀을 열람하여 참고할 수 있는 지위에 있거나 업무에 종사하는 사람을 의미한다(대법원 2000. 1. 28. 선고 99도4022 판결).

Ⅲ. 행위

1. 제10조 제1항

가. 일반론

군사기밀을 취급하는 사람이 "정당한 사유 없이" 제5조 제1항에 따른 표시, 고지나 그 밖에 군사기밀 보호에 필요한 조치를 하지 않아야 한다.

나. 정당한 사유의 의미

본 조의 "정당한 사유"를 정면으로 다룬 사례는 없다. 관련하여 대법원은 형사소송법 제365조 제2항[79]의 "정당한 사유"란 "피고인에게 아무런 잘못이 없고 이에 대하여 어떠한 책임도 돌릴 수 없는 사유"라고 판시한 바(대법원 1962. 6. 14. 선고 62도70 판결, 대법원 2011. 6. 24. 선고 2010도5410 판결 등 참조), 본 조 해석에 참고할 만하다.

다. 보호조치의 대상

1) 보호기간이 도과하였거나 그 보호기간을 확인할 수 없는 경우

보호조치의 대상은 군사기밀 보호법 시행령 제4조에 따른 군사기밀의 등급별 지정권자가 군사기밀 보호법 제4조에 따라 지정한 군사기밀로서, 전술한대로 군사기밀의 보호기간이 도과하였거나 그 보호기간을 확인할 수 없는 경우에는 보호조치의 대상이 되는 군사기밀이라고 볼 수 없다.[80]

2) 적법한 절차에 의하지 아니한 방법으로 탐지·수집한 군사기밀에 대해 군사기밀 보호법 제4, 5조에 따른 보호조치를 취해야 하는지에 대하여

앞서 살펴본 군사기밀 보호법 제11조와 본 조의 관계에 관한 대법원 2018. 6. 15. 선고 2013도5539 판결의 취지 및 저자의 해석에 따를 때, 본 조는 해당 군사기밀과 업무상 직접 관련 있는 사람이 정당한 사유 없이 ① 적법한 절차를 거쳤다면 알 수 있거나 점유할 수 있었던 군사기밀에 대한 보호조치 의무를 이행하지 않거나 ② 이미 알고 있거나 점유하고 있는 군사기밀의 보관 장소를 이

79) 형사소송법 제365조 ② 피고인이 정당한 사유없이 다시 정한 기일에 출정하지 아니한 때에는 피고인의 진술없이 판결을 할 수 있다.

80) 자세한 내용은 제2절 군사기밀의 개념과 요건 Ⅱ. 군사기밀의 요건 5. 형식비성 바. 관련 쟁점 부분 참조.

동하는 등 보관상태를 변경하는 경우 또는 ③ 업무수행 과정에서 보안규정을 위반한 경우에만 성립할 뿐 행위자(해당 군사기밀과 업무상 직접 관련 있는 사람인지 여부 또는 업무상 군사기밀을 취급하는 사람인지 여부 또는 비밀취급인가를 갖고 있는지 여부 불문)가 적법한 절차를 위반하여 적극적으로 ① 군사기밀을 알아내는 행위 또는 ② 군사기밀에 대한 점유를 취득하는 행위(유·무형물을 입수하거나 사용할 수 있는 상태에 두는 행위) 경우에는 성립하지 않는다. 즉, 논리 필연적으로 적법한 절차에 의하지 아니한 방법으로 탐지·수집한 군사기밀에 대해서는 군사기밀 보호법 제4, 5조에 따른 보호조치를 취해야 한다고 볼 수 없고, 설령 이와 같은 보호조치를 취하지 않았다 하여 그 행위를 군사기밀 보호법 제10조 제1항 위반죄로 처벌할 수도 없다. 판례 또한 같은 취지이다.

[판례] 업무상 필요에 따라 활용하기 위한 것이 아닌 개인적으로 활용하기 위해 적법한 절차를 거치지 아니하고 군사기밀을 메모하여 수첩에 옮겨 적은 경우 군사기밀 보호법 제4, 5조에 따라 수첩에 대하여 군사기밀 보호조치를 취해야 하는지 여부(소극) 및 보호조치를 취하지 않은 행위를 군사기밀 보호법 제10조 제1항 위반죄로 처벌할 수 있는지 여부(소극)

서울고등법원 2016. 10. 13. 선고 2015노2479 판결[81)]

나. 판단

(2) 군사기밀의 보호조치 대상인지 여부

(가) 군사기밀 보호법에 의하면 군사기밀을 취급하는 자는 제4조에 따라 지정된 군사기밀에 대하여 군사기밀이라는 뜻을 표시하거나 고지하여야 하고(제5조 제1항), 군사기밀은 그 내용과 가치의 정도에 따라 적절히 보호할 수 있는 최저등급으로 지정하여야 하고 군사기밀의 등급별 지정권자는 대통령령으로 정하며(제4조 제1, 2항), 군사기밀을 취급하는 사람이 정당한 사유 없이 제5조 제1항에 따른 표시, 고지나 그 밖에 군사기밀 보호에 필요한 조치를 하지 아니한 경우에는 2년 이하의 징역에 처하도록 되어 있다(제10조 제1항). 이에 따라 군사기밀 보호법 시행령 제3조는 군사기밀의 등급 구분을, 제4조는 군사기밀의 지정권자를 규정하고 있다. 한편, 군사기밀 보호법에 의하면 군사기밀을 적법한 절차에 의하지 아니한 방법으로 탐지하거나 수집한 사람은 10년 이하의 징역에 처하고(제11조), 군사기밀을 탐지하거나 수집한 사람이 이를 타인에게 누설한 경우에는 1년 이상의 유기징역에 처한다(제12조 제1항).

군사보안업무훈령에 의하면 비밀을 생산하는 때에는 기안(초안)의 작성 → 결재 및 등재 → 사본생산 → 발송절차에 의하여야 한다. 기안(초안) 작성 시 부대의 비밀세부 분류기준에 의거 비밀분류를 하여야 하고, 결재 및 등재와 관련하여 비밀 생산자는 전시 활용에 필요한 비밀에 대하여 전시 비밀로 분류 및 표시를 하고 배부선을 첨부하여 결재를 건의하여야 하고, 비밀지정권을 가진 결재권자는 생산자가 분류한 비밀 등급, 보호기간, 보존기간, 배부선 및 전시 비밀 분류의 타당성 등을 확인 후 결재하여야 한다(제23조), 동일부대(서) 내에서 회의, 보고, 업무참고 등 한시적 목적으로 자신이 관리하는 비밀의 일부를 복제·복사하는 때에는 업무종료 즉시 파기하고 해당 비밀문건의 비밀이력카드에 복제·복사 근거를 기록하여야 하며, 제3자에게 제공하는 경우 비밀이력카드 및 발송용 비밀관리기록부에 그 근거를 기록하여야 한다(제33조 제2항).
위 군사기밀 보호법의 관련 규정을 종합하면, 군사기밀을 취급하는 자가 업무상 사용하기 위해 군사기밀을 생성하는 경우 군사기밀 보호법 제4, 5조에 따라 적법한 절차로서 군사기밀의 등급을 지정하고 보호조치를 취해야 하나, 군사기밀 보호법은 군사기밀을 취급하는 자가 군사기밀을 사적인 용도로 활용하는 것 자체를 허용하고 있지 아니하여 군사기밀을 취급하는 자가 사적인 용도로 활용하기 위해 적법한 절차를 거쳐 군사기밀의 등급 지정을 받는 것을 상정할 수 없으므로, 군사기밀을 취급하는 자가 사적인 용도로 활용하기 위해 군사기밀을 알아내거나 수집하는 경우는 군사기밀 보호법 제4, 5조가 적용되지 않는다고 해석함이 상당하다.
(나) 피고인이 2급비밀취급인가자이기는 하나, I 부단장으로서 약 7일이 지나면 부단장의 업무를 종료하고 전직지원교육이 예정되어 있었고, JSOP와 관련된 특정담당 업무를 맡고 있지 않았으며, JSOP를 보관하는 부서가 종합군수학교 전투발전부로 따로 있었고, JSOP를 대출받아 업무상 필요에 따라 사용할 권한만 가지고 있었을 뿐이므로, JSOP의 일부 내용을 발췌하여 군사기밀을 생산할 권한이 있었다고 보기 어렵다. 피고인은 JSOP의 일부 내용을 발췌하여 수첩에 옮겨 적기 전후에 걸쳐 비밀을 생산하기 위한 기안(초안)의 작성, 결재 및 등재절차를 취하지도 않았다.
피고인은 전역 후 개인적인 활용을 염두에 두고 수첩에 옮겨 적었을 뿐 정상적인 군사기밀을 생산한다는 의사도 갖고 있지 아니하였다. 피고인은 군검찰 조사 당시 "U 소령에게 책을 빌려오라고 해서 그 책을 보면서 카피를 좀 했다. 하게 된 목적은 전역하게 되면 접촉하기 어려운 자료이고, 그래서 혹 그와 연관된 일을 할 수 있는 부분도 있을까 하는 생각에서 적었다. 활용한 것은 없다. 노트 중간쯤에서 적어서 필요한 경우가 있으면 펼쳐보자는 의미로 적어 놓은 것이다."라고 진술하였고(증거기록 1268면), 원심 피고인신문에서 "피고인이 조만간 사회생활을 시작해야 하는 입장에서 불안하기도 하고 또 걱정도 되어 수첩에 옮겨 적는 행위를 하였다."고 진술하였다(공판기록 547면). 피고인의 진술변경 경위[82], 수첩에 옮겨 적은 시기가 피고인의 전직신고 4일 전인 점, 그 당시 I 단장의 업무수행이 불가능한 상태였다고 보기 어려운 점, 피고인의 전직지원교육 기간 중 행적, 피고인이 주고받은 문자메시지 내용, 수첩에 옮겨 적은 내용이 방산업체에 도움이 되는 점[83], M의 물품생산 내용과의 연관성[84] 등에 비추어 볼 때, 개인적 활용 목적이었다는 피고인의 위 진술은 신빙성이 있다.

피고인이 업무상 필요에 따라 활용하기 위한 것이 아니라 개인적으로 활용하기 위해 적법한 절차를 거치지 아니하고 이 사건 군사기밀을 메모하여 수첩에 옮겨 적은 것이므로, 군사기밀 보호법 제4, 5조에 따라 수첩에 대하여 군사기밀 보호조치를 취해야 한다고 보기 어렵고, 군사기밀 보호법 제10조 제1항을 적용하여 처벌할 수 없다. 원심이 군사기밀의 보호조치 불이행으로 인한 군사기밀보호법위반죄가 성립한다고 본 것은 사실을 오인하고 법리를 오해하여 판결에 영향을 미친 위법이 있다. 따라서 피고인의 사실오인 및 법리오해 주장은 이유 있다.

다. 군사기밀 보호법 제11조 위반 여부(예비적 공소사실에 대한 판단)

군사기밀 보호법상 군사기밀을 취급하는 자가 사적인 용도로 활용하기 위해 군사기밀을 알아내고 수집하는 것은 그 자체로 허용되지 아니하고, 이 경우 군사기밀 보호법 제4, 5조에 따라 군사기밀의 보호조치를 상정하기 어려운 점, 군사기밀 보호법 제11조가 적법절차에 의하지 아니한 탐지·수집행위의 주체를 군사기밀을 취급할 권한이 없는 자로 한정하고 있지 아니한 점, 군사기밀을 취급하는 자가 군사기밀을 사적인 용도로 활용하기 위하여 군사기밀의 내용을 탐지하고 수집하는 경우는 군사기밀을 적법한 절차에 따라 생성하면서도 보호조치를 불이행한 경우에 비하여 불법성이 강하고 군사기밀을 취급하는 자가 일반인에 비하여 군사기밀에 훨씬 용이하게 접근할 수 있어 사적인 용도로 활용하지 못하도록 처벌할 필요성도 큰 점 등에 비추어 보면, 군사기밀을 취급하는 자라도 사적인 용도에 활용하려고 군사기밀을 알아내고 수집하면 군사기밀을 적법한 절차에 의하지 아니한 방법으로 탐지하거나 수집한 경우에 해당하므로, 군사기밀 보호법 제11조를 적용하여 처벌할 수 있다.

---

81) 대법원 2018. 6. 28. 선고 2016도17819 판결로 확정됨.

82) 이에 앞서 피고인은 군검찰 조사 당시 2012년 초경 교관의 자료 획득, 연구강의, 교관 회의 결과 보고, 상관 질문에 대한 확인 시 활용하는 등 업무상 목적에서 수첩에 적은 것처럼 진술하였다가, 2013. 6. 24. 전직지원교육 직전에 수첩에 옮겨 적은 사실이 밝혀지자, 개인적인 활용 목적으로 진술을 변경하였다. 피고인은 원심에서 위와 같이 진술하였고, 피고인의 원심 변호인도 업무상 활용을 위해서가 아니라고 일관되게 주장하였다. 피고인의 원심 변호인은 2014. 9. 4.자 의견

즉, 위 판례는 피고인이 해당 군사기밀과 업무상 직접 관련 없는 사람이라는 것을 전제하였으므로, 피고인은 군사기밀 보호법 제4, 5조에 따른 보호조치를 이행할 의무가 없고, 의무 위반을 전제로 한 군사기밀 보호법 제10조 제1항 위반죄 역시 성립할 수 없는 것이다.

같은 취지로 군사법원은 해당 군사기밀과 업무상 직접 관련 있는 피고인이 업무수행 과정에서 보안규정을 위반하여 군사기밀을 출력·보관하던 중 더 이상 해당 군사기밀과 업무상 직접 관련 없는 부서로 이동하였음에도 위와 같이 출력한 군사기밀을 반납하거나 파기하지 않고 자가 등지로 반출하여 보관한 사안에서, 피고인이 군사기밀 보호법 제10조를 위반하였다고 판단하였다(제2지역군사법원 2025. 2. 20. 선고 2023고554 판결).

라. 보호조치의 내용

보호조치의 내용은 Ⅱ. 군사기밀의 요건 5. 형식비성 목차에 자세히 언급하였으므로 본 목차에는 별도로 기재하지 않는다.

서에서 '전역을 앞두고 있던 피고인이 장차 방산업체에서 일할 가능성이 높다고 생각하여 군이 생산하고자 하는 장비의 대수 부분만 기재하였다'(공판기록 64면), 2014. 11. 18.자 변론요지서에서 '2013. 7. 전직지원교육과 약 1년 후 전역을 앞두고 있는 상태에서 장차 군 장비 관련 업체에서 근무할 가능성에 대비하여 군이 필요로 하는 군사 장비의 수량을 알아두면 좋을 것 같아 추가 전력화 수량을 피고인만 알아볼 수 있도록 수첩에 옮겨 적었다'(공판기록 112면)고 주장하였다. 피고인의 변호인은 당심 2015. 12. 7.자 의견서에서 '피고인이 정당한 업무의 일환으로 수첩에 옮겨 적는 행위를 한 것이 아니다. 즉 피고인은 수십 년간 군문을 떠나면서 방산업체에 취업이 예정되어 있었고, 혹 그 과정에서 막연히 필요할지도 모른다는 생각을 갖고 이 사건 행위를 하였다'고 주장하였다. 그러다가 당심에서 군사기밀의 보호조치 불이행보다 형이 무거운 군사기밀의 탐지·수집 여부가 문제되자, 피고인은 다시 교육훈련이나 업무보고 회의 등 정당한 업무상 필요로 수첩에 옮겨 적었다고 진술을 변경하였고 피고인의 변호인 또한 같은 취지로 주장하였다. 위와 같은 진술 및 주장의 변경경위에 비추어 보면 업무상 필요에 따른 것이라는 피고인 측의 진술이나 주장은 믿기 어렵다.

83) M 부회장인 증인 P은 원심법정에서 '방산업체의 입장에서 보면 군이 보유한 전자전장비, 전술차량, 전차, 장갑차, 레이더장비, 자주포 등의 보유 수량과 향후 전력화 수량 등에 대한 정보는 향후 신제품 개발이나 영업 등을 위한 자료로서 매우 유용한 자료가 맞다'고 진술하였다(공판기록 408면).

84) M의 대표이사 R은 원심법정에서 '피고인이 JSOP에서 수첩에 옮겨 적은 내용 중 M과 관련이 있는 장비는 K－2전차, K－21 보통전투차량, K－1 구난차량, K－55 자주포 성능개량, K－9 자주포 및 성능개량, 차기다련장, K－10 및 K－56 탄운차, 지뢰지대통로개척 장비 등이다'고 진술하였다(공판기록 92면).

[판례] 피고인이 군사기밀 보호조치를 불이행하였다는 점을 인정하기 부족하다고 판단한 사례

수도군단 보통군사법원 2021. 3. 26. 선고 2020고2893 판결
피고인이 집무실에서 Ⅱ급 군사기밀이 포함된 현행작전평가회의를 청취하면서 청취 전이나 후에 피고인의 집무실 앞에 군사비밀이 취급되고 있음을 표시하는 등의 행위를 하지 않은 사건에서, 피고인의 집무실은 ATCIS 단말기가 설치되어 있어 국방보안업무훈령, 수도군단 보안예규 등에 따라 군사제한구역에 해당하고, 출입문에 시건장치가 되어 있으며 방범창이 설치되어 있어 그 출입에 제한이 있다는 점, 피고인의 지시에 따라 설치된 스피커에 on/off 스위치가 있어 상황에 따라 음성송출의 차단이 가능한 점을 이유로 비록 피고인이 군사비밀이 취급되고 있음을 표시하는 등의 행위를 하지 않았다 하더라도 이러한 점만으로는 본인의 집무실에서 시건장치가 되어있는 출입문을 닫은 상태에서 혼자 현행작전평가회의를 청취하는 피고인이 군사기밀 보호조치를 불이행하였다는 점을 인정하기 부족하다고 판단하였다.

2. 제10조 제2항[85)]

군사기밀을 취급하는 사람이 정당한 사유 없이 군사기밀을 손괴·은닉하거나 그 밖의 방법으로 그 효용을 해하는 경우 성립한다.

가. 손괴

손괴란 군사기밀의 전부 또는 일부에 직접 유형력을 행사하여 물질적 내지 물리적으로 훼손함으로써 그 원래의 효용을 멸실시키거나 감손시키는 것을 의미한다. 군사기밀을 찢어버리거나 불태우는 경우가 이에 해당할 수 있다.

이와 관련하여 군사법원은 동료 부대원이 군사비밀을 분실한 것으로 누명을 씌워 그를 처벌받게 할 목적으로 그의 방탄조끼에 들어있는 군사비밀을 가져간 뒤 라이터로 이를 소각한 사건에서 피고인이 군사기밀 보호법 제10조 제2항을 위반하였다고 판단한 바 있다(제5군단 보통군사법원 2019. 3. 14. 선고 2019고6 판결). 또한 평소 자신을 무시하고 멸시한다고 느꼈던 소속 부대원들에게 복수하기로 마음먹고 당직사령의 책상 옆 서랍장에 보관되어 있던 군사기밀을 세절하는

85) 본 목차의 내용은 주석형법(제6판) 형법 각칙 제5권 587쪽 이하 내용을 본 죄에 맞게 수정한 것이다.

방법으로 군사기밀을 손괴한 사건에서도 같은 항 위반 혐의로 유죄판결을 선고한 적 있다(제3지역군사법원 2024. 11. 5. 선고 2024고145 판결).

나. 은닉

은닉이란 군사기밀의 소재를 불분명하게 함으로써 발견을 곤란 또는 불가능하게 하여 그 효용을 해하는 것을 말한다. 군사기밀을 숨기는 것이 이에 해당될 수 있다. 현행 형법은 손괴와 구별하여 은닉을 명시하고 있으므로, 형법에서의 손괴는 앞서 말한 바와 같이 객체에 대한 물리적 유형력의 행사로 이를 물질적으로 훼손하는 것을 말하며, 이와 같이 유형적 훼손을 가하는 것이 아니라 무형적으로 그 소재를 불명케 하는 은닉과는 구별되는 행위개념이라고 보아야 한다.

군사법원은 비밀보관 관리책임관(부)로 임명되어 군사기밀을 취급하는 업무를 담당하였던 피고인이 군사기밀을 등재하지 않은 것이 발각될 경우 책임 추궁이 있을 것이라는 걱정에 합동보관소에 보관하여야 할 군사Ⅱ급비밀을 랙 장비와 천장 사이에 옮겨 두어 다른 사람에 의해 발견될 때까지 은닉한 사건에서 본 항의 유죄를 인정하였다(제2함대 보통군사법원 2017. 7. 20. 선고 2017고8 판결).

다. 기타 방법에 의한 효용침해

기타 방법에 의한 효용침해란 손괴, 은닉 이외의 모든 방법으로 군사기밀의 이용가치 또는 효용을 해하는 것을 말한다. 즉, 물질적으로 군사기밀의 형체를 멸실·감소시키거나 또는 무형적으로 그 군사기밀의 소재를 불명케 하는 것이 아닌 기타의 방법으로 사실상 또는 감정상 그 군사기밀을 본래의 용법에 따라 사용할 수 없는 상태에 이르게 하는 모든 경우를 말한다고 보아야 한다. 군사기밀에 기재된 내용을 임의로 수정하거나 지워버리는 경우가 이에 해당할 수 있다.

Ⅳ. 고의

군사기밀에 대한 보호조치 내용을 인식하고 이를 위반한다는 의사가 있어야 한다. 기밀누설의 목적을 요하진 않는다(대법원 2000. 1. 28. 선고 99도4022 판결).

[판례] 군사기밀 보호법 제10조 제1항 위반죄가 성립하기 위해서 기밀누설의 목적이 필요한지 여부(소극)

> **대법원 2000. 1. 28. 선고 99도4022 판결**
> 군사기밀을 취급하는 자가 정당한 사유 없이 군사기밀의 보호에 필요한 조치를 취하지 않은 것이 군사기밀을 누설할 목적이 아니라 업무효율성 도모와 후배를 돕기 위한 행위였다고 하더라도 군사기밀의 보호조치를 취하지 않은 경우에 처벌하는 군사기밀 보호법 제10조 제1항이 기밀누설의 목적을 요하는 목적범이 아니므로 그와 같은 사유만으로는 필요조치를 취하지 않은 데 대해 정당한 사유가 있다고 할 수 없다.

Ⅴ. 본 법과 타 조항의 관계

군사기밀 불법 거래에 관한 가중처벌 규정(제13조의2), 외국 또는 외국인을 위한 죄에 관한 가중처벌 규정(제15조) 및 미수범 처벌규정(제18조)이 적용되지 않는다. 자수할 경우 필요적 감면대상이고(제19조), 징역형을 선고할 경우 자격정지를 병과할 수 있으며(제20조), 몰수·추징 조항이 적용된다(제20조의2).

Ⅵ. 죄수

군사기밀에 대한 보호조치를 제대로 취하지 않은 사람이 군사기밀을 누설하였다면 본 조 위반죄와 군사기밀 누설죄가 성립하고, 각 죄는 실체적 경합관계에 있다.

제4절 비인가자의 군사기밀 점유(제11조의2)

Ⅰ. 서설

> **제11조의2(비인가자의 군사기밀 점유)**
> 업무상 군사기밀을 취급하였던 사람이 그 취급 인가가 해제된 이후에도 군사기밀을 점유하고 있는 경우에는 2년 이하의 징역 또는 2천만원 이하의 벌금에 처한다.

본 죄는 업무상 군사기밀을 취급하였던 사람이 그 취급 인가가 해제된 이후에도 군사기밀을 점유하고 있음으로써 성립한다. 본 조는 군사기밀을 취급하였던 사람이 전역 또는 퇴직 시 이를 무단 반출·점유하여도 타인에게 누설하지 않는 한 처벌할 수 없었던 경우를 처벌하기 위하여 2015. 9. 1. 신설되었는데, 그 취지가 법 개정 이후에 새로이 점유를 개시한 경우만 처벌하겠다는 것으로 보기는 어렵다(서울고등법원 2020. 10. 22. 선고 2019노772 판결).[86)]

Ⅱ. 주체

업무상 군사기밀을 취급하였던 사람이다. 이는 앞서 살펴본 것처럼 주된 업무뿐만 아니라 보조 업무상 필요로 당해 군사기밀을 열람하여 참고할 수 있는 지위에 있었거나 업무에 종사하였던 사람을 의미한다.

법원은 연구책임자로서 방위사업청·국방기술품질원 등에서 발주한 방위사업에 참여하여 비밀취급인가를 받아 해당 사업 관련 군사기밀을 업무상 취급하였던 피고인이 해당 사업의 선행연구가 종료되었음에도 이후 방위사업청이나 국방기술품질원에서 발주하는 연구용역 참여시 참고할 목적으로 해당 사업 관련하여 제공받은 군사Ⅲ급비밀 및 군사Ⅱ급비밀에 해당하는 선행연구보고서 등을 비밀취급인가가 해지된 이후에도 계속 점유한 사건에서 본 죄의 유죄를 인정하였다(서울서부지방법원 2025. 2. 7. 선고 2024고합402 판결).

86) 군사기밀 보호법 위반 부분은 대법원 2022. 10. 27. 선고 2020도15105 판결로 확정됨.

Ⅲ. 행위

비밀취급인가를 받고 업무상 군사기밀을 취급하였던 사람이 비밀취급인가가 해제된 이후에도 군사기밀을 점유하고 있어야 한다. 보안업무규정 제10조 제3항에 따를 때 비밀취급 인가권자는 비밀취급 인가를 받은 사람이 ① 고의 또는 중대한 과실로 보안사고를 저질렀거나 보안업무규정을 위반하여 보안업무에 지장을 주는 경우 또는 ② 비밀취급이 불필요하게 되었을 경우 그 인가를 해제해야 한다.

한편, 본 죄는 군사기밀을 점유하고 있는 동안 범죄행위가 계속되는 계속범이다. 군사기밀을 삭제하려 하였으나 삭제 프로그램의 기능상·사용상 문제로 삭제가 되지 않았다는 사정은 이미 피고인의 군사기밀 불법점유가 개시된 이후의 사정으로 본 죄 성립에 아무런 영향을 미치지 않는다(수원지방법원 2023. 8. 10. 선고 2022고단2437 판결).

[판례] 군사기밀 보호법 제11조의2의 성질(계속범)

서울고등법원 2020. 10. 22. 선고 2019노772 판결[87)]
업무상 군사기밀을 취급하였던 사람이 취급 인가가 해제된 이후에도 군사기밀을 점유하는 행위를 처벌하는 군사기밀 보호법 제11조의2는 2015. 9. 1. 신설되어 같은 날 시행되었고, 이 부분 공소사실은 피고인이 EL경 청와대 EJ기획관을 사임하여 군사기밀의 취급 인가가 해제되었음에도 2급 군사기밀인 '북,「평양 10만세대 건설」추진 관련 동향 분석'을 2017. 11. 28.까지 점유하였다는 것이다.
살피건대, 군사기밀 보호법 제11조의2 위반죄는 그 문언상 취급 인가 해제 후 군사기밀의 점유를 시작함과 함께 범죄가 기수에 이르러 범죄행위가 종료되는 이른바 '즉시범'이 아니고, 그로 인한 점유 상태가 지속되는 동안 범죄행위도 종료되지 않고 계속되는 '계속범'의 성격을 갖는다. 따라서 취급 인가 해제 후 군사기밀 점유행위에 대한 처벌규정이 신설되어 시행된 2015. 9. 1. 이전에 군사기밀의 점유가 개시되었다고 하더라도, 위 처벌규정의 신설·시행 이후에 피고인의 군사기밀 점유상태가 종료되지 아니하고 계속된 이상 2015. 9. 1. 이후의 점유행위는 위 법률 조항에 따른 처벌대상이 된다고 할 것이다(대법원 2009. 1. 30. 선고 2008도8607 판결 참조). 또한 군사기밀 보호법 제11조의2가 신설된 입법취지가 법 개정 이후에 새로이 점유를 개시한 경우만 처벌하겠다는 것으로 보기도 어렵다.

군사기밀 취급인가가 해제된 때 점유하고 있던 군사기밀이 이미 보호기간이 도과한 경우에는 본 죄가 성립하지 않는다.

[판례] 군사기밀 취급인가가 해제된 때 점유하고 있던 군사기밀이 이미 보호기간이 도과한 것이거나 보호기간을 확인할 수 없는 경우 군사기밀 보호법 제11조의2 위반죄가 성립하지 않는다고 판단한 사례

서울중앙지방법원 2024. 1. 17. 선고 2022노1667 판결[88)]

위와 같은 법리에 따라 알 수 있는 다음과 같은 사정에 비추어 볼 때 별지 <u>범죄일람표 I 기재 문건은 군사기밀 취급인가가 해제된 때 이미 보호기간이 도과하여 군사기밀 보호법상 비인가자 군사기밀 점유죄에서 말하는 군사기밀에 해당한다고 보기 어렵다</u>. 따라서 피고인의 이 부분에 대한 항소는 나머지 항소이유에 대하여 더 나아가 살펴볼 필요 없이 이유 있다.

① 군사기밀에는 반드시 예고문으로 보호기간 및 보존기간을 두어야 한다. 보호기간은 비밀로서 보호할 필요가 있는 기간을 의미하는데, 이는 해당 비밀을 관리·보존하여야 할 기간을 의미하는 보존기간과 구별된다.

② 보호기간이 지난 비밀은 사본의 경우 파기하면 되고 원본의 경우 공공기록물 관리에 관한 법률에 따라 보존기간이 종료될 때까지 공공기록물로서 관리 대상이 되며 공공기록물 관리 의무를 위반한 경우 군사기밀 보호법이 아닌 공공기록물 관리에 관한 법률에 따라 별도로 처벌될 뿐이다.

③ 한편 군사기밀 보호법에는 보호기간에 관한 내용이 없고 '계속 보호할 필요가 없어졌을 때 그 지정을 해제하여야 한다'는 비밀 지정 해제에 관하여만 규정하고 있다. 그런데 국방보안업무훈령 제199조에서 「'비밀(I급비밀 제외)이 보호기간 도래 전' 그 가치를 상실하였거나 비밀로서 계속 보호할 필요성이 없게 된 때 이를 해제하여야 한다」고 규정한 것에 비추어 볼 때 보호기간이 도과된 군사Ⅱ, Ⅲ급비밀인 군사기밀은 당연히 비밀성을 상실하되 보호기간 이전에 비밀성을 상실시키기 위해서는 위와 같이 별도의 해제 절차가 필요하다는 의미로 해석된다.

④ 별지 범죄일람표 I 기재 군사기밀은 군사Ⅱ급비밀이다. 그런데 수사보고(군사기밀 지정 여부 확인), 별책 등이나 이에 기한 검사의 주장에 의하더라도 별지 범죄일람표 I 기재 순번 1 내지 16까지 문건에 기재된 군사기밀 보호기간은 2007. 6. 30.(순번 1), 2007. 12. 30.(순번 2), 2005. 12. 31.(순번 3, 4, 11), 2002. 12. 31.(순번 5, 8, 9),

87) 군사기밀 보호법 위반 부분은 대법원 2022. 10. 27. 선고 2020도15105 판결로 확정됨.

2003. 9. 31.(순번 6), 2004. 12. 31.(순번 7, 15), 2005. 8. 31.(순번 10), 2003. 12. 31.(순번 12), 2009. 3. 9.(순번 13), 2009. 3. 16.(순번 14), 2006. 2. 16.(순번 16)으로서, 군사기밀 취급인가가 해제된 무렵인 2018. 4. 1.경에는 이미 보호기간이 도과하여 비밀성을 상실함으로써 비인가자 군사기밀 점유죄에서 말하는 군사기밀에 해당하지 않게 되었고, 달리 위 문건에 기재된 예고문이 변경되었다고 볼만한 자료도 없다. 또한 위 수사보고(군사기밀 지정 여부 확인)에 의하면 별지 범죄일람표 I 기재 순번 17 문건의 경우 그 제목에 비추어 2004년경 작성된 것으로 보이고 달리 그 보호기간을 확인할 수 있는 아무런 자료가 없어 보호기간이 경과하지 아니한 군사기밀임을 인정할 증거가 없다.

Ⅳ. 고의

비밀취급인가가 해제된 이후에도 군사기밀을 계속해서 점유하고 있다는 인식과 의사가 있어야 한다. 군사기밀의 점유 목적이 무엇인지는 본 죄의 성립과 무관하다. 따라서, 피고인이 인수인계 등의 목적으로 파일을 반출하였다 하더라도 본 죄의 성립에 아무런 영향을 미치지 않는다(수원지방법원 2023. 8. 10. 선고 2022고단2437 판결).

[판례] 피고인이 국방과학연구소를 퇴직할 당시 군사기밀이 포함된 파일을 비롯한 총 3,200여 개의 파일을 가지고 나간 사례에서 위 파일들 속에 군사기밀이 포함되어 있다는 사실을 인식하지 못했다는 피고인의 주장을 배척한 사례

수원지방법원 2023. 8. 10. 선고 2022고단2437 판결
위와 같은 법리에 비추어 이 사건에 관하여 보건대, 이 법원에서 채택하여 조사한 증거들에 의하여 인정할 수 있는 다음과 같은 사정들, 즉 ① 피고인은 이 사건 파일 [D(ADD 제출용)] 작성에 관여하였고, 위 파일내용이 포함된 이 사건 비밀문서를 군사비밀로 지정할 것을 직접 요청한 자로서(비밀지정 관련 공문에 직접 서명한 후 이를 열람하였다, 증거기록 제2125쪽, 제2126쪽 등 참조), 위 비밀문서의 내용 및 비밀지정 경위 등에 관하여 상세히 알고 있었던 점(증거기록 제2125쪽, 제2126쪽 등 참

---

88) 대법원 2024. 5. 17. 선고 2024도1708 판결로 확정됨.

조), ② 피고인은 국방과학연구소에 재직할 당시 군사기밀 취급 2급 인가 자격을 보유하며 군사기밀을 취급한 자이고, 재직 중 보안교육을 수차례 이수하고 보안서약서도 작성하였는바, 이 사건 당시 피고인은 연구소 내 각종 보안 사항(보안규정, 관련 훈령 등)을 충분히 숙지하고 있었음에도, 인가받지 않은 개인 하드디스크로 비밀문서 등을 반출하면 안 된다는 기본적인 보안규정조차 위반하며 이 사건 파일을 반출한 점, ③ 피고인은 국방과학연구소에서 퇴사하면서 본인이 수행한 업무에 관한 일체의 자료들을 개인 하드디스크로 옮겨 반출한 후 이를 주거지 PC에 보관함으로써 점유하였는바, 이 같은 과정에서 자신이 취급하던 군사기밀 관련 자료들도 위 반출 자료들에 포함될 수 있음을 알았거나 충분히 알 수 있었던 점, ④ 피고인이 인수인계 등의 목적으로 이 사건 파일을 반출하였더라도, 비인가자의 군사기밀 점유 자체를 처벌하는 이 사건 범죄의 성립에는 아무런 영향이 없는 점, ⑤ 피고인은 자신의 주거지에서 이 사건 파일을 포함한 국방과학연구소 관련 자료들을 삭제하려 하였으나 PC 삭제 프로그램(이레이저)의 기능상·사용상 문제로 삭제가 되지 아니하였다고 주장하나, 이를 인정할 아무런 증거나 사정이 없어 받아들이기 어려운 점(피고인의 위 주장은 이미 군사기밀의 불법점유가 개시된 이후의 사정으로도 볼 여지가 있어 어느 모로 보나 위 주장을 받아들이기 어렵다), 그 밖에 기록에 나타난 피고인이 이 사건 파일을 반출한 경위 및 과정, 반출 후 보관폴더의 사용내역, 보관 시기 및 기간 등을 종합해 보면, 피고인은 이 사건 파일의 군사기밀성에 대한 분명한 인식을 가지고 있던 상태에서, 적어도 미필적인 범의를 가지고 이 부분 공소사실 기재와 같은 군사기밀보호법위반 범행을 저지른 사실을 충분히 인정할 수 있으므로, 피고인과 변호인의 이 부분 주장도 받아들이지 않는다.

Ⅴ. 본 법과 타 조항의 관계

군사기밀 불법 거래에 관한 가중처벌 규정(제13조의2), 외국 또는 외국인을 위한 죄에 관한 가중처벌 규정(제15조) 및 미수범 처벌규정(제18조)이 적용된다. 자수할 경우 필요적 감면대상이고(제19조), 징역형을 선고할 경우 자격정지를 병과할 수 있으며(제20조), 몰수·추징 조항이 적용된다(제20조의2).

만약 본 죄의 행위를 한 사람이 점유하고 있던 군사기밀을 누설한 경우에는 본 죄와 군사기밀 보호법 제13조 제2항의 죄가 각각 성립하고 양 죄는 실체적 경합관계이다.

제5절 신고 · 제출 · 삭제의 불이행(제16조)

Ⅰ. 서설

> **제16조(신고 · 제출 · 삭제의 불이행)**
>
> ① 군사기밀을 보관하는 사람이 이를 분실하거나 도난당한 경우에 지체 없이 그 사실을 소속 기관 또는 감독 기관의 장에게 신고하지 아니한 경우에는 3년 이하의 징역 또는 3천만원 이하의 벌금에 처한다.
>
> ② 군사기밀을 습득하거나 타인으로부터 제공받아 점유한 사람이 수사기관이나 군부대로부터 제출요구를 받고 즉시 이를 제출하지 아니한 경우 2년 이하의 징역 또는 2천만원 이하의 벌금에 처한다.
>
> ③ 압수의 목적물인 군사기밀이 「형사소송법」 제106조 제3항 또는 같은 법 제219조에 따라 출력이나 복제의 방법으로 제출된 경우 그 점유자가 검사(군검사를 포함한다) 또는 그 지휘를 받은 사법경찰관(군사법경찰관을 포함한다)으로부터 컴퓨터용디스크, 그 밖에 이와 비슷한 정보저장매체에 남아 있는 군사기밀의 삭제 요구를 받고 즉시 이를 삭제하지 아니한 때에는 2년 이하의 징역 또는 2천만원 이하의 벌금에 처한다.

Ⅱ. 신고의 불이행(제16조 제1항)

본 죄는 군사기밀을 보관하는 사람이 이를 분실하거나 도난당한 경우에 지체 없이 그 사실을 소속 기관 또는 감독 기관의 장에게 신고하지 아니함으로써 성립한다.

1. 주체

군사기밀을 보관하는 사람이다. “보관”의 사전적 정의가 “물건을 맡아서 간직하고 관리함”이라는 점, 군사기밀 보호법은 “탐지 · 수집”과 “보관”이라는 개념을 구별하여 사용하고 있는 점을 각각 고려할 때, 보관의 경위는 적법해야 한다. 제1항 관련, 보관의 경위가 적법해야 한다는 점에서 탐지 · 수집자는 주체에 포함된다고 볼 수 없다.

2. 행위

군사기밀을 보관하는 사람이 이를 분실하거나 도난당하고도 지체 없이 그 사실을 소속 기관 또는 감독 기관의 장에게 신고하지 아니하여야 한다. '지체 없이'란, '의무 이행을 정당한 이유 없이 지연하는 일이 없이'라는 의미[89]로, 해당 여부는 사안별로 달리 평가되어야 할 것이다.

군사법원은 피고인이 자신이 보관하던 군사Ⅱ급비밀 암호장비인 자동음어 조해기가 분실된 사실을 인식하였음에도 불구하고 분실사실을 지체 없이 지휘계통을 통하여 소속기관의 장에게 신고하지 않은 사건에 대해 본 죄의 유죄를 인정한 바 있다.[90]

Ⅲ. 제출의 불이행(제16조 제2항)

본 죄는 군사기밀을 습득하거나 타인으로부터 제공받아 점유한 사람이 수사기관이나 군부대로부터 제출요구를 받고 즉시 이를 제출하지 아니함으로써 성립한다.

1. 주체

군사기밀을 습득하거나 타인으로부터 제공받아 점유한 사람이다.

가. '군사기밀을 습득한 사람'의 의미

습득(拾得)이란 유실물의 점유를 취득하는 것을 말하며, 단순한 발견은 습득이 아니다.[91] 여기서 유실물이란 점유자의 의사에 의하지 않고서 그의 점유를 이탈한 물건으로서, 도품이 아닌 것을 말한다.[92] 결국 "군사기밀을 습득한 사람"이란 군사기밀을 점유하는 사람의 의사에 의하지 않고서 그의 점유를 이탈한 군사기밀에 대한 점유를 취득한 사람을 의미한다. 단순히 다른 사람이 잃어버린 군사기밀에 대한 점유를 취득하는 행위가 적극적으로 군사기밀에 대한 점유를 취

89) 국립국어원 표준국어대사전 해석 참조.
90) 제55사단 보통군사법원 2009. 7. 14. 선고 2009고13 판결.
91) 주석 민법 제5판 물권편 제977쪽 참조.
92) 주석 민법 제5판 물권편 제977쪽 참조.

득하는 행위에 해당한다고 보기는 어려울 것이다.

나. '타인으로부터 제공받아 점유한 사람'의 의미

여기에서 제공자가 누구인지, 제공받게 된 경위가 무엇인지는 불문한다. 군사기밀 탐지·수집이 별도의 범죄로 규정되어 있다는 점에서 타인으로부터 군사기밀을 제공받아 점유한 행위가 탐지·수집에 해당하지 않음은 명백하다.

2. 행위

군사기밀을 습득하거나 타인으로부터 제공받아 점유한 사람이 수사기관이나 군부대로부터 제출요구를 받고 즉시 이를 제출하지 않아야 한다.

"즉시"란, "어떤 일이 행하여지는 바로 그때"라는 의미로, 본 조 제1항과 같이 정당한 이유가 없는 한 "제출요구를 받은 바로 그때"라 해석함이 타당하다.

Ⅳ. 삭제의 불이행(제16조 제3항)[93]

본 죄는 압수의 목적물인 군사기밀이 형사소송법 제106조 제3항 또는 같은 법 제219조에 따라 출력이나 복제의 방법으로 제출된 경우 그 점유자가 검사(군검사를 포함한다) 또는 그 지휘를 받은 사법경찰관(군사법경찰관을 포함한다)으로부터 컴퓨터용디스크, 그 밖에 이와 비슷한 정보저장매체에 남아 있는 군사기밀의 삭제 요구를 받고 즉시 이를 삭제하지 아니함으로써 성립한다.

1. 주체

군사기밀을 점유하다가 (군)수사기관으로부터 이를 출력이나 복제의 방법으로 압수 당한 피압수자이다. 탐지·수집자로부터 그 정을 모르고 군사기밀에 대한 보관을 부탁받은 사람도 피압수자가 될 수 있다는 점에서 본 항의 "피압수자"는

---

93) 본 항은 2015. 9. 1. 신설된 것으로, 그 이유는 아래와 같다.
「군사기밀을 불법 탐지·수집하거나 습득·점유한 자가 컴퓨터 등의 저장매체를 통해 은닉하다가 수사기관에 적발되더라도 현행 형사소송법상 원칙적으로 출력 또는 복제물을 제출받도록 규정되어 있어 군사기밀이 계속 컴퓨터 등 저장매체에 남아 있게 되는 문제가 있음. 따라서 군사기밀을 습득하거나 타인으로부터 제공받아 점유한 사람이 수사기관의 기밀 삭제 요구에 불응하는 경우 이에 대한 처벌 근거규정을 마련하여 군사기밀의 보호를 강화하려는 것임.」

반드시 군사기밀 보호법을 위반한 사람만을 의미한다고 볼 수 없다. 제3항 관련, 피압수자에 군사기밀을 탐지·수집자가 포함된다는 것에는 의문의 여지가 없다.

2. 행위

피압수자가 군사기밀을 출력이나 복제의 방법으로 압수당한 이후 (군)수사기관으로부터 전자정보저장매체에 남아 있는 군사기밀의 삭제 요구를 받고도 즉시 이를 삭제하지 않아야 한다.

형사소송법과 군사법원법상 (군)수사기관은 압수의 목적물이 정보저장매체인 경우 기억된 정보의 범위를 정하여 출력하거나 복제하는 방법으로 압수하는 것이 원칙인데, 출력물이나 복제물을 확보하였다 하더라도 그것이 저장되어 있는 정보저장매체에 여전히 군사기밀이 남아있게 된다면 피압수자가 군사기밀을 계속 점유하게 되어 또 다른 누설의 우려가 있기 때문에 이를 방지하기 위함이다.

제6절 군사보호구역 침입 등(제17조)

Ⅰ. 서설

제17조(군사보호구역 침입 등)

① 군사보호구역을 침입한 사람은 2년 이하의 징역 또는 2천만원 이하의 벌금에 처한다.

② 군사보호구역을 침입하여 군사기밀을 훔친 사람 또는 군사기밀을 손괴·은닉하거나 그 밖의 방법으로 그 효용을 해친 사람은 1년 이상의 유기징역에 처한다.

본 죄는 군사보호구역을 침입함으로써(제1항), 군사호보구역을 침입하여 군사기밀을 훔침으로써 또는 군사기밀을 손괴·은닉하거나 그 밖의 방법으로 그 효용을 해침으로써(제2항) 각각 성립한다.

Ⅱ. 주체

군사보호구역을 침입한 사람(제1항), 군사보호구역을 침입하여 군사기밀을 훔친 사람 또는 군사기밀을 손괴·은닉하거나 그 밖의 방법으로 그 효용을 해친 사람(제2항)이다.

Ⅲ. 행위

1. 군사보호구역 침입(제17조 제1항)

군사보호구역을 침입해야 한다.

가. 군사보호구역

군사보호구역의 의미와 구체적인 설정방법 등은 제2절 군사기밀의 개념과 요건 Ⅱ. 군사기밀의 요건 5. 형식비성 목차에 자세히 언급하였으므로 본 항에서는 설명을 생략한다.

법원은 비밀보관함을 사무실 내에 두고 해당 사무실의 문에 군사제한구역의 표지판을 붙여두었다면 군사보호구역으로 인정한 바 있다(의정부지방법원 고양지원 2023. 2. 8. 선고 2020고합326 판결).

나. 침입

침입이란 군사보호구역 설정권자의 승인 없이 군사보호구역에 들어가는 것을 의미하고, 여기에는 군사보호구역 설정권자를 기망하여 들어가는 것도 포함된다.

법원 역시 피고인이 군사기밀을 절취할 것을 마음먹고 군사보호시설인 비밀분산보관소의 출입목적을 거짓으로 신고한 후 군사보호시설에 들어간 행위는 군사보호시설을 침입한 것에 해당된다고 판단[94]하였다(서울동부지방법원 2023. 12. 21. 선고 2023고합184 판결).[95]

---

94) 저자 주: 위 판결은 "군사보호시설"이라는 용어를 사용하였으나, "군사보호구역"이 법문언에 부합하는 용어이다.

95) 서울고등법원 2024. 6. 28. 선고 2024노204 판결로 확정됨.

2. 군사보호구역 침입 후 절도 등(제17조 제2항)

가. 일반론

군사보호구역을 침입하여 군사기밀을 훔치거나 군사기밀을 손괴·은닉하거나 그 밖의 방법으로 그 효용을 해쳐야 한다. 각 행위의 의미는 형법상 절도죄, 손괴죄의 법리와 동일하다.

나. 해석론

여기서 "군사보호구역을 침입하여 군사기밀을 훔친 사람 또는 군사기밀을 손괴·은닉하거나 그 밖의 방법으로 그 효용을 해친 사람"이라 함은, "군사보호구역을 침입하여 군사기밀을 훔친 사람" 또는 "(군사보호구역을 침입하였는지 여부를 불문하고) 군사기밀을 손괴·은닉하거나 그 밖의 방법으로 그 효용을 해친 사람"을 의미하는 것이라고 해석하여야 한다.[96]

만약 후단을 "군사보호구역을 침입하여 군사기밀을 손괴·은닉하거나 그 밖의 방법으로 그 효용을 해친 사람"으로 해석한다면, "군사보호구역을 침입하지 않고" 군사기밀을 손괴·은닉하거나 그 밖의 방법으로 그 효용을 해친 경우를 처벌할 수 없게 된다. 이 경우 처벌에 중대한 공백이 발생하게 된다.

한편, 이와 같은 행위를 형법 제366조의 재물손괴죄로 처벌하면 되는 것 아니냐는 반론이 있을 수도 있겠으나, 형법상 재물손괴죄는 개인적 법익에 대한 죄로, 군사기밀에 대한 손괴 등의 행위를 개인의 재산 가치를 침해하는 범죄와 동일하다고 볼 수 없다는 점에서 재물손괴죄로 처벌하는 것은 타당하지 않다.

Ⅳ. 고의

군사보호구역에 침입한다는 인식과 의사(제1항) 및 군사기밀에 대한 절취·손괴 등 행위에 대한 인식과 의사(제2항)가 있어야 한다.

96) 같은 취지로 해석한 대법원 1994. 12. 20. 자 94모32 전원합의체 결정이 있다.

Ⅴ. 본 법과 타 조항의 관계

군사기밀 불법 거래에 관한 가중처벌 규정(제13조의2), 외국 또는 외국인을 위한 죄에 관한 가중처벌 규정(제15조) 및 미수범 처벌규정(제18조)이 적용되지 않는다. 자수할 경우 필요적 감면대상이고(제19조), 징역형을 선고할 경우 자격정지를 병과할 수 있으며(제20조), 몰수·추징 조항이 적용된다(제20조의2).

Ⅵ. 죄수

본 조 제2항 중 "군사보호구역을 침입하여 군사기밀을 훔친 사람"의 경우, 본 조 제2항 위반죄뿐만 아니라 절취·손괴·은닉하거나 그 밖의 방법으로 그 효용을 해하는 대상이 군사기밀이라는 점에서 군형법 제69조[97]의 군용물손괴, 군형법 제75조제1항제2호[98]의 이른바 군용물절도도 성립할 수 있다.[99]

법원은 피고인이 상급자인 대위에 대한 악감정이 있어 해당 대위가 군사기밀·군용물 분실로 징계를 받아 곤란에 처하게 만들고 싶다는 이유로 대위의 사무실인 군사보호구역에 침입하여 군사기밀 및 접수용 비밀관리기록부를 절취한 사안에서, 절취 대상이 군사기밀이자 군용물에 해당하므로 그 행위를 군사기밀 보호법 제17조 제2항, 군형법 제75조 제1항 제2호의 상상적 경합으로 의율하면서 형이 더 무거운 군용물절도죄에 정한 형으로 처벌하였다(의정부지방법원 고양지원 2023. 2. 8. 선고 2020고합326 판결).

또한 법원은 해군작전사령부에 파견된 병사인 피고인이 전산 조작 등 부정

---

97) 군형법 제69조(군용시설 등 손괴) 제66조에 규정된 물건 또는 군용에 공하는 철도, 전선 또는 그 밖의 시설이나 물건을 손괴하거나 그 밖의 방법으로 그 효용을 해한 사람은 무기 또는 2년 이상의 징역에 처한다.

98) 군형법 제75조(군용물 등 범죄에 대한 형의 가중) ① 총포, 탄약, 폭발물, 차량, 장구, 기재, 식량, 피복 또는 그 밖에 군용에 공하는 물건 또는 군의 재산상 이익에 관하여 「형법」 제2편 제38장부터 제41장까지의 죄를 범한 경우에는 다음 각 호의 구분에 따라 처벌한다.
1. 총포, 탄약 또는 폭발물의 경우: 사형, 무기 또는 5년 이상의 징역
2. 그 밖의 경우: 사형, 무기 또는 1년 이상의 징역
② 제1항의 경우에는 「형법」에 정한 형과 비교하여 중한 형으로 처벌한다.
③ 제1항의 죄에 대하여는 3천만원 이하의 벌금을 병과할 수 있다.

99) 본 조 제2항 중 "군사기밀을 손괴·은닉하거나 그 밖의 방법으로 그 효용을 해친 사람"의 경우에는 재물손괴죄가 형법 제42장에 규정되어 있다는 점에서 군형법 제75조와 관련된 문제는 발생할 여지가 없다.

한 방법을 통하여 임의로 출입 권한을 부여한 뒤 수시로 군사보호구역에 무단 침입한 뒤 그곳에서 잠금 처리된 비밀보관함을 개봉하여 군사기밀에 관한 군용물인 암호 모듈 1개를 절취하고, 암호모듈 분실사고로 부대 전체를 대상으로 한 조사가 진행되자 이를 우연히 발견한 것처럼 가장하기 위해 구성품 중 일부를 파손한 사건에서, 군사기밀 보호법 제17조 제1항, 제17조 제2항 및 군용물 등 범죄에 관한 특별조치법 제3조 제1항 제1호의 상상적 경합으로 의율하면서 형이 더 무거운 군용물등범죄에관한특별조치법위반에 정한 형으로 처벌하였다(대구지방법원 2024. 7. 26. 선고 2024고합249, 2024고합308 판결).[100)]

제7절 군사기밀 보호법상 가중처벌 규정

Ⅰ. 군사기밀 불법 거래에 관한 가중처벌

제13조의2(군사기밀 불법 거래에 관한 가중처벌)
① 제11조부터 제13조까지에 따른 죄를 범한 자가 금품이나 이익을 수수, 요구, 약속 또는 공여한 경우 그 죄에 해당하는 형의 2분의 1까지 가중처벌한다.
② 삭제(2015. 3. 27.)

1. 서설

본 죄는 군사기밀 보호법 제11조부터 제13조까지에 따른 죄를 범한 자가 금품이나 이익을 수수·요구·약속 또는 공여함으로써 성립한다. 금전과 결부된 일정 군사기밀 보호법 위반죄는 비난가능성이 더 크기 때문에 형을 가중하여 처벌하는 것이다.

이에 관해 헌법재판소에 "군사기밀 보호법 제11조에 따른 죄를 범한 자가 금품이나 이익을 공여한 경우 그 죄에 해당하는 형의 2분의 1까지 가중처벌한다"는 부분이 책임과 형벌 간의 비례원칙에 위배된다는 위헌소원이 제기된 바

100) 항소심은 대구고등법원 2024. 11. 13. 선고 2024노451 판결로, 확정여부 미확인.

있다.[101] 이 결정에서 헌법재판소는, 이 사건 불법 거래 가중처벌 조항은 군사기밀탐지·수집죄를 범한 자가 금품이나 이익을 공여한 경우 그 죄에 해당하는 형의 2분의 1까지 가중처벌한다고 정하고 있으나, 법관은 구체적인 행위의 태양, 그 정도와 수법 등을 고려해 죄질과 행위자의 책임에 따른 형벌을 과하는 것이 가능하고, 사안에 따라서는 집행유예의 선고도 가능하므로 법정형이 지나치게 과중하다고 보기 어렵다. 따라서 이 사건 불법 거래 가중처벌 조항은 책임과 형벌 간의 비례원칙에 위반되지 아니한다고 판단하였다.

2. 주체

군사기밀 보호법 제11조부터 제13조까지에 따른 죄를 범한 사람이다.

3. 행위

금품이나 이익을 수수·요구·약속 또는 공여해야 한다. 여기서 "금품", "이익", "수수", "요구", "약속" 또는 "공여"의 의미는 형법상 뇌물죄에서의 설명과 동일하다.

한편, 본 죄가 성립하기 위해서는 군사기밀 보호법 제11조부터 제13조까지에 따른 행위와 금품 등의 수수 등 행위 간 대가관계가 인정되어야 한다. 이와 관련하여 법원은 피고인이 다른 사람으로부터 2014. 3. 중순경부터 2014. 5. 중순경까지 사이에 11회에 걸쳐 군사기밀을 탐지·수집하고 2014. 2.경부터 2014. 5.말경 사이에 돈과 향응을 제공한 것은 그 수집시기와 대가 제공시기에 비추어 군사기밀 보호법 제13조의2에서 처벌하는 '불법거래'로 봄이 타당하다고 보면서, 군사기밀의 수집시기와 대가의 지급시기가 지나치게 떨어진 경우 '거래'인지 여부를 다른 사정으로 평가하면 될 뿐 해당 조문을 지나치게 축소해석 할 것은 아니라고 판단하였다(서울고등법원 2015. 6. 18. 선고 2015노250 판결).[102][103]

---

101) 헌법재판소 2018. 1. 25. 자 2015헌바367 전원재판부 결정.

102) 판결 중 해당 부분은 다음과 같다. "군사기밀의 불법거래를 금지한 군사기밀 보호법 제13조의2는 군사기밀 보호의 필요성 때문에 이를 거래의 대상으로 삼을 경우 가중처벌하기 위한 규정으로 보인다. 그런데 피고인의 주장대로면 과거에 수집한 군사기밀에 대하여 사후에 그 대가를 준 경우처럼 실제로 거래로 볼 수 있는 경우에도 군사기밀 불법거래죄로 처벌할 수 없게 되어 해당 조문이 사문화될 가능성이 크다. 군사기밀 수집시기와 대가의 지급시기가 지나치게 떨어진 경우에는 결국 '거래'인지 여부를 다른 여러 사정으로 평가하면 될 것이지 피고인의 주장과 같이 해당 조문을 지나치게 축소하여 해석할 것은 아니다."

또한, 군사법원은 피고인이 암호화폐 투자에 실패하여 채무에 시달리던 중 사채업자로부터 암구호(군사Ⅲ급비밀)를 제공하면 대출이 가능하다는 제안을 받고 암구호를 알려주고 대출을 받았던 사례에서, 암구호 누설과 소비대차로 인한 금융 이익 수수 간 대가관계를 인정하여 유죄판결을 선고하기도 하였다(제1지역 군사법원 2024. 6. 11. 선고 2024고55 판결).

대부업 등록을 하지 않은 채 법정이자율인 연 20%를 초과하는 고리의 이자를 요청하며 단기대출을 해주는 방식으로 불법대부업체를 운영하거나 직원으로 일하던 피고인들이, 대출광고를 보고 연락해 온 고객들이 군인 신분인 경우 채권추심을 위한 압박용으로 활용하고자 '부대 조직도 및 동료 연락처, 각종 부대 훈련자료, 작전지역 정보, 암구호 사진 등'의 제공을 요구하고 이를 수집한 사건에서, 피고인들에게 군사기밀 탐지·수집 및 이익 공여를 인정하여 본 죄의 유죄를 선고하였다(전주지방법원 2025. 1. 22. 선고 2024고단1850, 2024고단2347, 2024고단2151, 2024초기955, 2024초기832 판결).[104)]

4. 고의

군사기밀 보호법 제11조부터 제13조까지에 따른 죄를 범한 사람이 금품이나 이익을 수수·요구·약속 또는 공여한다는 인식과 의사를 가지고 있어야 한다.

[판례] 군사기밀 누설과 취업 제공 간 대가관계가 있다고 판단한 사례

전주지방법원 2021. 11. 11 선고 2021고합126 판결[105)]

1. 피고인 A 및 변호인 주장의 요지

피고인 A은 2018. 2. 6.경 G에게 E의 취업을 제공하기로 약속하지 아니하였고, G의 취업과 군사기밀 제공 사이에 대가관계가 없다.

2. 판단

가. 피고인 A과 G 사이에 2018. 2. 6. E에 취업하기로 하는 약속이 있었는지 여부

1) 관련 법리

뇌물의 약속은 증뢰자와 수뢰자 사이의 뇌물수수의 합의를 말하는 것으로 합의의 방

---

103) 대법원 2015. 9. 24. 선고 2015도10101 판결로 확정됨.

104) 항소심은 전주지방법원 2025. 7. 15. 선고 2025노249 판결로, 확정 여부 미확인.

법에는 아무런 제한이 없고 명시적인 경우는 물론 묵시적인 방법으로도 가능하다(대법원 2012. 11. 15. 선고 2012도9417 판결 등 참조).

2) 구체적 판단

이 법원이 적법하게 채택하여 조사한 앞서 본 증거들을 모아 인정할 수 있는 다음과 같은 사실 및 사정들에 비추어 보면, 피고인 A이 G에게 퇴직 후 E에 취업을 제공하는 것에 관하여 2018. 2. 6. 의사의 합치가 있었음을 인정할 수 있다. 설령 위 일자에 피고인 A과 G 사이에 취업제공에 관한 의사합치가 없었다 하더라도, 아래에서 보는 바와 같이 피고인 A이 2018. 2. 6. G에게 취업제공의 의사표시를 한 사실은 넉넉히 인정할 수 있고, 이는 형법 제133조가 정한 뇌물 공여의 의사표시에 해당하여 여전히 형법 제133조에 따른 처벌대상이 된다. 피고인 A과 변호인의 주장은 받아들이지 아니한다.

① G은 검찰과 이 법정에서 '피고인 A이 2018. 2. 6. E에 취업을 제안하였다. 피고인 A이 취업을 제안한 것은 그때가 처음이었던 것 같다. 피고인 A은 그 뒤로도 두세번 E의 취업을 제안하였다.'는 취지로 진술하였다. G의 이 부분 진술은 검찰에서부터 이 법정에 이르기까지 일관되고, 아래에서 보는 바와 같이 육군수첩의 기재와도 일치하여 믿을 수 있다.

④ 이에 대하여 G은 이 법정에서 '콜'의 의미는 피고인 A의 취업제안을 받아들였다는 의미가 아니라, 피고인 A이 취업 제안 요청을 하였다는 의미에 불과하다면서, G은 2018. 2. 6. 이후로도 피고인 A으로부터 두 번 정도 취업 요청을 받았고, 2018년 5월 경 AC로부터도 취업제안을 받았으며, 대기업이 운영하는 방위산업체 및 영어교사로서의 취업을 타진하고 있었기에 2018. 2. 6. 피고인 A과 E 취업에 관한 확정적인 의사합치는 없었다고 진술하였다. 피고인 A과 변호인 또한 같은 취지로 주장한다. 그런데 G의 위 육군수첩 월력에는 G이 2018. 2. 6. 이후 피고인 A이나 AC를 비롯한 다른 법인으로부터 취업제안을 받았다는 내용이 기재된 부분을 찾을 수 없다. 다만, 위 육군수첩 2018년 5월의 주요일정란에 '5/4 부산 AC(구포역)(AD, AE)', 2018. 5. 4.자에 '☆부산(AC협상)' 등의 내용이 기재되어 있어 G이 위 일자에 AC와 부산에서 취업을 논의한 사실을 짐작할 수 있을 뿐이다. G이 AC와의 취업관련 미팅을 '콜'이라고 기재하지 않고 '협상'이라고 기재한 것이나, 2018. 2. 6.을 제외하면 위 육군수첩에 '콜'이라는 기재가 없는 점을 보면, 피고인 A 및 변호인의 주장처럼 G이 단지 기업체로부터 취업제안을 받은 것을 '콜'이라고 기재하였다고 보기는 어렵고, 기업체와 취업에 관한 합의를 마친 경우에 '콜'이라고 기재하였다고 봄이 상당하다.

나. G의 군사기밀누설과 피고인 A의 취업 제공 사이에 대가관계가 있는지 여부

1) 관련 법리

뇌물수수죄는 공무원의 직무집행의 공정과 이에 대한 사회의 신뢰 및 직무행위의 불가매수성을 그 보호법익으로 하는 범죄이므로, 그 성립에 있어서 반드시 직무에 관한 특별한 청탁이나 뚜렷한 부정행위가 있어야 하는 것이 아니고, 이익과 개개의 구체적 직무행위 사이에 대가적 관계가 있어야 하는 것도 아니며, 무엇보다도 공무원이 그 이익을 수수하는 것으로 인하여 사회 일반으로부터 직무집행의 공정성을 의심받게 되는지 여부가 뇌물죄의 성부를 판단함에 있어서의 중요한 판단 기준이 된다. 또한, 뇌물수수죄에서 문제되는 '직무'는 이익을 수수한 공무원이 독립하여 결정할 권한을 가진 직무에 한하지 않음은 물론이고, 직무의 성격이나 내용상 이익을 공여한 사람에게 별다른 편의를 줄 여지가 사실상 없는 경우라도 이에 포함될 수 있으며, 이익을 수수한 시점이 이미 직무집행이 끝난 후라 하여 반드시 직무관련성이 부인되는 것도 아니다(대법원 2005. 11. 10. 선고 2005도5135 판결 등 참조). 이 사건 뇌물약속죄에 있어서도 위와 같은 법리는 동일하게 적용된다고 봄이 타당하다.

2) 구체적 판단

이 법원이 적법하게 채택하여 조사한 증거들을 모아 인정할 수 있는 다음과 같은 사실 내지 사정에 비추어 보면, 피고인 A이 G에게 E의 취업을 약속한 것은 G의 군사기밀누설과 대가관계가 있음을 인정할 수 있다. 이 부분에 관한 피고인 A과 변호인의 주장은 받아들이지 아니한다.

① E은 2014년부터 방위력개선사업 분야에 진출하여 'DR사업', 'DS사업', 'AH사업', 'DT사업', 'DU사업'에 참여하거나 위 각 사업을 준비하였으므로 피고인 A은 제안서 작성 등 사업 준비를 위해 군 내에서 전력업무와 방위력개선업무를 담당하면서 위 사업내용에 관하여 잘 알고 있었던 G으로부터 군사기밀 제공을 포함한 사업 관련 정보를 기대할 수밖에 없는 입장에 있었다.

② G은 2015. 8. 14. 피고인 C과 함께 E 본사를 방문하여 피고인 A을 만났는데, 육군수첩의 2015. 8. 14.자에는 '2시 40분에 C 상무를 아파트 앞에서 만나 E A 사장 미팅', '공장소개 직접 2시간', 'AI에서 소고기 소주 2병', '코드 맞고 해볼 만함'라고 기재되어 있다. G은 피고인 A을 만난 때로부터 약 2주 뒤인 2015. 8. 29.부터 2017. 2. 24. 까지 피고인 A 등에게 이 사건 범죄사실과 같이 E이 추진하는 사업에 관한 군사기밀을 제공하였다. 그 과정에서 G이 오로지 E에 대한 선의로써 군사기밀 보호법 위반으로 처벌받을 위험을 무릅쓰고 군사기밀을 제공하였다고 보기는 어렵고, 수수한 금품 및 편의제공의 규모도 다량의 군사기밀 제공의 대가로 보기에는 충분치 않은바, G은 2015. 8. 14.부터 퇴직 후의 취업을 염두에 두고 피고인 C 등에게 관련 사업

의 군사기밀을 제공한 것으로 보인다.
③ G은 2018. 11. 8. 공직자윤리위원회에 '취업예정기업 E, 취업예정직위 이사, 예상 연봉액 7천 500만 원'으로 기재한 취업예정확인서를 제출하였다. G은 2018. 11. 30. 전역하였고, 3주 만인 2018. 12. 21. E에 방위사업총괄 이사로 취업하였다.
한편 E 관리본부 인사팀 팀장 W은 수사기관에서 '정상적으로 채용을 했다면 먼저 입사지원서와 자기 소개서를 받고 면접을 한 후 채용 품의를 하는 것이 맞는데, G의 경우 피고인 A의 지시로 입사지원서를 받기 전인 2018. 12. 13. 채용품의서를 작성하여 피고인 A의 승인을 얻었고, 그 후 G이 입사지원서를 제출하였다. 당시 국내 영업부에는 임원이 없었다. G이 채용되면서 국내영업부 임원자리가 새로 만들어진 것이다. 임원 채용에 관한 권한은 피고인 A에게 있다'고 진술하였다(증거기록 5527, 8쪽). 이처럼 G은 E에 입사지원서를 제출하기도 전에 새롭게 마련된 임원 자리로 채용될 것이 확정되었는바, G의 이례적인 취업절차와 조건은 그 동안 G이 피고인들에게 군사기밀을 제공하여 주었기 때문으로 보이고, 그 외 다른 이유를 찾기 어렵다.
④ E은 G이 소속되어 있던 N 주식회사와 2018. 2. 18. O을 수주하기 위하여 MOU를 체결하였다. 피고인 A은 같은 날 피고인 B에게 전화하여 "같이 허믄 그 우리 G 이사(G)가 우리 회사에 있는거랑 거의 좀 비슷한 효과를 내는거 아니여. 정보 물어오고 뭣허고 그제이. 그런가?"라고 말하기도 하였다(증거기록 3328쪽, 2020. 2. 18.자 B과 A사이의 통화내용 녹취록). 피고인 A의 이와 같은 언동에 비추어 보더라도, 피고인 A이 G을 채용함에 있어서 그 동안 G이 군사기밀을 제공하여 준 것이 주요하게 고려되었을 것으로 보인다.

5. 죄수

군사기밀 불법 거래로 인한 군사기밀 보호법 위반죄는 뇌물수수죄 등과 상상적 경합관계이다(서울고등법원 2015. 6. 18. 선고 2015노250 판결).[106]

---

105) 광주고등법원(전주) 2022. 1. 12. 선고 2021노218 판결로 확정됨.
106) 대법원 2015. 9. 24. 선고 2015도10101 판결로 확정됨.

Ⅱ. 외국 또는 외국인을 위한 죄에 관한 가중처벌

> 第15조(외국 또는 외국인을 위한 죄에 관한 가중처벌) 외국 또는 외국인(외국단체를 포함한다)을 위하여 제11조부터 제13조까지에 규정된 죄를 범한 경우에는 그 죄에 해당하는 형의 2분의 1까지 가중처벌한다.

1. 서설

본 죄는 외국 또는 외국인(외국단체를 포함한다[107]))을 위하여 군사기밀 보호법 제11조부터 제13조까지 정한 군사기밀에 관한 죄를 범함으로써 성립한다. 군사기밀 누설의 상대방이 외국인일 경우에 대한민국의 국익을 저해할 우려가 높기 때문에 가중하는 규정을 둔 것이다.

헌법재판소는 군사기밀 보호법 제15조 중 "외국인을 위하여 제12조 제1항에 규정된 죄를 범한 경우에는 그 죄에 해당하는 형의 2분의 1까지 가중처벌한다" 부분(이하, '외국인 가중처벌 조항'이라 한다)이 죄형법정주의의 명확성 원칙 내지 책임과 형벌 간 비례원칙에 위반된다는 위헌소원에 대해 합헌임을 판단하였다.

헌법재판소 2018. 1. 25. 자 2015헌바367 전원재판부 결정

외국인 가중처벌 조항의 문언적 의미, 입법취지나 목적, 입법연혁, 법규범의 체계적 구조 등에 비추어 볼 때, 건전한 상식과 통상적인 법 감정을 가진 사람이라면 외국인 가중처벌 조항 중 "외국인을 위하여" 의 의미는 '외국인에게 군사적이거나 경제적이거나를 불문하고 일체의 유·무형의 이익 내지는 도움이 될 수 있다는, 즉 외국인을 이롭게 할 수 있다는 인식 내지는 의사'를 의미한다고 충분히 알 수 있으므로, 외국인 가중처벌 조항에 의하여 금지된 행위가 무엇인지 불명확하다고 볼 수 없다. 따라서 외국인 가중처벌 조항은 죄형법정주의의 명확성원칙에 위반되지 아니한다.

또한 외국인 가중처벌 조항의 법정형이 징역 1년 6월 이상의 유기징역이므로 별도의 작량감경 없이 집행유예의 선고가 가능하고, 군사기밀 누설의 목적이나 경위, 외국으로 유출가능성, 국익 저해 가능성 등은 양형에서 고려가 가능한 점 등에 비추어 보면, 외국인을 위하여 군사기밀을 누설한 경우 군사기밀누설죄에 정한 형의 2분의 1

---

107) 2014. 3. 11. 법률 제12400호로 개정되기 전에는 '외국을 위하여'라고만 규정되어 있었다.

까지 가중처벌하도록 한 외국인 가중처벌 조항의 법정형이 지나치게 과중하다고 보기 어렵다. 따라서 외국인 가중처벌 조항은 책임과 형벌 간의 비례원칙에 위반되지 아니한다.

2. 주체

군사기밀 보호법 제11조부터 제13조까지에 규정된 죄를 범한 사람이다.

3. 행위

외국 또는 외국단체를 포함한 외국인을 위하여 군사기밀 보호법 제11조부터 제13조까지에 규정된 죄를 범해야 한다. 여기에서 "외국인을 위하여"의 의미는 외국인에게 군사적이거나 경제적이거나를 불문하고 일체의 유·무형의 이익 내지는 도움이 될 수 있다는, 즉 외국인을 이롭게 할 수 있다는 인식 내지 의사를 의미한다(헌법재판소 2018. 1. 25. 자 2015헌바367 전원재판부 결정).

본 조의 '외국'에 북한이 포함되는지와 관련하여 살피건대, 북한을 위하여 군사기밀을 탐지·수집하거나, 북한에 군사기밀이나 군사상 기밀을 누설할 경우에는 본 죄가 적용되지 않을 것으로 보인다. 이보다 법정형이 더 무거운 형법 제98조의 간첩죄,[108] 형법 제99조의 일반이적죄,[109] 군형법 제13조 제1항의 간첩죄[110] 및 국가보안법 제4조 제1항 제2호[111]의 간첩죄가 적용될 것이라는 점에서

---

108) 형법 제98조(간첩) ① 적국을 위하여 간첩하거나 적국의 간첩을 방조한 자는 사형, 무기 또는 7년 이상의 징역에 처한다. ② 군사상의 기밀을 적국에 누설한 자도 전항의 형과 같다.

109) 형법 제99조(일반이적) 전7조에 기재한 이외에 대한민국의 군사상 이익을 해하거나 적국에 군사상 이익을 공여한 자는 무기 또는 3년 이상의 징역에 처한다.

110) 군형법 제1조 제4항에 따라 제13조 제2항 및 제3항은 내국인·외국인에 대하여도 군인에 준하여 이 법을 적용한다.

군형법 제13조(간첩) ① 적을 위하여 간첩행위를 한 사람은 사형에 처하고, 적의 간첩을 방조한 사람은 사형 또는 무기징역에 처한다.

② 군사상 기밀을 적에게 누설한 사람도 제1항의 형에 처한다.

③ 다음 각 호의 어느 하나에 해당하는 지역 또는 기관에서 제1항 및 제2항의 죄를 범한 사람도 제1항의 형에 처한다.

1. 부대·기지·군항(軍港)지역 또는 그 밖에 군사시설 보호를 위한 법령에 따라 고시되거나 공고된 지역
2. 부대이동지역·부대훈련지역·대간첩작전지역 또는 그 밖에 군이 특수작전을 수행하는 지역
3. 「방위사업법」에 따라 지정되거나 위촉된 방위산업체와 연구기관

111) 국가보안법 제4조(목적수행) ① 반국가단체의 구성원 또는 그 지령을 받은 자가 그 목적수행을 위한 행위를 한 때에는 다음의 구별에 따라 처벌한다. 2. 형법 제98조에 규정된 행위를 하거나

본 조의 '외국'에는 북한은 제외된다고 봄이 타당하다.

같은 맥락에서, 북한이 아니거나 북한단체를 포함한 북한 사람이 아닌 사람을 위하여 군사기밀을 탐지·수집하거나 군사기밀을 누설한 경우에도 해당 군사기밀이 종국적으로 북한이나 북한단체를 포함한 북한인에게 제공될 것이라는 것을 인식한 경우라면 본 조가 아닌 앞서 언급한 법령이 적용될 것으로 보인다.

[판례] 누설 상대방이 외국인이지만 그가 국내법인의 대표이사인 경우 군사기밀 보호법 제15조가 적용되지 않는지 여부(소극)

서울고등법원 2015. 6. 18. 선고 2015노250 판결[112)]

피고인은 이메일 수신자인 'CK'이 비록 외국인이지만 국내법인 주식회사 AW(이하 'AW'로 줄인다)의 대표이사이므로 피고인의 행위는 결국 국내법인을 위한 것이라고 주장한다.

그러므로 보건대, 군사기밀 보호법 제15조는 '외국 또는 외국인(외국단체를 포함한다)을 위하여' 제11조 내지 제13조에서 정한 군사기밀에 관한 죄를 범한 경우 제11조 내지 제13조에서 정한 형의 2분의 1까지 가중하여 처벌하도록 규정하고 있다. 위 제15조는 군사기밀 누설의 상대방이 외국인일 경우에 대한민국의 국익을 저해할 우려가 높기 때문에 가중하는 규정을 둔 것으로 보이고, 2014. 3. 11. 법률 제12400호로 개정되기 전에는 '외국을 위하여'라고만 규정되어 있었는데, '기존의 외국 외에 외국인을 추가한 것은 국익을 저해하는 행위를 미연에 방지하고 엄중 처벌하여 군사기밀 보호를 강화'하기 위하여 '외국단체를 포함한 외국인'을 추가하였다.

그런데 위 규정을 피고인의 주장과 같이 해석할 경우 외국인이 국내법인을 세워 군사기밀을 수집하고 해외 법인에 빼돌려도 가중처벌이 곤란해진다. 또한 피고인의 주장대로 '위하여'를 '이롭게 할 의사'로 해석하더라도, 피고인의 의사에 국내법인의 대표자인 외국인을 '이롭게 할 의사'가 배제되는 것도 아니다. 이 사건의 경우에, 이메일 수신자가 'CK'이라는 프랑스인이므로 위 제15조를 유추하거나 확장하지 않고 그대로 해석하더라도 구성요건에 그대로 해당하고, 피고인의 주장과 같은 해석은 오히

국가기밀을 탐지·수집·누설·전달하거나 중개한 때에는 다음의 구별에 따라 처벌한다.

가. 군사상 기밀 또는 국가기밀이 국가안전에 대한 중대한 불이익을 회피하기 위하여 한정된 사람에게만 지득이 허용되고 적국 또는 반국가단체에 비밀로 하여야 할 사실, 물건 또는 지식인 경우에는 사형 또는 무기징역에 처한다.

나. 가목 외의 군사상 기밀 또는 국가기밀의 경우에는 사형·무기 또는 7년 이상의 징역에 처한다.

112) 대법원 2015. 9. 24. 선고 2015도10101 판결로 확정됨.

려 입법취지를 잠탈할 염려가 있는 축소해석이어서 받아들일 수 없다. 더구나 AW는 방위사업분야 세계 9위인 프랑스 IS사의 한국법인으로서 국내의 군(軍)과 민간분야에 판매 및 기술지원을 하고 있고, IS사는 싱가포르와 네델란드 등도 현지 법인이 있으며, 국내에 많은 에이전트가 활동하고 있으므로, 언제든지 대한민국 국익과 저촉되게 활동할 가능성을 배제할 수도 없다.

4. 고의

외국 또는 외국단체를 포함한 외국인을 위하여 군사기밀 탐지·수집 등의 행위를 한다는 점에 대한 인식과 의사가 있어야 한다.

[판례] 외국인에게 군사기밀이 포함된 이메일을 보냈지만 컨설턴트 계약을 체결하고자 한 것이고 그 직원의 이익을 도모할 목적은 없었다고 주장하는 경우에도 군사기밀 보호법 제15조가 적용되는지(적극)

서울고등법원 2015. 6. 18. 선고 2015노250 판결[113)]

피고인은 컨설턴트 계약을 체결하고자 직원에게 메일을 보낸 것이지 그 직원의 이익을 도모할 목적은 없었다고 주장한다. 그러나 군사기밀 보호법 제15조의 입법취지나 개정 취지, 즉 대한민국 국민보다는 외국인의 경우 대한민국 국익을 저해할 우려가 높기 때문에 가중하는 규정을 둔 것임을 고려하면, 피고인의 의도가 계약체결을 위한 것이라 하더라도, 그 누설의 상대방이 외국인이면 위와 같이 입법자가 금지하려는 행위를 행한 것이라고 봄이 타당하다. 따라서 피고인의 주장은 이유 없다.

---

113) 대법원 2015. 9. 24. 선고 2015도10101 판결로 확정됨.

제8절 그 외 규정

제18조(미수범) 제11조부터 제13조까지, 제15조 및 제17조의 미수범은 처벌한다.
제19조(자수 감면) 이 법에 규정된 죄를 범한 사람이 자수하였을 때에는 그 형을 감경하거나 면제한다.
제20조(자격정지) 이 법에 규정된 죄에 관하여 징역형을 선고할 때에는 그 형의 장기 이하의 자격정지를 병과(倂科)할 수 있다.
제20조의2(몰수 및 추징 등) ① 이 법에 따른 죄를 범한 자 또는 그 정을 아는 제3자가 받은 해당 재산이나 이익은 몰수한다. 다만, 몰수가 불가능한 때에는 그 가액을 추징한다.
② 검사 또는 군검사는 이 법에 따른 죄를 범한 자에 대하여 소추를 하지 아니할 때에는 압수물 중 군사기밀에 해당하는 부분의 삭제나 폐기 또는 국고귀속을 명할 수 있다.
제21조(국제연합군 및 외국에서 제공받은 기밀 등에 대한 적용) 이 법은 우리나라에 주둔하고 있는 국제연합군의 기밀, 국군과 연합작전을 수행하고 있는 외국군의 기밀 및 군사에 관한 조약이나 그 밖의 국제협정 등에 따라 외국으로부터 제공받은 기밀로서 군사기밀에 해당하는 것에 대하여도 적용한다.

Ⅰ. 서설

위 각 조항들은 군사기밀 보호법에 규정된 미수범 처벌 등에 대한 조항들이다.

Ⅱ. 제19조 관련

이 규정에서의 자수의 개념은 형법 제52조 제1항에서 말하는 자수와 동일하다. 형법 제52조 제1항에서 말하는 자수란 범인이 자발적으로 자신의 범죄사실을 수사기관에 신고하여 그 소추를 구하는 의사표시를 함으로써 성립하는 것이다. 범인이 스스로 수사 책임이 있는 관서에 자기의 범행을 자발적으로 신고하고 그 처분을 구하는 의사표시이므로 수사기관의 직무상의 질문 또는 조사에 응하여 범죄사실을 진술하는 것은 자백일 뿐 자수로는 되지 않는다. 자수는 범인이 수사기관에 의사표시를 함으로써 성립하기 때문에 내심적 의사만으로는 부족하고, 외부로 표시되어야 이를 인정할 수 있다(대법원 2004. 10. 14. 선고 2003도3133 판결).

다만, 형법상 자수한 경우 임의적 형의 감경 또는 면제사유가 되나, 이 법에 따르면 필요적 형의 감경 또는 면제사유가 된다.

[판례] 군사기밀을 누설한 사람이 상관인 교육대장에게 면담을 요청하여 범죄사실에 대해 말한 것을 자수로 평가하지 않은 사례

제1지역군사법원 2024. 6. 11. 선고 2024고55 판결
이 법원이 채택하여 조사한 증거들에 의하여 인정되는 다음과 같은 사정들, 즉 ① 김○○는 피고인의 소속대 교육대장으로 수사 권한이 없으며, 피고인이 김○○에게 자신의 범죄사실을 자백한 것이 곧바로 피고인에 대한 수사 개시로 이어질 것이라고 단정할 수 없는 점, ② 피고인이 김○○와 면담 중 자신의 범죄사실과 그로 인해 처벌받는다는 것을 알고 있다는 내용의 이야기를 한 외에 수사기관에 출석하겠다거나, 김○○로 하여금 수사기관에 대신 신고해 달라는 의사표시도 하지 않았던 것으로 보이는 점 등을 위 법리에 비추어 살펴보면, 피고인이 스스로 김○○에게 면담을 요청하여 자신의 범죄사실에 대해 말하였던 사정만으로 이를 자수라고 평가할 수는 없다.

Ⅲ. 제20조 관련

[판례] 검사의 자격정지 병과 주장을 법원이 배척한 사례

서울고등법원 2015. 7. 9. 선고 2015노1051 판결[114)]
이 사건 범행은 우리 군과 미국 군수업체 사이에서 무기매매 중개업무를 하던 피고인들이 경제적 이득을 목적으로 자신들이 알게 된 군사기밀을 탐지·수집하거나 미 군수업체 직원에게 누설한 것으로 그 죄질이 좋지 아니하다.
그러나, 피고인들이 전반적으로 자신의 잘못을 인정하고 반성하고 있는 점, 피고인들이 벌금형을 초과하여 처벌된 전력이 없는 점, 피고인들의 이 사건 각 범행으로 국

114) 대법원 2015. 8. 28. 자 2015도11205 판결로 확정됨.

익에 현실적인 위험이 초래되었다고는 보이지 아니한 점, 검사는 피고인들에게 자격정지를 병과하여야 한다고 주장하나, 군사기밀보호법 제20조는 '징역형을 선고할 때에는 그 형의 장기 이하의 자격정지를 병과할 수 있다'고 규정하고 있는데, 피고인들의 비위의 정도가 앞서 든 사정에 비추어 볼 때 자격정지를 병과할 정도에 이른다고 보이지는 아니한 점, 그 밖에 피고인들의 연령, 성행, 환경 등 이 사건 기록과 변론에 나타난 모든 양형조건을 고려하면 원심의 형이 너무 가벼워 부당하다고 인정되지 아니하므로 검사의 주장은 이유 없다.

Ⅳ. 제20조의2 관련

1. 규정 취지

군사기밀이 유출된 경우, 군사기밀 보호법 위반 행위자를 처벌하는 데에서 그칠 것이 아니라 그 유출된 군사기밀을 계속 보유하거나 악용하는 등 2차적인 피해를 방지하기 위하여 삭제, 폐기 등의 적극적인 조치가 필요하다.

군사기밀 보호법 제20조의2는 2015. 3. 27. 신설[115)]된 규정으로, 당시 「국가보안법」 상 "검사는 이 법의 죄를 범한 자에 대하여 소추를 하지 아니하는 때에는 압수물의 폐기 또는 국고귀속을 명할 수 있다"라고 규정되어 있었다. 이에 반해 군사기밀 보호법상 군사기밀이 유출된 경우 기소 또는 처벌하지 않는 경우, 유출된 군사기밀에 대한 사후조치를 할 수 있는 법적 근거가 마련되어 있지 않았다. 이에 국가보안법 제15조와 유사한 규정을 군사기밀 보호법에도 마련한 것이다.

115) 신설 이유는 다음과 같다. "현행 「국가보안법」에 따르면 동법을 위반한 범죄자에 대하여 검사의 기소 여부에 관계 없이 압수물에 대하여 강제 폐기하거나 국가귀속을 명할 수 있도록 하고 있는 반면에, 현행 「군사기밀 보호법」은 군사기밀이 유출된 경우 이를 소지한 민간인 등 동법을 위반한 범죄자에 대한 기소 또는 처벌 외에 압수한 군사기밀을 강제 폐기하거나 국가귀속 조치를 할 수 있는 법적 근거가 미비한 실정임. 이에 검사 또는 군 검찰관으로 하여금 군사기밀 관련 범죄자에 대하여 소추를 하지 아니할 때에는 압수물 중 군사기밀에 해당하는 부분의 삭제나 폐기 또는 국고귀속을 명할 수 있도록 하여 유출된 군사기밀에 대한 사후 조치를 할 수 있는 법적 근거를 마련하려는 것임."

2. 구체적 내용

제20조의2 제1항은 유죄판결을 선고하는 경우, 군사기밀 보호법에 따른 죄를 범한 자 또는 그 정을 아는 제3자가 받은 재산이나 이익을 몰수 또는 추징한다는 규정이다. 예를 들어, 군사기밀 보호법 제13조의2 군사기밀의 불법거래 행위에 따라 재산이나 이익을 취득한 경우, 이를 몰수 또는 추징한다.

제20조의2 제2항은 군사기밀 보호법에 따른 죄를 범한 자에 대하여 소추를 하지 아니하는 경우, 검사 또는 군검사가 압수물 중 군사기밀에 해당하는 부분의 삭제나 폐기 또는 국고귀속을 명할 수 있다는 규정이다. 하지만 이 규정은 "이 법에 따른 죄를 범한 자에 대하여"라는 문언 그 자체로 의문이 있다. 소추하여 유죄 판결을 선고받은 자에 대하여 '죄를 범한 자'라고 표현할 수 있다는 점에서 그렇다. 물론 이 규정의 취지는 불기소 처분을 하는 경우에도 2차적 피해를 방지하기 위해 유출된 군사기밀을 삭제나 폐기 또는 국고귀속을 명하도록 한 것이다.

3. 군사기밀 보호법 제16조 제3항과의 비교

이 규정의 취지와 내용에 있어 군사기밀 보호법 제16조 제3항과 유사한 점이 있다. 군사기밀 보호법 제16조 제3항과 제20조의2를 비교하면 아래 표와 같다.

<table>
<tr><th>구체적 내용</th><th>주체</th><th>근거 법령</th></tr>
<tr><td>정보저장매체 등에 남아 있는 전자정보 형태의 군사기밀에 대한 삭제 요구</td><td>수사 시, (군)검사 또는 (군)사법경찰관</td><td>군사기밀 보호법 제16조 제3항</td></tr>
<tr><td>군사기밀 불법거래에 의해 얻은 재산 또는 이익
※ 뇌물수수죄에도 해당하는 경우</td><td rowspan="2">판결 선고 시, 법원</td><td>군사기밀 보호법 제20조의2 제1항
※ 형법 제134조</td></tr>
<tr><td>군사기밀 보호법 위반행위에 제공하였거나 제공하려고 한 물건의 몰수</td><td>형법 제48조 제1항 제1호</td></tr>
<tr><td>압수물 중 군사기밀에 해당하는 부분의 삭제나 폐기, 국고귀속 명령</td><td>불기소 시, (군)검사 또는 (군)사법경찰관</td><td>군사기밀 보호법 제20조의2 제2항</td></tr>
</table>

05

군사기밀 보호법 위반 사건 수사와 재판에 관한 실무상 쟁점

제5장 군사기밀 보호법 위반 사건 수사와 재판에 관한 실무상 쟁점

제1절 군사기밀 보호법 위반 사건에 대한 수사권과 재판권

Ⅰ. 수사권

군사법원법

제43조(군사법경찰관) 다음 각 호의 어느 하나에 해당하는 사람은 군사법경찰관으로서 범죄를 수사한다.

1. 「군인사법」 제5조 제2항에 따른 기본병과 중 수사 및 교정업무 등을 주로 담당하는 병과(이하 "군사경찰과"라 한다)의 장교, 준사관 및 부사관과 법령에 따라 범죄수사업무를 관장하는 부대에 소속된 군무원 중 국방부장관 또는 각 군 참모총장이 군사법경찰관으로 임명하는 사람
2. 「국군조직법」 제2조 제3항에 따라 설치된 부대 중 군사보안 업무 등을 수행하는 부대로서 국군조직 관련 법령으로 정하는 부대(이하 "군사안보지원부대"[116]라 한다)에 소속된 장교, 준사관 및 부사관과 군무원 중 국방부장관이 군사법경찰관으로 임명하는 사람
3. 삭제
4. 검찰수사관

제44조(군사법경찰관의 직무범위) 군사법경찰관은 군사법원 관할사건을 다음 각 호의 구분에 따라 수사한다.

1. 제43조 제1호에 규정된 사람: 제2호 및 제3호에 규정하는 죄 외의 죄

116) 현재의 국군방첩사령부를 의미한다. 2022. 11. 1. 군사안보지원사령부(2018. 9. 1. ~ 2022. 10. 31.)의 명칭이 국군방첩사령부로 변경되었다. 법 개정이 필요하다.

2. 제43조 제2호에 규정된 사람: 「형법」 제2편 제1장 및 제2장의 죄, 「군형법」 제2편 제1장 및 제2장의 죄, 「군형법」 제80조 및 제81조의 죄와 「국가보안법」, 「군사기밀 보호법」, 「남북교류협력에 관한 법률」 및 「집회 및 시위에 관한 법률」(「국가보안법」에 규정된 죄를 범한 사람이 「집회 및 시위에 관한 법률」에 규정된 죄를 범한 경우만 해당된다)에 규정된 죄
3. 삭제 <2020. 12. 15.>

1. 군사기밀 보호법에 규정된 죄에 대한 수사주체

군사기밀 보호법에 규정된 죄를 범한 사람에 대한 수사는 국군방첩사령부 소속 군사법경찰관 또는 (군)검사가 담당한다. 종전에는 국가정보원 소속 군사법경찰관에게도 군사기밀 보호법에 규정된 죄에 대한 수사권이 있었으나 2020. 12. 15. 군사법원법이 개정되면서 폐지되었다.

2. 검사의 수사지휘권

군사기밀 보호법

제22조(검사의 수사 지휘 등) ① 「군사법원법」 제43조 제2호 및 제46조 제2호[117]에 따른 군사법경찰관리는 이 법에 규정된 범죄에 관하여 「사법경찰관리의 직무를 수행할 자와 그 직무범위에 관한 법률」[118]에서 정하는 바에 따라 사법경찰관리의 직무를 수행한다.
② 제1항에 따라 사법경찰관리의 직무를 수행하는 사람은 「군형법」의 적용을 받지 아니하는 피의자(이하 "피의자"라 한다)의 범죄를 수사할 때에는 미리 검사의 지휘를 받아야 하며, 검사가 직무상 내린 명령에 복종하여야 한다. 다만, 현행범인 경우와 긴급하여 미리 검사의 지휘를 받을 수 없는 경우에는 사후에 지체 없이 그 지휘를 받아야 한다.

---

117) 군사법원법 제46조(군사법경찰리) 다음 각 호의 어느 하나에 해당하는 사람은 군사법경찰리로서 군검사 또는 군사법경찰관의 명령을 받아 수사를 보조한다.
2. 제43조 제2호에 규정된 사람: 「형법」 제2편 제1장 및 제2장의 죄, 「군형법」 제2편 제1장 및 제2장의 죄, 「군형법」 제80조 및 제81조의 죄와 「국가보안법」, 「군사기밀 보호법」, 「남북교류협력에 관한 법률」 및 「집회 및 시위에 관한 법률」(「국가보안법」에 규정된 죄를 범한 사람이 「집회 및 시위에 관한 법률」에 규정된 죄를 범한 경우만 해당된다)에 규정된 죄

118) 사법경찰관리의 직무를 수행할 자와 그 직무범위에 관한 법률 제9조(군사법경찰관리) ② 「군사법원법」 제43조 제2호와 제46조 제2호에 규정된 군사법경찰관리로서 지방검찰청검사장의 지명을 받은 자는 「군사기밀보호법」에 규정된 범죄에 관하여 사법경찰관리의 직무를 수행한다.

③ 지방검찰청 검사장 또는 지청장은 피의자에 대한 불법구속 여부를 조사하기 위하여 필요하다고 인정할 때에는 소속 검사에게 관할구역 내에 위치한 군 수사기관의 피의자 구속장소를 감찰하게 하며, 감찰하는 검사는 피의자를 자세히 신문(訊問)하고 구속에 관한 서류를 조사할 수 있다.
④ 검사는 피의자가 불법으로 구속된 것이라고 의심할 만한 상당한 이유가 있으면 즉시 피의자에 관한 사건을 검찰에 송치할 것을 명하여야 한다.

국군방첩사령부에 속하는 군사법경찰관리는 군사기밀 보호법에 규정된 범죄에 관하여 사법경찰관리의 직무를 수행하고, 「군형법」의 적용을 받지 아니하는 피의자의 군사기밀 보호법 위반죄를 수사할 때는 미리 검사의 지휘를 받아야 하며, 검사가 직무상 내린 명령에 복종하여야 한다.

다만, 현행범인 경우와 긴급하여 미리 검사의 지휘를 받을 수 없는 경우에는 사후에 지체 없이 그 지휘를 받아야 한다. 또한 지방검찰청 검사장 또는 지청장은 위 피의자에 대한 불법구속 여부를 조사하기 위하여 필요하다고 인정할 때에는 소속 검사에게 관할구역 내에 위치한 군 수사기관의 피의자 구속장소를 감찰하게 하며, 감찰하는 검사는 피의자를 자세히 신문하고 구속에 관한 서류를 조사할 수 있다.

국군방첩사령부에 속하는 군사법경찰관이 군형법의 적용을 받지 않는 피의자의 범죄를 수사하는 경우라 하더라도 재판권이 군사법원에 있는 경우(군사법원법 제3조 제2항)[119]에는 군검찰에 각종 영장을 신청하여야 하고, 사건 또한 군검찰에 송치하여야 한다. 이때는 국군방첩사령부에 속하는 군사법경찰관이 사법경찰관리의 직무를 수행하는 경우가 아니므로, 검사의 수사지휘 등에 관한 내용이 적용되지 않는다.

---

119) 군사법원법 제3조(그 밖의 재판권) ② 군사법원은 「군사기밀 보호법」 제13조의 죄와 그 미수범에 대하여 재판권을 가진다.

Ⅱ. 재판권

1. 일반론

군사법원법

제2조(신분적 재판권) ① 군사법원은 다음 각 호의 어느 하나에 해당하는 사람이 범한 죄에 대하여 재판권을 가진다.

1. 「군형법」 제1조 제1항부터 제4항까지에 규정된 사람. 다만, 「군형법」 제1조 제4항에 규정된 사람 중 다음 각 목의 어느 하나에 해당하는 내국인·외국인은 제외한다.
   가. 군의 공장, 전투용으로 공하는 시설, 교량 또는 군용에 공하는 물건을 저장하는 창고에 대하여 「군형법」 제66조의 죄를 범한 내국인·외국인
   나. 군의 공장, 전투용으로 공하는 시설, 교량 또는 군용에 공하는 물건을 저장하는 창고에 대하여 「군형법」 제68조의 죄를 범한 내국인·외국인
   다. 군의 공장, 전투용으로 공하는 시설, 교량, 군용에 공하는 물건을 저장하는 창고, 군용에 공하는 철도, 전선 또는 그 밖의 시설에 대하여 「군형법」 제69조의 죄를 범한 내국인·외국인
   라. 가목부터 다목까지의 규정에 따른 죄의 미수범인 내국인·외국인
   마. 국군과 공동작전에 종사하고 있는 외국군의 군용시설에 대하여 가목부터 다목까지의 규정에 따른 죄를 범한 내국인·외국인
2. 국군부대가 관리하고 있는 포로

② 제1항에도 불구하고 법원은 다음 각 호에 해당하는 범죄 및 그 경합범 관계에 있는 죄에 대하여 재판권을 가진다. 다만, 전시·사변 또는 이에 준하는 국가비상사태 시에는 그러하지 아니하다.

1. 「군형법」 제1조 제1항부터 제3항까지에 규정된 사람이 범한 「성폭력범죄의 처벌 등에 관한 특례법」 제2조의 성폭력범죄 및 같은 법 제15조의2의 죄, 「아동·청소년의 성보호에 관한 법률」 제2조 제2호의 죄
2. 「군형법」 제1조 제1항부터 제3항까지에 규정된 사람이 사망하거나 사망에 이른 경우 그 원인이 되는 범죄
3. 「군형법」 제1조 제1항부터 제3항까지에 규정된 사람이 그 신분취득 전에 범한 죄

③ 군사법원은 공소(公訴)가 제기된 사건에 대하여 군사법원이 재판권을 가지지 아니하게 되었거나 재판권을 가지지 아니하였음이 밝혀진 경우에는 결정으로 사건을 재판권이 있는 같은 심급의 법원으로 이송(移送)한다. 이 경우 이송 전에 한 소송행위는 이송 후에도 그 효력에 영향이 없다.

④ 국방부장관은 제2항에 해당하는 죄의 경우에도 국가안전보장, 군사기밀보호, 그 밖에 이에 준하는 사정이 있는 때에는 해당 사건을 군사법원에 기소하도록 결정할 수 있다. 다만, 해당 사건이 법원에 기소된 이후에는 그러하지 아니하다.
⑤ 검찰총장 및 고소권자는 제4항 본문의 결정에 대하여 7일 이내에 대법원에 그 취소를 구하는 신청을 할 수 있다.
⑥ 제5항의 신청에 따른 심리와 절차에 관하여는 그 성질에 반하지 아니하는 범위에서 제3조의2부터 제3조의7까지의 규정을 준용한다.

제3조(그 밖의 재판권) ① 군사법원은 「계엄법」에 따른 재판권을 가진다.
② 군사법원은 「군사기밀 보호법」 제13조의 죄와 그 미수범에 대하여 재판권을 가진다.

군사법원법 제2, 3조는 군사법원의 재판권에 관해 규정하고 있다. 군사기밀 보호법과 관련하여 주목할 점은 군사기밀 보호법 제13조 위반죄(미수범 포함)를 범한 경우에 그 신분을 불문하고 군사법원이 재판권을 가진다는 점이다. 다시 말하면, 「군형법」 제1조 제1항부터 제4항까지에 규정된 사람이 아닌 사람(이하에서는 군인·군무원 등이 아닌 국민이라는 의미에서 '일반 국민'이라 한다)이라도 군사기밀 보호법 제13조 위반죄(미수범 포함)를 범한 경우는 군사법원이 재판권을 가진다는 점이다.

군사기밀 보호법 관련 수사권과 재판권을 정리하면 아래 표와 같다.

<table>
<tr><th colspan="2">유형</th><th>수사권</th><th>재판권</th></tr>
<tr><td colspan="2">군사법원이 재판권을 가지는 사람의 군사기밀보호법위반</td><td rowspan="2">군사법경찰관(국군방첩사령부)이 수사 후 군검찰에 송치
또는
군검찰이 직접 수사</td><td rowspan="2">군사법원</td></tr>
<tr><td rowspan="2">일반 법원이 재판권을 가지는 사람의 군사기밀 보호법 위반</td><td>제13조의 죄와 그 미수범</td></tr>
<tr><td>제13조의 죄와 그 미수범 외의 죄</td><td>사법경찰관[120]이 수사 후 검찰에 송치</td><td>일반 법원</td></tr>
</table>

120) 국군방첩사령부에 속하는 군사법경찰관리가 「사법경찰관리의 직무를 수행할 자와 그 직무범위에 관한 법률」에 따라 사법경찰관리의 직무를 수행하는 경우를 의미한다.

문제는, 민간인이 군사기밀 보호법 제13조의 죄(미수범)와 일반 법원이 재판권을 갖는 일반 범죄를 모두 범하였는데 양 죄가 형법 제37조 전단의 경합범 관계인 경우 군사법원과 일반 법원 중 어느 법원이 재판권을 갖게 되는가? 이를 정면으로 다룬 사례는 없지만, 아래 판결 내용을 고려하면, 군사기밀 보호법 제13조의 죄(미수범 포함)는 군사법원이, 일반 범죄는 일반 법원이 각각 재판권을 갖는다고 보아야 한다.

대법원 2016. 6. 16. 자 2016초기318 전원합의체 결정

판시사항

군사법원이 군사법원법 제2조 제1항 제1호에 의하여 군형법 제1조 제4항 각 호에 정한 죄를 범한 일반 국민에 대하여 신분적 재판권을 가지는 경우, 이전 또는 이후에 범한 다른 일반 범죄에 대해서도 재판권을 가지는지 여부(소극) / 일반 국민이 범한 수 개의 죄 가운데 군형법 제1조 제4항 각 호에 정한 죄와 그 밖의 일반 범죄가 형법 제37조 전단의 경합범 관계에 있다고 보아 하나의 사건으로 기소된 경우, 재판권의 소재(=군형법 제1조 제4항 각 호에 정한 죄에 대하여는 군사법원, 일반 범죄에 대하여는 일반 법원) 및 이때 일반 법원이나 군사법원이 사건 전부를 심판할 수 있는지 여부(소극)

[다수의견] 군사법원법 제2조가 '신분적 재판권'이라는 제목 아래 제1항에서 '군형법 제1조 제1항부터 제4항까지에 규정된 사람'이 '범한 죄'에 대하여 군사법원이 재판권을 가진다고 규정하고 있으므로, 위 조항의 문언해석상 군인 또는 군무원이 아닌 국민(이하 '일반 국민'이라 한다)이 군형법 제1조 제4항 각 호에 정한 죄(이하 '특정 군사범죄'라 하고, 그 외의 범죄 등을 '일반 범죄'라 한다)를 범함으로써 군사법원의 신분적 재판권에 속하게 되면 그 후에 범한 일반 범죄에 대하여도 군사법원에 재판권이 발생한다고 볼 여지가 있다. 그러나 헌법 제27조 제2항은 어디까지나 '중대한 군사상 기밀·초병·초소·유독음식물공급·포로·군용물에 관한 죄 중 법률이 정한 경우'를 제외하고는 일반 국민은 군사법원의 재판을 받지 아니한다고 규정하고 있으므로, 이러한 경우에까지 군사법원의 신분적 재판권을 확장할 것은 아니다. 즉, 특정 군사범죄를 범한 일반 국민에게 군사법원에서 재판을 받아야 할 '신분'이 생겼더라도, 이는 군형법이 원칙적으로 군인에게 적용되는 것임에도 특정 군사범죄에 한하여 예외적으로 일반 국민에게 군인에 준하는 신분을 인정하여 군형법을 적용한다는 의

미일 뿐, 그 '신분' 취득 후에 범한 다른 모든 죄에 대해서까지 군사법원에서 재판을 받아야 한다고 새기는 것은 헌법 제27조 제2항의 정신에 배치된다.
군사법원법 제2조 제2항은 예컨대 군에 입대하기 전에 어떠한 죄를 범한 사람이 군인이 되었다면 군사법원이 그 죄를 범한 군인에 대하여 재판을 할 수 있도록 하려는 취지임이 명백하다. 군사법체계의 특수성에 비추어 볼 때 이러한 경우에는 군사법원이 재판권을 행사하여야 할 필요성과 합목적성이 충분히 인정된다. 그러나 일반 국민이 특정 군사범죄를 범하였다 하여 그 전에 범한 다른 일반 범죄에 대해서까지 군사법원이 재판권을 가진다고 볼 것은 아니다. 군인 등은 전역 등으로 그 신분을 상실하게 되면 특별한 경우를 제외하고는 군 재직 중에 범한 죄에 대하여 일반 법원에서 재판을 받게 된다. 그러나 일반 국민은 특정 군사범죄를 범하여 일단 군사법원의 신분적 재판권에 속하게 되면 그 신분에서 벗어날 수 있는 방법이 없다. 즉, 일반 국민이 군형법 제1조 제4항 각 호의 죄를 범한 경우에 그 전에 범한 어떠한 죄라도 아무런 제한 없이 군사법원에서 재판을 받게 한다면 군인보다 오히려 불리한 처지에 놓이게 된다. 위와 같은 해석은 헌법 제27조의 정신에 부합하지 아니한다.
결론적으로, 군사법원이 군사법원법 제2조 제1항 제1호에 의하여 특정 군사범죄를 범한 일반 국민에 대하여 신분적 재판권을 가지더라도 이는 어디까지나 해당 특정 군사범죄에 한하는 것이지 이전 또는 이후에 범한 다른 일반 범죄에 대해서까지 재판권을 가지는 것은 아니다.
따라서 일반 국민이 범한 수 개의 죄 가운데 특정 군사범죄와 그 밖의 일반 범죄가 형법 제37조 전단의 경합범 관계에 있다고 보아 하나의 사건으로 기소된 경우, 특정 군사범죄에 대하여는 군사법원이 전속적인 재판권을 가지므로 일반 법원은 이에 대하여 재판권을 행사할 수 없다. 반대로 그 밖의 일반 범죄에 대하여 군사법원이 재판권을 행사하는 것도 허용될 수 없다. 이 경우 어느 한 법원에서 기소된 모든 범죄에 대해 재판권을 행사한다면 재판권이 없는 법원이 아무런 법적 근거 없이 임의로 재판권을 창설하여 재판권이 없는 범죄에 대한 재판을 하는 것이 되므로, 결국 기소된 사건 전부에 대하여 재판권을 가지지 아니한 일반 법원이나 군사법원은 사건 전부를 심판할 수 없다.

2. 항소심 단계에서 원심에 재판권이 없는 범죄가 예비적 공소사실로 추가된 경우 항소심에 해당 범죄에 대한 재판권이 있는지 여부(적극)

서울고등법원 2023. 8. 23. 선고 2022노1530 판결

사실관계 및 피고인의 주장

민간인인 피고인이 1심(군사법원, 국방부 보통군사법원 2022. 3. 4. 선고 2020고23 판결)에 군사기밀 보호법 제13조 제1항으로 기소된 이후 판결이 선고되었음(징역 3년, 집행유예 5년). 이후 피고인은 항소하였고, 2심(서울고등법원)에서 검사는 군사기밀 보호법 제13조 제1항 위반의 공소사실을 주위적 공소사실로 유지하면서, 예비적으로 군사기밀 보호법 제11조 및 제12조 제1항 위반의 공소사실을 추가하는 공소장변경허가신청을 하였고, 2심 법원은 이를 허가하였다. 이에 피고인은 이 사건 예비적 공소사실에 대한 재판권은 군사법원에 있지 않고 일반 법원에 있는데, 2심 법원은 원심이었던 군사법원의 항소심으로서 심판하는 것이므로, 이 사건 각 예비적 공소사실에 대하여는 재판권이 없어 공소기각의 판결을 선고해야 한다는 취지로 주장하였다.

*** 저자 주**

사실관계 이해를 돕기 위해 표를 삽입하였다.

주체	기소	1심 (군사법원)	2심 (일반 법원)
군검사	군사기밀 보호법 제13조 제1항	–	군사기밀 보호법 제13조 제1항 위반의 점을 주위적으로, 군사기밀 호보법 제11조 및 제12조 제1항 위반의 점을 예비적으로 하는 공소장변경허가신청
법원	–	징역 3년 (집행유예 5년)	위 신청을 허가함

법원의 판단

2심은 ‘이 법원은 지방법원 합의부의 제1심 판결에 대한 항소사건 및 군사법원의 재판에 대한 항소사건을 관할하고(법원조직법 제28조 제1호, 군사법원법 제10조), 공소장의 변경은 항소심에서도 가능하므로, 이 법원은 항소심으로서 이 사건 주위적 및 예비적 공소사실 모두에 대하여 재판권을 가진다고 판단하였다.

제2절 군사기밀 보호법 위반 사건 수사·재판 관련 실무상 쟁점 및 개선 필요 사항

Ⅰ. 군사기밀 보호법 위반 사건의 특성

1. 군사기밀 보호법 위반행위자들 간의 인적 관계의 특성

실무상 군인·군무원 등이 아무 이유 없이 아무런 관계없는 사람에게 군사기밀을 누설하는 경우는 매우 드물다. 피의자들의 대부분은 현역 군인 또는 예비역·퇴역 군인이고, 그들은 근무연 또는 사관학교와 같은 군 양성기관의 선·후배관계로 연결되어 있다. 또한 많은 사건에서 군사기밀을 누설하는 사람은 군인·군무원 등이고, 이를 탐지·수집하는 사람은 전역 후 방산업체 등에서 근무하는 예비역이다.

한편, 누설한 군인은 탐지·수집한 예비역의 후배 내지 동기란 이유로, 예비역의 선배들이 아직 현역에 근무하고 있어 자신에게 진급, 평정, 보직과 같은 영향력을 미칠 수도 있다는 이유로 또는 자신이 곧 전역 후 탐지·수집자가 근무하는 업체에 일자리 등을 보장받는 등의 이유로 탐지·수집한 사람과 상호 진술을 맞추거나 증거를 은닉·인멸하는 경향이 짙다.

군사기밀 보호법 위반행위를 수사할 때에는 이들 간 학연·근무연 등 인적 관계를 신중하게 되짚어 보고, 이에 얽힌 이해관계를 긴밀히 살펴볼 필요가 있다.

2. 뇌물범죄와의 연관성과 수사권·재판권 관련 특성

다음으로 군사기밀 보호법 위반 사건은 상당수가 뇌물범죄와 관련되어 있다. 군사기밀을 탐지·수집 또는 누설하는 대가로 뇌물을 수수하는 경우가 다수 확인된다.

하지만 군사법원법상 군사기밀 보호법 위반 사건에 대한 1차 수사권은 국군방첩사령부 소속 군사법경찰관에게 있고, 뇌물 관련 범죄와 같은 그 외 사건에 대한 1차 수사권은 군사경찰 병과 소속 군사법경찰관에게 있다. 이로 인해 국군방첩사령부 소속의 군사법경찰관은 군사기밀 보호법 위반 사건은 수사하더라도, 그 대가로 뇌물을 수수한 사건은 수사할 수 없다.[121)]

121) 공무원이 군사기밀 보호법 위반행위의 대가로 뇌물을 수수한 경우, 군사기밀보호법위반과 뇌물 관련 범죄가 실체적 경합범 관계로 수죄가 성립한다. 물론 이 경우, 군사기밀 보호법 제13조에

실무상 군사기밀 보호법 위반 사건을 수사하는 국군 방첩사령부 소속의 군사법경찰관이 뇌물 사건을 인지하더라도 군사경찰 병과 소속 군사법경찰관에게 사건을 이첩하는 경우는 극히 드물다. 오히려 군검찰이 사건을 송치받은 후 군검찰에서 뇌물 사건을 인지하여 수사하고 있다. 다만, 이로 인해 군사법경찰 수사단계에서는 상대적으로 뇌물 사건의 수사에 대한 증거 확보가 이루어질 수 없다는 점에서 신속한 실체적 진실발견에 저해가 될 우려가 있다.

군 내부의 문제와 별개로 누설자가 군인이고 탐지·수집자가 일반 국민인 경우에는 재판권이 군사법원과 일반 법원으로 나뉘게 되어 공판수행에 어려움이 있고(군사법원의 피고인이 일반 법원의 증인인 경우 또는 그 반대의 경우), 소송경제 측면에서도 바람직하지 않다. 국군방첩사령부와 군검찰이 가진 군사기밀 보호법 사건 수사 역량과 경험, 군사기밀 보호법 위반죄가 갖는 순정 군사범죄로서의 성격을 비추어 볼 때, 군 수사기관과 군사법원이 군사기밀 보호법 위반 사건과 이와 관련성 있는 범죄에 대한 수사권과 재판권을 전속적으로 갖는 것이 타당하다 생각한다.

[판례] 군사기밀 누설자는 군사법원에, 군사기밀 탐지·수집자는 일반 법원에 각각 기소된 후 군사법원에서는 누설죄에 대한 무죄판결 확정되고, 일반 법원에서는 탐지·수집죄에 대한 유죄판결이 확정된 사례

수원지방법원 성남지원 2021. 12. 9. 선고 2020고합39, 2020고합218(병합) 판결

1. 피고인 A의 2010. 3. 초경 군사기밀 누설 관련 범죄사실

피고인 A은 2010. 3.초경 성남시 분당구에 있는 상호불상의 식당에서 불상자로부터 'H' 신호정보를 수집하는 I체계의 능력을 보강하는 국군 J사령부의 비밀사업의 운용개념, 임무시나리오, 작전요구성능 등이 포함된 군사 Ⅲ급비밀인 'I체계 능력보강 사업 요청 자료(제출)'이라는 제목의 문건을 제공받았다.

이로써 피고인 A은 적법한 절차에 의하지 아니한 방법으로 군사기밀을 수집하였다.

2. 법원의 판단

이 법원이 적법하게 채택하여 조사한 증거들에 의하여 인정되는 아래와 같은 사정들

따른 죄를 범한 자가 금품이나 이익을 수수, 요구, 약속 또는 공여한 경우 같은 법 제13조의2 제1항에 의하여 형의 2분의 1까지 가중 처벌할 수는 있다. 그렇더라도 뇌물 관련 별개의 범죄는 성립한다.

에 비추어 보면, 피고인 A은『2020고합39』각 범죄사실과 같이 군사기밀인 'H' 관련 문건을 수집하고 해당 기밀을 타인에게 누설한 사실이 인정된다.

피고인 A은 R에 대한 군사기밀보호법위반 등 사건[122]에 관한 군사재판(국방부 보통군사법원 2018고14, 이하 '별건 군사재판'이라 한다)과정에서 'H'의 운용개념, 임무시나 리오, 작전요구성능 등이 포함되어 있는 'I체계 능력보강 사업 요청 자료(제출)'이라는 문건의 취득 경위에 대하여 아래와 같이 증언하였다(『2020고합218』 증거기록 4898, 4899면).

> 문: 증인(피고인 A, 이하 문답에서 같음)은 2010. 3.경 경기도 성남시 분당구에 있는 상호 불상의 식당에서 피고인(R, 이하 문답에서 같음)으로부터 H 운용개념, 임무시나리오, 작전요구성능 등이 포함되어 있는 군사Ⅲ급비밀인「I체계 능력보강 사업 요청 자료(제출)」제목의 문건을 제공받은 사실이 있는가요.
> 답: 2010년도 일이라 정확한 기억은 별로 없고 오래되어서 솔직히 제가 그때 당시에 무엇을 받았는지 정확히 기억이 없습니다. 조사받는 과정에서 2007년, 2009년에서 아마 2010년경에 H 관련에 대해서는 관심은 있었습니다. H 관련해서 RFP는 받았다고 기억이 되는데 너무 오래되어서 정확한 기억이 없어서 변호인이 말씀하시는 그런 문건인지 조사를 받을 때도 잘 기억이 안 났습니다.
> 문: I체계능력보강 사업 요청자료를 누설했고 제공받았다고 되어 있는데 그것과 방금 말한 RFP 자료는 틀린 것인가요.
> 답: 제가 정확히 기억하는 것이 없어서 얼핏 RFP가 있었다는 자체는 기억하고 있지만 그 내용이 꼭 그렇다고는 볼 수 없습니다.
> 문: I체계능력보강 운용요구서 수정(안) 보고 문건 중 일부와 I체계능력보강 운용요구서 수정 보고라는 문건 중에 일부 내용 H의 개요, 임무묘사도, 운용개념, 작전요구성능 등이 발췌된「전자정보 운용요구서(ORD)」도 정확한 기억을 못하는 것인가요.
> 답: 예 그렇습니다.
> 문: 증인은 3회 진술에 이르러서는 피고인으로부터 받았다고 명확하게 진술하고 있는데, 어떤 연유로 그렇게 진술하고 있는 것인가요.

122) R은 군사기밀보호법위반, 뇌물수수죄로 1심에서 징역 2년 및 벌금 2,000,000원을 선고받았고(일부 범행은 무죄를 선고받았음), 항소심에서 일부 무죄 선고 부분이 파기되어 징역 2년 6월을 선고받았으며, 2020. 6. 4. 상고심에서 상고 기각됨으로써 같은 날 판결이 확정되었다.

답: 당시 조사를 받을 때 정확한 기억이 없었습니다. 조사를 받는 과정에서 공식적으로 3회 소환조사를 받았지만 실제는 훨씬 많은 수에 걸쳐서 조사를 받았습니다. 그때 J사령부에 알고 있는 피고인이나 AA, X 중에서 누가 이 자료를 유출했는지 말하라는 식으로 집요하게 강요도 받았고 반복적으로 질문을 받은 것이 사실입니다. 그럼에도 불구하고 제가 직접 자료를 받은 것인지 아니면 직원이나 누구로부터 받았는지 정확한 기억이 사실 없었습니다.

이 사건에서는 위 피고인은 E가 우연히 보관하고 있던 'H' 관련 자료를 이용한 것이라는 취지로 주장하나 그 보관 경위에 대하여는 단순히 '기억이 없다'고만 할 뿐 합리적인 설명은 부족하다. 그러나 위 증언 내용에 의하면, 피고인 A은 이미 2010년 전부터 'H'과 관련해서 관심이 있었고(『2020고합218』 증거기록 5218면), 'H' 관련 자료를 누구로부터 취득하였는지에 대하여는 기억하지 못하지만 2010. 3.경 위 자료를 어떤 경위로든 취득한 사실 자체는 부인하지 않았다. 그렇다면 피고인 A은 2010. 3.경 본인 또는 자신의 직원을 통해 위 'H' 관련 자료를 취득하였다고 봄이 상당하다. 이후 피고인 A은 B, M에게 2010. 3. 16.경 『2020고합39』 범죄사실 제2항과 같은 내용의 메일을 보냈고, 해당 메일에 첨부된 파일은 신호정보를 수집하는 I체계의 능력을 보강하는 국군 J사령부의 비밀사업인 'H'의 운용개념, 임무시나리오, 작전요구성능 등이 포함되어 있는 'I체계 능력보강 사업 요청 자료(제출)'라는 문건으로 군사 Ⅲ급 비밀에 해당하는데, 위 메일을 보낼 때 해당 파일이 '극도의 비밀'이 요구되는 내용이라고 하면서 보안을 유지해달라고 요구한 사실로 미루어 보면, 위 피고인은 위 파일을 취득할 당시 기밀성이 유지되어야 하는 정보임을 분명히 인식했던 상태였다고 판단된다.
그렇다면 피고인 A의 위 'H' 관련 자료 취득은 단순히 물리적인 점유 취득의 의미를 넘어서, 회사 경영상의 목적으로 위 자료를 취득한 것이므로, 위 취득행위는 군사기밀 보호법 제11조에서 의미하는 '수집'에 해당한다.
한편 별건 군사재판에서 R은 피고인 A에게 'H' 관련 군사기밀을 누설하였다는 혐의에 관하여 무죄판결을 선고받아 그 판결이 확정되었는데, 판단의 근거로 피고인 A이 R에게 'H' 관련 비밀을 제공하였는지 정확히 기억나지 않았지만 수사기관의 집요하고 반복적인 질문으로 인해 허위로 진술한 것이라고 증언한 점, R이 위 군사기밀을 실제로 취급하였다는 사실을 인정할만한 증거가 없는 점, 피고인 A으로서는 실제 누설자를 보호하기 위해 다른 혐의로 조사를 받고 있던 R로부터 위 'H' 관련 군사기밀도 받은 것이라고 기억과 다른 진술을 하였을 가능성이 있는 점 등을 들었다(『2020고합39』 증거기록 4746 내지 4750면). 이와 같이 위 판결은 R이 피고인 A에게 'H' 관련 군사기밀을 누설하지는 않았다는 것으로, 피고인 A이 위 군사기밀을 수집했는지 여부에 대한 판단이 아니며, 오히려 위 피고인이 다른 사람으로부터 위 군사기밀을 지득했을 가능성을 열어두고 있다. 따라서 앞서 본 판단이 별건 군사재판 판결과 모순된다고 볼 수는 없다.

따라서 위 군사기밀을 탐지하거나 수집한 적이 없고 우연히 알게 되었거나 점유하였음을 전제로 한 위 피고인의 주장은 모두 이유없다.

Ⅱ. 수사·재판 진행 관련 실무상 쟁점

1. 군부대 압수·수색 시 절차규정 및 실무례

가. 법 규정

형사소송법과 군사법원법의 관련 규정은 문구만 일부 다를 뿐 내용은 사실상 동일하다. 따라서 이하에는 주로 형사소송법 제110조를 기준으로 설명한다.

형사소송법

제110조(군사상 비밀과 압수) ① 군사상 비밀을 요하는 장소는 그 책임자의 승낙 없이는 압수 또는 수색할 수 없다.

② 전항의 책임자는 국가의 중대한 이익을 해하는 경우를 제외하고는 승낙을 거부하지 못한다.

군사법원법

제150조(군사상 기밀과 압수·수색) ① 군사상 기밀이 요구되는 장소에는 그 장 또는 그를 대리하는 사람의 승낙없이는 압수하거나 수색할 수 없다.

② 제1항에 따른 책임자는 국가의 중대한 이익을 해치는 경우를 제외하고는 승낙을 거부하지 못한다.

나. 형사소송법 제110조의 의미[123)]

1) 규정의 취지

형사소송법 제110조는 군사상 비밀을 보호하기 위해 군사시설 책임자에게 압수·수색의 거부 권한을 부여하는 한편, 형사소송법상 실체 진실 발견이라는 이익 보호를 위해 압수·수색에 대한 승낙거부권의 한계를 설정해 균형을 꾀하고 있다. 범죄사실에 대한 실체적 진실 발견보다 국가의 중대한 이익을 해할 수 있는 군사상 비밀을 보호하기 위해 예외를 인정한 것이라거나, 국가 이익을 우선적으로 고려한 규정이라고 설명되기도 한다. 군사법원법 제150조 역시 이와 비슷하게 규정되어 있다.

이 규정은 형사소송법 제111조(공무상 비밀과 압수), 제112조(업무상 비밀과 압수) 규정과 함께 제106조를 근거로 하는 일반적 압수를 제한하는 규범으로 기능한다. 비례성 원칙은 압수로 밝히려는 범죄에 대한 실체적 진실과 비밀로서의 가치 사이의 균형성을 요구하며, 그와 같은 관점이 형사소송법 제110조~제112조의 세 가지 유형의 압수 제한 사유로 구현되었다고 볼 수 있다. 압수 제한에 관한 제110조~제112조는 제106조 제1항 단서(단, 법률에 다른 규정이 있는 때에는 예외로 한다)에 해당한다. 다만, 형사소송법 제111조, 제112조와 달리 군사상 비밀에 대해서는 압수뿐 아니라 수색도 제한된다.

형사소송법 제110조는 수사기관의 압수·수색(제219조)에 준용된다. 수소법원의 검증에 관해서도 준용된다(제145조).

2) 규정의 체계

군사상 비밀이 요구되는 장소에 대한 압수·수색을 제한하기 위해서는 규정의 체계상 결국 두 가지 요건이 필요하다. ① 군사상 비밀이 요구되는 장소이자, ② 그 장소에 대한 압수·수색이 곧 국가의 중대한 이익을 해하는 때에 해당하여야 한다.

본 규정은 군사상 비밀이 요구되는 장소에 대한 압수·수색이라 하더라도 무조건 국가의 중대한 이익을 해하는 경우라 판단하지 않는다. 다시 말해, 군사상 비밀이 요구되는 장소라면 통상 국가의 이익이 일정 부분 침해될 수 있으나, 또

123) 본 목차에 기재된 부분은 주석 형사소송법에 기재된 내용을 그대로 인용하였다.

다른 국가의 공적 기능으로서의 압수·수색을 제한할 정도로 중대한 국가의 이익을 해하는 경우가 아니라면 압수·수색이 가능하여야 한다는 취지이다.

<table>
<tr><td rowspan="2">군사상 비밀(기밀)이 요구되는 장소에 대한 압수·수색</td><td>국가의 중대한 이익을 해하는 경우인 때</td><td>• 압수·수색을 위해 책임자의 승낙이 필요하고, 책임자는 승낙 거부 가능
• 책임자의 승낙 거부 시 압수·수색 불가</td></tr>
<tr><td>국가의 중대한 이익을 해하는 경우가 아닌 때</td><td>• 압수·수색을 위해 책임자의 승낙이 필요하고, 책임자는 승낙 거부 불가
• 압수·수색 가능</td></tr>
</table>

3) 군사상 비밀을 요하는 장소

형사소송법 제110조가 '군사상 비밀'이라는 대상에 관한 제한 규정인지, '군사상 비밀을 요하는 장소'라는 장소적 제한 규정인지에 관해 의문이 있을 수 있다. 일반적인 입장에서는 압수·수색·검증의 '대상' 또는 '목적물'의 제한이라는 목차 아래에서 본 규정을 서술함으로써, 이를 '대상'에 대한 제한으로 해석하는 것으로 보인다.

하지만 이 규정은 '압수'만이 아니라 '장소'에 대한 강제수사 방법인 '수색' 및 '검증'까지도 제한하므로, 단순히 압수의 '대상'에 대한 제한으로만 볼 수는 없고, '장소'에 관한 제한까지 포함한다는 견해가 있다. 이와 비슷한 견지에서, 형사소송법 제110조의 '군사상 비밀을 요하는 장소'는 군사기지 또는 군사시설에 한정된다는 견해도 있다.

여기에서의 '군사상 비밀'은 '군사기밀'과 대체로 같은 의미로 해석하는 것이 타당하다. 군사기밀 보호법 제2조는 '군사기밀'에 대해 "일반인에게 알려지지 아니한 것으로서 그 내용이 누설되면 국가안전보장에 명백한 위험을 초래할 우려가 있는 군 관련 문서, 도화, 전자기록 등 특수매체기록 또는 물건으로서 군사기밀이라는 뜻이 표시 또는 고지되거나 보호에 필요한 조치가 이루어진 것과 그 내용"이라고 정의한다. 그리고 군사기밀은 국가안전보장에 미치는 영향의 정도에 따라 그 등급이 구분된다(군사기밀 보호법 제3조 및 동법 시행령 제5조 제2항, 제3항).

어느 군사기밀에 대하여, 군사기밀의 지정이 적법절차에 의하여 해제되거나 국방부장관에 의하여 국민에게 공개되지 않았으며 그 내용이 누설될 경우 국가안전보장에 명백한 위험을 초래할 우려가 있는 한, 군사기밀로서의 성질을 그대로 가진다.

4) 책임자의 승낙(제1항)

군사상 비밀을 요하는 장소를 통제하는 책임자의 승낙이 있어야 압수·수색이 가능하다. 그와 같은 책임자의 승낙은 영장을 발부받기 위한 조건이 아니라, 영장을 집행하기 위한 조건이라고[124] 봄이 일반적 견해이다.

다만 영장 발부 전에 이미 불승낙의 의사가 명백해진 때에는 압수·수색영장을 발부할 수 없다고 봄이 일반적 견해이기도 하다. 만약 책임자의 승낙 없이 압수·수색한 경우라면, 그와 같은 압수·수색으로 수집된 증거의 증거능력이 문제될 수 있다.

5) 국가의 중대한 이익(제2항)

형사소송법 제110조 제2항은 책임자가 일방적으로 그 승낙을 거부하지 못하도록 압수·수색이 '국가의 중대한 이익'을 해하는 경우로 한정하고 있다. 거부권이 남용될 경우에 사법정의의 실현을 방해하여 실질적 법치주의의 구현에 장애가 될 가능성이 높아지므로, 입법취지에 맞게 제한적으로 해석해야 할 필요성이 매우 크다는 점을 고려하여, 거부권의 적용범위의 한계를 규정한 것이 제110조 제2항이다.

그 승낙권자는 군사상 비밀을 요하는 장소의 책임자로 해석된다. 승낙을 거부한 경우 거부권을 행사한 책임자는 그 거부 사유에 대한 주장·증명책임을 부담하고, 거부권 행사 요건의 충족 여부는 1차적으로 영장의 집행기관이, 최종적으로 법원이 이를 심사할 수 있다는 견해가 있다.

다만 영장의 집행 단계에서 책임자 등이 중대한 국익을 해하는 때에 해당한다는 이유로 승낙을 거부하는 경우, 달리 승낙을 강제할 방법은 마땅치 않다. 이 때문에 사견으로는, 군사상 비밀을 보호에 따른 압수의 제한 자체는 불가피하다고 하더라도, '수색'은 그 제한 범위에서 제외한다든가, '국가의 중대한 이익'에 해당한다는 이유를 들어 책임자가 그 승낙을 거부한 경우 그 거부를 일종의 처

124) 원문에는 '조건라고'라고 기재되어 있으나 오타임이 명백해 보여 위와 같이 기재함.

분 등으로 보아 영장의 집행기관 등이 법원에 거부처분의 취소를 구하거나 책임자를 상대로 승낙의 의사를 표시하라는 쟁송을 법원에 제기할 수 있게 하는 등의 입법적 보완이 필요하다고 본다.

다. 저자 의견 – 주석서 내용에 대한 반론

1) 형사소송법 제110조가 "대상"에 대한 제한규정인지 "장소"에 대한 제한규정인지에 대하여

형사소송법 제110조가 대상에 대한 제한규정이라는 점에 대해서는 이론의 여지가 없는 듯하다. 하지만 아래와 같은 이유로 형사소송법 제110조는 '대상'과 '장소' 모두에 대한 제한규정이라 보는 것이 타당하다.

실무상 압수·수색을 하다보면, 압수·수색 장소가 군사상 비밀을 요하는 곳이고, 압수·수색 대상 또한 군사기밀인 경우(군사기밀 누설 또는 탐지·수집 혐의로 군 부대에 근무하는 군인을 대상을 압수·수색하는 경우)도 있지만, 그렇지 않은 경우(군사기밀 탐지·수집 혐의로 민간인 집을 압수·수색하는 경우, 군사기밀 보호법과 무관한 범죄혐의로 군 부대에 근무하는 군인을 대상으로 압수·수색하는 경우)도 빈번하다.

군사상 비밀을 요하는 장소는 일반적으로 군부대, 국방부, 방위사업청, 대통령실 등을 생각할 수 있다. 비록 그곳에서 압수할 물건이 군과 무관한 것이라 하더라도 그 장소들은 일반인의 출입이 엄격하게 통제되는 곳이고, 그 장소의 위치가 어디인지, 그 장소 내 어떤 건물이 어디에 배치되어 있는지, 어떤 사무실에 누가, 몇 명이, 어떤 방식으로 근무하는지 뿐만 아니라 그 장소에 비치된 압수할 물건과 무관한 물건, 게시물 등에 대한 보안이 요구되는 경우가 많아 그 장소 자체에 대한 보호 역시 필요하다. 따라서 형사소송법 제110조는 장소적 제한에 대한 규정이자 대상에 대한 제한규정으로서의 성격을 모두 가진다고 보아야 한다.

2) 영장 발부 전 이미 책임자의 승낙 거부 의사가 명백해진 경우 압수·수색영장을 발부할 수 없는 것인지에 대하여

압수·수색영장 발부 전에 이미 책임자의 승낙 거부 의사가 명백하다 하더라도 그것이 압수·수색영장 발부 제한사유가 된다고 보는 것은 타당하지 않다. (군사)법원은 (군)검사가 청구한 영장의 발부여부만 판단하면 될 뿐 영장 발부 이후 영장의 집행은 (군)검사의 지휘 영역이므로 영장발부 단계에서부터 법원이 영장집행가부를 고려할 필요는 없다.

실제로 국민적 관심을 받는 수사를 진행하다 보면 언론에서 수사기관이 특정 장소에 대한 압수·수색을 검토하고 있다는 보도를 하고, 이에 특정 장소의 관리자 등이 압수·수색영장의 집행을 승낙하지 않을 것이라는 언론 브리핑, 보도자료 배포와 같은 행위를 하는 경우가 있다. 하지만 그런 경우에도 (군)수사기관은 압수·수색의 사유와 필요성이 있으면 당연히 압수·수색영장을 청구해야 한다. 집행단계에서도 (군)수사기관은 압수·수색영장을 소지하고 있다는 이유로 집행의 정당성·적법성을 주장할 수 있고, 피압수기관도 그와 같은 정당성·적법성을 존중하여 임의제출 방식으로 압수목적물을 제공하기도 한다. 그러므로 비록 책임자의 승낙 거부 의사가 명확하다 하더라도 그것이 반드시 압수·수색영장 발부 제한사유가 된다고 볼 수는 없다.[125]

3) 책임자가 승낙을 거부하는 경우 방법론

비록 책임자가 중대한 국익을 해하는 때에 해당한다는 이유로 승낙을 거부한다 하더라도 압수·수색영장 집행을 지휘하는 것은 (군)검사라는 점에서 압수가부·여부에 대한 1차적인 판단권자는 (군)검사라고 보아야 한다. 즉, 중대한 국익을 해하는지 여부에 대한 1차적인 판단권은 (군)검사에게 있으므로 (군)검사의 합리적인 판단[126]에 압수할 필요성이 있다고 인정되는 경우 책임자의 승낙 거부에도 불구하고 대상물을 압수·수색할 수 있게 하되, 책임자나 피압수자 등은 준항고를 제기하여 이를 다툴 수 있게 하고, 최종적으로는 법원이 압수·수색영장 집행의 위법 여부를 판단토록 하는 것이 타당하다고 생각한다.

또한 책임자가 승낙을 거부한 경우 거부를 일종의 처분으로 보아 영장의 집행기관 등이 법원에 거부처분의 취소를 구하거나 책임자를 상대로 승낙의 의사를 표시하라는 쟁송을 법원에 제기할 수 있게 하는 방법은 압수·수색영장 집행

---

125) 저자도 정부부처에 근무하는 피압수자에 대한 압수·수색영장 집행 시 압수할 물건이 해당 부서의 업무와 무관한 것이었음에도 부서장이 영장 집행 승낙을 거부하여 부서장과 협의 끝에 "피압수자의 동의하에 수사기관이 수색하고 그 과정에서 압수할 물건이 발견될 경우 임의제출 받되, 집행 간 피압수자가 증거인멸 등을 시도할 경우 즉시 압수·수색영장 집행" 방식으로 목적을 달성한 적 있다.

126) 합리성 판단의 시점은 압수·수색영장 집행 당시를 기준으로 해야하고, 영장 집행 이후 밝혀진 사정은 별도로 고려해서는 안될 것이다.

의 취지를 고려할 때 실효성이 매우 떨어진다. 우선, 책임자의 의사표시를 일종의 처분으로 볼 수 있는지 의문이고, 처분이라 하더라도, 집행에 착수했던 당해 압수·수색은 어떻게 할 것인지, 이를 압수·수색영장의 집행 중지(형사소송법 제127조, 군사법원법 제168조)로 볼 경우 압수·수색 현장은 쟁송이 끝날 때까지 어떤 식으로 관리되어야 할 것인지에 대한 문제가 추가로 발생[127]하게 된다.

4) 군부대 압수·수색 실무례

압수·수색을 위해 해당 부대에 방문할 경우 초병들이 경계근무를 서고 있는 위병소에서 신분증을 교환하고 부대에 들어가면 된다. 위병소에서는 보통 출입장소를 묻는데, 출입목적을 묻는 경우는 거의 없다(만약 묻는다면 수사보안 유지를 위해 '업무토의'와 같은 말로 대응하면 족하다). 위병소 근무자들은 피압수자가 아니고 압수할 장소의 책임자도 아니므로 별도로 영장을 제시할 필요는 없다.

위병소 통과 이후 팀을 나누어 한 개팀은 부대장을 만나고, 다른 팀은 압수·수색할 장소에서 집행에 착수할 준비를 하게 된다. 부대장은 해당 부대에서 가장 높은 사람을 의미하나 휴가 등으로 부재일 경우 부지휘관 등 차순위 상급자를 만나도 무방하다.[128] 부대장에게는 형사소송법 제123조 제1항 또는 군사법원법 제164조 제1항에 따라 압수·수색영장 집행에 참여할 것을 통지하고, 그로부터 형사소송법 제110조 제1항 또는 군사법원법 제150조 제1항에 따른 승낙을 받으면 된다. 부대장의 승낙의사와 집행 참여의사를 확인하면 다른 팀에 압수·수색영장 집행개시를 통보하면 된다(실무상 부대장은 대부분 집행현장에 참여하지 않는다).

부대장 접견 시 부대장이 해당 부대 법무참모 동석을 요구하는 경우가 있다. 해당 부대 법무참모는 압수·수색영장 집행의 승낙권자나 참여권자가 아니고, 피압수자의 변호인으로 선임되지도 않았으므로 요구를 거절하는 것이 타당하다. 또한 압수·수색 집행현장에 해당 부대 법무참모부원들이 참여하는 경우가 있다. 전술한대로 법무참모부원들은 압수·수색영장 집행에 참여할 수 있는 권한이 없

---

127) 통상적인 압수·수색영장의 집행중지의 경우에는 그 장소를 폐쇄하거나 감시인을 두는 방법으로 관리하면 되지만 쟁송이 계속 진행 중인 경우라면 이와 같은 방식은 집행기관과 피집행기관 모두에게 부담이다.

128) 실무상 부대장에 대한 예우 차원에서 군검사가 부대장을 만나는 것이 일반적이나, 신속하게 압수현장을 장악할 필요가 있다는 등의 사정이 있는 경우, 반드시 군검사가 부대장을 만날 필요는 없다.

으므로 그와 같은 점을 고지하고, 불응하면 형사소송법 제120조 제1항 또는 군사법원법 제161조 제1항에 따라 퇴거를 명하면 된다. 하지만 실무상 법무참모 등이 피압수자의 지나친 저항 등을 자제시키고 심리적 안정을 유도하는 데에 도움이 되는 경우도 있을 수 있으므로 수사비밀에 관한 우려가 크지 않다면, 참여를 허용하는 것도 고려할만 하다.

5) 입법론

가) 형사소송법 제110조와 군사법원법 제150조

형사소송법 제110조와 군사법원법 제150조는 사실상 같은 내용임에도 불구하고 형사소송법에는 '군사상 비밀'이라고, 군사법원법에는 '군사상 기밀'이라고 각각 규정되어 있다. 두 조항을 달리 규정할 이유가 없으므로 용어를 통일하는 것이 바람직하다.

저자 의견으로, 판례는 군사기밀 보호법 제2조에 정의된 "군사기밀"과 군형법 제80조에 규정된 "군사상 기밀"을 엄격하게 구분하고 있는 점, 군사기밀 보호법은 군사기밀의 종류를 군사Ⅰ~Ⅲ급으로 나누면서 "비밀"이라는 용어를 사용하고 있는 점을 각각 고려하면 "군사상 비밀"이 "군사기밀"과 "군사상 기밀"을 모두 아우를 수 있는 용어로 보인다.

나) 군형법 제80조

군형법 제80조의 제목은 "군사기밀 누설"임에 반해 조문 내용은 군사상 기밀을 누설한 행위를 벌하는 것이다. 앞서 살펴본 대로 "군사기밀"과 "군사상 기밀"은 구별되는 개념이므로 조문 제목을 "군사상 기밀 누설"로 수정할 필요가 있다.

2. 군사기밀성 입증 방법

군사기밀 보호법 위반 사건을 처리할 때 중요한 전제조건은 범죄행위의 객체가 군사기밀인지 여부이다. 군사기밀성이 전제되지 않는다면 군사기밀 보호법 위반죄가 성립될 수 없기 때문이다.

종전에는 (군)수사기관이 해당 군사기밀을 생산한 부서에 찾아가 비밀을 생산한 담당자 또는 부서장으로 하여금 비밀여부확인서를 작성하게 하는 경우가 많았다. 다만, 이후 공판과정에서 증인으로 출석한 비밀여부확인서 작성자들이 진술서에 대한 진정성립 인정 과정에서 “사실은 군사법경찰관이 불러주는 대로 작성하였다” 또는 “대부분 문구들이 이미 부동문자로 인쇄되어 있었다”는 취지로 증언하여 비밀여부확인서의 증거능력이나 증명력이 문제되었던 바, 군사기밀성 입증 방법을 개선할 필요성이 대두되었다.

이에 요즘은 진술서를 처음부터 끝까지 자필로 작성하게 하거나 진술조서를 작성하고 조서 말미에 비밀관리기록부 사본을 편철하는 방식으로 군사기밀성을 입증하는 추세이고, 그것이 바람직한 방향이라 생각한다.

3. 수사단계에서 군사기밀의 취급 방법

가. 국방보안업무훈령 상 수사비밀 관련 내용

국방보안업무훈령 제50조 제2항은 비밀의 보호기간에 관하여 규정하고 있다. 단서 조항에서 “수사비밀은 보호기간을 ‘수사종결 후’로 설정할 수 있다”라고 정하고 있다.

수사비밀이 무엇을 의미하는지 정의규정은 없으나 규정의 취지상 “수사목적을 위해 보관하게 된 비밀”이라 보아야 한다. 구체적으로 ① 군 수사기관이 해당 비밀의 소관부서로부터 임의제출 받거나 영장 등을 통해 압수하여 증거로 사용하기 위해 보관하고 있는 비밀, ② 다른 수사기관으로부터 송치 받아 보관하고 있는 비밀 등이 여기에 해당될 것이다.

위 규정에 따르면, 수사단계가 종결된 후, 즉 군검사가 기소하거나 불기소의 결정을 한 경우, 해당 군사기밀의 보호기간은 종료된다. 국방보안업무훈령 제53조 제3항에 따르면, 보호기간이 종료되는 경우, 해당 군사기밀은 즉시 파기함이 원칙이다.[129] 수사목적에 한정하여 군사기밀의 사본을 만들어내었기 때문에 기소 또는 불기소 결정으로 인해 수사목적이 종료되면, 그 사본의 보호기간도 종료되어야 한다는 것이 규정의 취지라 보인다. 군사기밀에 대한 보호 및 관리를 철저히 하기 위한 것이다.

나. 실무상 문제점 – 국방보안업무훈령의 개정 필요성

형사사건의 수사는 해당 사건을 기소·불기소 처분을 하기 위한 전 단계를

---

129) 서울중앙지방법원 2024. 1. 17. 선고 2022노1667 판결을 인용하였다.

말한다. 따라서 형사사건이 기소·불기소되는 때에 수사단계는 종결되었다는 것으로 볼 수 있고, 이때 수사기록으로서의 군사기밀은 보호기간이 만료된 것으로 보아 폐기되어야 한다. 하지만 다음과 같은 이유로 기소·불기소의 경우 모두 기록으로서의 군사기밀은 폐기되지 않아야 한다.

우선 기소된 경우, 재판이 계속되므로 증거기록으로서 군사기밀은 공소 유지에 필요하다. 1심이 선고되더라도 항소 및 상고가 있을 수 있으므로 재판 확정시까지는 보호기간의 종료에 따른 조치를 해서는 아니 된다. 재판이 확정된 사건기록도 보존기간 동안은 폐기하지 않고 보존하여야 한다. 통상 확정기록의 보존기간은 형의 시효가 완성될 때까지이며, 사형 등 중형이 선고된 사건기록과 국내외적으로 중대한 사건 기록은 영구보존하기도 한다. 불기소처분하는 경우 역시 기록 보존기간은 공소시효가 완성될 때까지이다. 국방보안업무훈령이 형사절차에 관한 현행 법체계와 맞지 않는 지점이라 할 수 있다.

게다가 군 수사기관이 아닌 일반 수사기관이 군사기밀 보호법 위반 사건에 대한 수사권을 가지는 경우가 있다. 군인 등 군사법원에 신분적 재판권이 없는 일반 국민에 대해서는 군사법원법 제3조 제2항에 따라 군사기밀 보호법 제13조에 대해서만 군 수사기관이 수사권을 갖는다. 따라서 일반 검찰이나 법원이 군사기밀이 포함된 기록을 보관하고 있을 경우도 있을 수 있다. 이 경우 국방부 내에서만 적용되는 국방부 훈령인 국방보안업무훈령은 적용되지 않는다. 군사기밀을 철저히 보호 및 관리하기 위해 수사종결 후 보호기간이 종결된다는 국방보안업무훈령의 규정 취지도 구현되지 못한다. 국방보안업무훈령을 군검찰 보존사무규칙 등과 모순되지 않도록 개정할 필요가 있다.

4. 군사기밀을 탐지·수집한 사람 간 기능적 행위지배를 부인하는 경우 참조 사례

방위산업 관련 군사기밀보호법위반 사건들의 경우, 수인의 피의자들이 공모하여 군사기밀을 누설하는 경우보다는 공모하여 군사기밀을 탐지·수집하는 경우가 흔하다. 이를테면, 방산업체 관계자들이 포섭할 군 관계자들은 부서별로 정하고 그들과 출신이 같거나 근무연이 있는 사람들을 매칭하여 지속적으로 접근·연락하며 친밀감과 유대감을 형성한 후 군사기밀을 탐지·수집하는 방식이다. 실제 저자가 방산업체를 압수·수색할 때마다 그곳에서 군 관계자들을 부서별('국방부, 각 군 본부, 합참'과 같은 방식)·등급별(S등급부터 C등급까지)로 구분하고 안부 연락 빈도, 배우자 생일, 자녀 학년, 명절 때 선물 가액, 진급일자 등을 정리해 둔 파일과 '수사대응자료' 제목의 파일을 발견했을 정도로 탐지·수집행위 및 수사대응 행위는 치밀하고 조직적으로 이뤄진다. 즉, 수사기관으로서는 이와 같은 점을 인식하여 피의자 간 공동가공의사에 기한 기능적 행위지배가 있다는 점을 효과적이고 치밀하게 입증하는 것이 중요하다.

법원은 군인으로 복무하다 전역 후 같은 방위산업체에서 각 이사 및 전무로 근무하게 된 두 피고인들에 대해, 군에 납품하기 위하여 인맥 등 피고인들이 활용할 수 있는 모든 경로를 통하여 위 사업의 추진 경과에 관한 군사기밀을 포함한 각종 정보를 수집하고 수집한 정보는 서로 공유하기로 하고, 현역 군인으로부터 군사기밀을 탐지·수집 후 공유한 사건에서 군사기밀 탐지·수집의 공동정범을 인정한 바 있다.

대전지방법원 2011. 4. 28. 선고 2010고합467 판결

형법 제30조의 공동정범은 공동가공의 의사와 그 공동의사에 기한 기능적 행위지배를 통한 범죄 실행이라는 주관적·객관적 요건을 충족함으로써 성립하는바, 공모자 중 구성요건 행위 일부를 직접 분담하여 실행하지 않은 자라도 경우에 따라 이른바 공모공동정범으로서의 죄책을 질 수도 있는 것이기는 하나, 이를 위해서는 전체 범죄에 있어서 그가 차지하는 지위, 역할이나 범죄경과에 대한 지배 내지 장악력 등을 종합해 볼 때, 단순한 공모자에 그치는 것이 아니라 범죄에 대한 본질적 기여를 통한 기능적 행위지배가 존재하는 것으로 인정되는 경우여야 한다. 또한, 2인 이상이 공모하여 범죄에 공동 가공하는 공범관계에 있어서 공모는 법률상 어떤 정형을 요구하는 것이 아니고 범죄를 실현하려는 의사의 결합만 있으면 되는 것으로서, 비록 전체의 모의 과정이 없었다고 하더라도 수인 사이에 순차적으로 또는 암묵적으로 상통하여 그 의사의 결합이 이루어지면 공모관계가 성립하고, 범죄의 수단과 태양, 가담하는 인원과 그 성향, 범행 시간과 장소의 특성, 범행과정에서 타인과의 접촉 가능성과 예상되는 반응 등 제반 상황에 비추어, 공모자들이 그 공모한 범행을 수행하거나 목적 달성을 위해 나아가는 도중에 부수적인 다른 범죄가 파생되리라고 예상하거나 충분히 예상할 수 있는데도 그러한 가능성을 외면한 채 이를 방지하기에 족한 합리적인 조치를 취하지 아니하고 공모한 범행에 나아갔다가 결국 그와 같이 예상되던 범행들이 발생하였다면, 비록 그 파생적인 범행 하나하나에 대하여 개별적인 의사의 연락이 없었다 하더라도 당초의 공모자들 사이에 그 범행 전부에 대하여 암묵적인 공모는 물론 그에 대한 기능적 행위지배가 존재한다고 보아야 할 것이다(대법원 2008. 7. 24. 선고 2008도3474 판결 등 참조). 그리고 피고인이 공모의 점과 함께 범의를 부인하는 경우에는 이러한 주관적 요소로 되는 사실은 사물의 성질상 범의와 상당한 관련성이 있는 간접사실 또는 정황사실을 증명하는 방법에 의하여 이를 입증할 수밖에 없다(대법원 2009. 2. 12. 선고 2008도6551 판결 참조). ＜＜중략＞＞

그 인정사실 및 판시 범죄사실에 의하여 인정되는 다음과 같은 사정 즉, ① 피고인 △△△은 2009. 1. 말경 피고인 □□□뿐만 아니라 피고인 OOO에게도 군에서 검토하고 있는 TICN 사업 차량용 발전기의 명칭이 '차량용 전원발생장치'인지 여부 등을 파악해 달라고 요청한 점(증거기록 1980쪽), ② 피고인들은 TICN 사업 관련 자료가 대부분 군사기밀로 지정되어 관리되고 있다는 사실을 잘 알고 있었던 것으로 보이는 점, ③ 피고인들은 모두 장교 내지 부사관으로 군복무를 하여 군사기밀의 중요성 및 그 취급 방법 등을 잘 알고 있으리라고 보이는 점, ④ 비록 피고인 OOO이 정기적으로 ◆◆전기 연구소 등에 출근한 것은 아니나, 피고인 OOO은 ◆◆전기의 임·직원이 아닌 ◆◆전기와 용역계약을 체결한 당사자일 뿐이며, 피고인 OOO이 담당하고 있는 자문 및 영업 업무의 성격상 정기적으로 사무실에 출근할 필요는 없고 오히려 사무실 밖에서 업무를 수행하는 것이 자연스럽고, 비록 사무실에 출근하지는 않았으나 전화나 이메일 등을 통하여 피고인 □□□, △△△과 평소 자주 업무 관련 연락을 주고받은 점, ⑤ 비록 판시 범죄사실상 피고인들이 회의를 한 시기로부터 상당한 기간이 경과한 후에 비로소 실제로 군사기밀 탐지·수집이 이루어진 것이긴 하나, TICN 사업은 그 준비기간만 약 9년이 소요되는 장기적인 사업이므로 군사기밀 탐지·수집을 계획한 시점과 실제 군사기밀 탐지·수집이 이루어진 시점 사이에는 어느 정도 간격이 있을 수밖에 없는 점 등을 더하여 보면, 피고인 OOO이 피고인 □□□, △△△과 군사기밀을 탐지 수집하기로 공모하고, 비록 직접 탐지 수집하지는 않았다 하더라도 판시 범행들에 대하여 본질적 기여를 통한 기능적 행위지배를 한 것으로 인정되므로, 위 주장은 받아들일 수 없다.

서울서부지방법원 2017. 11. 23. 선고 2017노1079 판결

형법 제30조의 공동정범은 2인 이상이 공동하여 죄를 범하는 것으로서, 공동정범이 성립하기 위해서는 주관적 요건으로서 공동가공의 의사와 객관적 요건으로서 공동의사에 기한 기능적 행위 지배를 통한 범죄의 실행사실이 필요하고, 공동가공의 의사는 타인의 범행을 인식하면서도 이를 제지하지 아니하고 용인하는 것만으로는 부족하고 공동의 의사로 특정한 범죄행위를 하기 위하여 일체가 되어 서로 다른 사람의 행위를 이용하여 자기의 의사를 실행에 옮기는 것을 내용으로 하는 것이어야 한다(대법원 2000. 4. 7. 선고 2000도576 판결 등 참조). 나아가 공동정범의 본질은 분업적 역할분담에 의한 기능적 행위지배에 있다고 할 것이므로 공동정범은 공동의사에 의한 기능적 행위지배가 있음에 반하여 종범은 그 행위지배가 없는 점에서 양자가 구별된다(대법원 2013. 1. 10. 선고 2012도12732 판결 등 참조).

살피건대, 원심이 적법하게 채택하여 조사한 증거들에 의하여 인정되는 다음과 같은 사정, 즉, ① 피고인 A는 방위사업청으로부터 (주)I가 수주받은 'J' 연구용역(이하 '이 사건 연구용역'이라 한다)의 기획총괄을, 피고인 B은 이 사건 연구용역 중 WBS(구성체계), 국내기술 수준 분석, 해외위성현황 부분을 각 담당하여 위 연구용역을 함께 수행하고 있었던 점, ② 피고인 B은 2016. 8. 25. 방위사업청 사무실에서 J에 관한 실무회의에 참석하여 방위사업청 담당자 R에게 구두로 'P 분석평가 및 선행연구(군사III급비밀, 이하 '이 사건 선행연구'라 한다)' 열람을 신청하였는데, 피고인 B 또한 위 실무회의에 함께 참석하였고, 이 사건 선행연구의 열람신청사실도 알고 있었던 점, ③ 피고인 B은 2016. 9. 2. 피고인 A가 (주)I 사무실에서 볼펜형 캠코더로 촬영연습을 하는데 동참하여 위 캠코더를 작동시켜 보았고, 당시 위 회사 대표 O은 피고인 B에게 "방사청 팀장까지 하신 분이 하지말라고 해야 되지 않나요"라고 말하여 피고인들의 비밀촬영행위를 예측하고 만류하기도 한 점, ④ 피고인 B은 방위사업청에 촬영기구의 반입 자체가 허용되지 아니하는 점을 잘 알고 있었음에도 2016. 9. 5. 볼펜형 캠코더를 가지고 가서 피고인 A에게 몰래 건네주었고, 피고인 A가 위 캠코더로 이 사건 선행연구 책자를 촬영하는 것을 책자 페이지를 잡아 고정시키거나 R의 동태를 알려주는 등으로 도운 점 등에 비추어 보면, 피고인 B은 피고인 A와 사이에 암묵적으로라도 이 사건 범행에 대한 의사의 결합이 있었다고 보이고, 피고인 A가 몰래 이 사건 선행연구 책자를 촬영하는 것을 적극적으로 도와 위 범행에 본질적으로 기여하였다고 봄이 상당하므로 피고인 B의 위와 같은 행위를 단순한 방조행위로 볼 수는 없다고 할 것이다. 따라서 피고인 B의 사실오인 및 법리오해 주장은 이유 없다.

5. 압수·수색 관련 쟁점

가. 일반론

군사기밀 보호법 위반 사건은 범죄의 특성상 조직적이고 은밀하게 이루어진다. 게다가 법정형이 상당히 높고, 군인 및 군무원 등의 경우 신분 상실 및 연금 박탈에 대한 두려움이 크다. 민간인인 경우 방위산업체로서 부정당 제재로 인한 입찰참가자격제한 등 재산상 손실 우려와 기업 이미지 실추 등의 우려가 있다.

강제수사를 통해 증거를 수집하지 않는 이상, 피의자들의 자발적이고 임의적인 수사협조를 기대하기 어려운 경우가 많다. 대부분의 군사기밀 보호법 위반 사건에 있어 압수·수색 절차는 필요적이라 할 수 있다. 이에 대부분 피의자들은 (군)수사기관의 압수·수색이 위법하다는 취지(이를테면, 참여권 미보장, 압수목록 미교부 또는 지연교부, 객관적·인적 관련성을 벗어난 압수·수색, 압수절차 종료 후 무관 정보 미폐기 등)로 준항고를 제기하거나 공판에서 그와 같은 증거 의견을 제시한다. 따라서 모든 사건에서 그렇지만 군사기밀 보호법 위반 사건에서 압수·수색의 절차를 엄격히 준수하는 것이 중요하다.

나. 군 수사기관이 군사법원의 압수·수색 영장으로 일반인에 대해 영장을 집행하는 경우

군인 및 군무원 등 군사법원이 신분적 재판권을 가지는 사람을 피의자로 하는 사건에서 관련자가 일반인인 경우가 흔히 있다. 이 경우, 피의자 및 관련자에 대한 압수·수색 영장을 발부받아 집행을 하게 된다. 일반인에 대해 군사법원의 영장에 의해 군 수사기관이 압수·수색을 할 권한이 있는지에 대해 의문이 갖는 경우가 있으나 법률상 가능하다.

다만, 관련자가 피의자로 전환되는 경우가 있다. 군 수사기관이 관련자를 피의자로 입건한 후 관할이 있는 일반 수사기관에 사건을 송치할 수도 있고, 관할 수사기관에 피의사실을 인지하였음을 통보하고 추후 수사기록을 공유한다.

이때 이송 전까지의 수사 행위 등 소송행위는 유효할까? 어렴풋이 위법이 아닐 것이라는 생각이 들지만, 유효하다는 법률상 근거가 있다. 군사법원법 제286조는 "군검사는 사건에 대한 재판권이 군사법원에 있지 아니할 때에는 사건을 서류·증거물과 함께 재판권을 가진 관할 법원에 대응하는 검찰청의 검사, 고

위공직자범죄수사처의 수사처 검사, 경찰청 또는 해양경찰청의 사법경찰관에게 송치하여야 한다. 이 경우 송치 전에 한 소송행위의 효력은 송치 후에도 영향이 없다"라고 규정하고 있다. 참고로 군사법원에서 계속 중인 사건의 피의자가 전역·퇴역 등으로 군사법원에 재판권이 없어지게 된 경우에 관해서도 군사법원법 제2조 2문에 "이 경우 이송 전에 한 소송행위는 이송 후에도 그 효력에 영향이 없다"라고 규정되어 있다.

참고로, 반대의 경우도 있을 수 있다. 일반 법원 또는 일반 수사기관에서 재판 또는 수사가 진행 중에 피고인 또는 피의자가 군에 입대하게 되어 재판권을 가지지 않게 된 경우를 말한다. 형사소송법 제16조의2(사건의 군사법원 이송) 및 제256조의2(군검사에의 사건송치)에 그 법률상 근거가 마련되어 있다.

다. 관련 판례

[판례] 공소외인을 피의자로, 피고인을 피압수자로 하여 발부된 제1영장(공소외인의 피고인에 대한 군사기밀 누설 혐의)을 근거로 피고인에 대한 압수·수색영장을 집행하는 과정에서 압수한 압수물의 증거능력(인정, 객관적 관련성 인정) 및 이후 피고인을 피의자로 하여 발부된 제2영장(피고인의 비밀취급인가 해제 후 군사기밀 점유 혐의)을 근거로 피고인에 대한 압수·수색영장을 집행하는 과정에서 압수한 압수물의 증거능력(인정)

대법원 2025. 2. 27. 선고 2021도8284 판결

상고이유를 판단한다.

1. 이 사건 공소사실의 요지

피고인은 2014. 2.경부터 2016. 1.경까지 국방전비태세검열단 검열관으로 근무하면서 군사기밀 취급 인가를 받아 업무상 국방부, 국방전비태세검열단 등에서 생산 또는 취득한 군사기밀을 취급하였다.

피고인은 국방전비태세검열단 검열관 업무를 마친 2016. 1.경부터 같은 해 12.경까지 ○○○사단 부사단장으로 근무하다가 같은 해 12. 31.경 전역하여 군사기밀 취급 인가가 해제되었음에도 불구하고, 국방전비태세검열단 검열관으로 근무할 당시 생산 또는 취득하여 취급한 각 군사 2급비밀인 '△△△ 작전현황(지도)', '△△△ 작전현황(지도)', 각 군사 3급비밀인 '□□□운용(별1-1-1)', '□□□운용(별2-1-1)' 문건(이하 '이 사건 각 문건'이라 한다)을 개인 물품에 포함하여 가지고 나오는 방법으로 외부로 유출하여 2017. 1.경부터 2018. 7. 23.경까지 경기 ◇◇군에 있는 피고인의 주거지에 보관하였다. 이로써 업무상 군사기밀을 취급하였던 피고인은 그 취급 인가가 해제된 이후에도 군사기밀을 점유하였다.

2. 원심의 판단

원심은 다음과 같은 이유로 이 사건 공소사실에 대하여 범죄의 증명이 없다고 보아 무죄로 판단한 제1심판결을 유지하였다.

가. ☆☆☆군단 보통군사법원 군판사가 2018. 7. 20. 발부한 압수·수색·검증영장(이하 '제1영장'이라 한다)에 기재된 혐의사실은 공소외인이 피고인에게 ▽▽사단 부대 개편 및 이전계획을 누설하였다는 것이다.

나. ◎◎◎사단 보통검찰부 군검찰수사관(이하 '군검찰수사관'이라 한다)이 제1영장 집행 과정에서 압수(이하 '1차 압수'라 한다)한 이 사건 각 문건은 제1영장 기재 혐의사실과 무관하게 생성 및 취득된 것이고, 제1영장 기재 혐의사실에 대한 간접증거나 정황증거도 아니므로, 제1영장의 발부 사유가 된 범죄 혐의사실과는 무관하다. 따라서 이 사건 각 문건은 피고인의 이 사건 군사기밀보호법 위반죄에 대한 유죄의 증거로 사용될 수 없다.

다. 이 사건 각 문건에 관하여 법원으로부터 새로 압수·수색·검증영장을 발부받았다고 하더라도 1차 압수의 위법성이 치유될 수 없으므로 이 사건 각 문건은 위법수집증거로서 증거능력이 인정될 수 없고, 검사가 공소사실의 증명을 위해 제출한 나머지 증거들은 모두 이 사건 각 문건을 통해 취득된 2차 증거로서 역시 증거로 사용될 수 없다.

3. 대법원의 판단

그러나 원심의 판단은 다음과 같은 이유에서 수긍하기 어렵다.

가. 구 군사법원법(2020. 6. 9. 법률 제17367호로 개정되기 전의 것, 이하 '구 군사법원법'이라 한다) 제254조 제1항은 "군검사는 범죄수사에 필요할 때에는 군검사의 청구로 관할 보통군사법원 군판사가 발부한 영장에 따라 압수·수색 또는 검증을 할 수 있다."라고 규정하고 있다. 그런데 구 군사법원법 제258조에 따라 군검사의 수사상 압수·수색에 준용되는 군사법원법 제146조 제1항 및 제149조 제1항은, 군사법원은 필요한 때에는 피고사건과 관계가 있다고 인정할 수 있는 것에 한정하여 증거물 또는 몰수될 것으로 생각되는 물건을 압수하거나(제146조 제1항), 피고인의 신체, 물건 또는 주거나 그 밖의 장소를 수색할 수 있다(제149조 제1항)고 규정하고 있으므로, 구 군사법원법이 적용되는 군검사의 수사상 압수·수색 또한 관련성의 제한을 받는다.

군사법원법 제146조 제1항, 제149조 제1항이 규정하고 있는 '사건과 관계가 있다'는 것은 압수·수색영장에 기재한 혐의사실과 관련되고 이를 증명할 수 있는 최소한의 가치가 있는 것으로서 압수·수색영장의 혐의사실과 객관적, 인적 관련성이 인정되는 것을 말한다. 혐의사실과의 객관적 관련성은 압수·수색영장에 기재된 혐의사실 자체 또는 그와 기본적 사실관계가 동일한 범행과 직접 관련되어 있는 경우를 의미하지만, 범행 동기와 경위, 범행 수단과 방법, 범행 시간과 장소 등을 증명하기 위한 간접, 정황증거나 자백의 보강증거로 사용될 수 있는 경우에도 인정할 수 있다. 객관적 관련성은 압수·수색영장에 기재된 혐의사실의 내용과 수사의 대상, 수사 경위 등을 종합하여 구체적·개별적 연관관계가 있는 경우에만 인정할 수 있고, 혐의사실과 단순히 동종 또는 유사 범행이라는 사유만으로 객관적 관련성이 있다고 볼 수는 없다. 그리고 피의자 또는 피고인과의 인적 관련성은 압수·수색영장에 기재된 대상자의 공동정범이나 교사범 등 공범이나 간접정범은 물론 필요적 공범 등에 대한 사건에 대해서도 인정할 수 있다(대법원 2023. 6. 1. 선고 2018도18866 판결 참조).

나. 원심판결 이유 및 기록에 의하면 다음과 같은 사실이 인정된다.

1) 제1영장 혐의사실은 공소외인이 피고인에게 경기도에 소재한 ▽▽사단의 개편 및 이전 계획을 말해주어 업무상 취급하던 군사기밀을 피고인에게 누설하였다는 군사기밀보호법상 업무상 군사기밀누설죄이다.
2) 이 사건 각 문건은 1차 압수 당시 피고인의 자택 서재 책장에서 발견되어 압수되었는데, 피고인은 압수, 수색에 저항하며 이 사건 각 문건을 찢어 훼손하려다가 제지당하기도 하였다.
3) 이 사건 각 문건은 경기도 소재 접적도서인 ◁◁도와 부근 해역의 작전현황이 표시된 문건과 군의 예비전력 부대배치 현황이 그려져 있는 문건으로 그중 일부 문건에는 군사기밀임을 나타내는 표시가 되어 있다.
4) 이 사건 각 문건은 군부대의 규모·위치·작전수행능력에 관한 사항을 포함하고 있고, 특히 □□□계획에는 경기도에 위치한 특수전부대나 항공전력 배치 내용도 포함되어 있다.
5) 군검찰수사관은 1차 압수 다음날인 2018. 7. 24. ▷ ▷ ▷ 기무부대에 이 사건 각 문건을 포함한 압수물에 대한 군사기밀 해당여부 및 등급 등에 관한 확인요청을 하였으나, 부대 해체를 이유로 10월 말 이후에나 확인이 가능하다는 답변을 받고, 2018. 11. 8. 위 기무부대의 기능을 이관받은 ♤♤♤ 군사안보지원부대에 같은 요청을 하여 2018. 11. 27. 군사기밀 해당 여부 등에 관한 회신을 받았다.
6) 군사안보지원사령부 소속 특별사법경찰관은 공소외인의 제1영장 혐의사실에 대한 군검사의 기소유예 처분일인 2019. 1. 9. 수원지방법원 여주지원 판사로부터 이 사건 공소사실과 유사한 혐의사실이 기재된 새로운 압수·수색·검증영장(이하

'제2영장'이라 한다)을 발부받아 같은 날 이 사건 각 문건을 다시 압수(이하 '2차 압수'라 한다)하였다. 2차 압수 당시에는 군검찰수사관과 피고인이 참여하였고, 당시 작성된 압수목록에는 이 사건 각 문건을 피고인으로부터 압수한 것으로 기재되어 있다.

다. 위 인정사실을 앞서 본 법리에 비추어 보면, 이 사건 각 문건은 제1영장 혐의사실에 대하여 객관적, 인적 관련성을 가진다고 볼 수 있다. 따라서 이 사건 각 문건에 대한 1차 압수는 적법하고, 이에 근거한 2차 압수 역시 위법하다고 볼 수 없으므로 이 사건 각 문건은 이 사건 공소사실의 증거로 사용할 수 있다. 그 상세한 이유는 다음과 같다.

1) 수사기관은 영장 발부의 사유로 된 범죄 혐의사실과 관계가 없는 증거를 압수할 수 없고, 별도의 영장을 발부받지 아니하고서는 압수물 또는 압수한 정보를 그 압수의 근거가 된 압수·수색영장 혐의사실과 관계가 없는 범죄의 유죄 증거로 사용할 수 없다(위 대법원 2018도18866 판결 참조). 증거 수집단계의 관련성과 증거 사용을 위한 관련성은 구분되므로, 수사기관이 영장 집행 당시까지 알거나 알 수 있었던 사정에 비추어 관련성을 인정할 수 있는 물건 등을 압수하였다면, 그 후 관련성을 부정하는 사정이 밝혀졌다고 하더라도 이미 이루어진 압수처분이 곧바로 위법하게 된다고 할 수는 없다.

2) 원심은 이 사건 각 문건의 생성, 취득 경위를 들어 1차 압수의 위법성을 판단하였다. 그러나 이는 1차 압수 이후의 수사, 재판 과정에서 비로소 확인된 사정일 뿐, 1차 압수 당시에 수사기관이 알거나 알 수 있었던 사정이라고 보기 어렵다. 이 사건 각 문건의 생성, 취득 경위는 제1영장 혐의사실과 공소 제기된 범죄사실 사이의 관련성을 판단하는 자료가 될 수는 있지만, 제1영장 혐의사실과 압수물 사이의 객관적 관련성을 부정하는 근거가 될 수는 없다.

3) 제1영장은 공소외인으로부터 경기도 소재 부대배치(개편 및 이전) 관련 군사기밀을 누설받은 피고인에 대한 대향적 범죄사실에 관련된 것이다. 그런데 이 사건 각 문건은 경기도 일대를 포함한 군부대의 규모·위치·작전수행능력, 특히 부대배치현황(경기도에 위치한 특수전부대나 항공전력 배치 내용)이 담긴 □□□계획 등에 관한 사항을 포함하고 있다. 1차 압수 당시까지 드러나거나 알 수 있었던 위와 같은 사정들에 비추어 보면, 피고인이 소지하고 있던 부대배치현황 등과 관련된 이 사건 각 문건은 공소외인에 대한 제1영장 혐의사실에 대한 간접, 정황증거가 될 수 있고, 제1영장 혐의사실에 관한 공소외인 자백의 진실성을 담보할 보강증거로서의 가치를 갖고 있다고 볼 여지가 크다.

4) 수사기관은 공소외인에 대하여 혐의사실이 인정됨을 전제로 기소유예 처분을 하였다. 1차 압수가 적법한 이상, 수사기관이 종국처분인 기소유예 처분 시까지 이 사건 각 문건을 보관한 행위가 위법하다고 단정하기는 어렵다. 또한 수사기관은 이 사건 공소사실과 유사한 혐의사실이 기재된 제2영장을 발부받아 위 기소유예 처분 당일 피고인의 참여 하에 제2영장을 집행하여 이 사건 각 문건을 다시 압수하였다. 이 사건 각 문건의 내용과 군사기밀 해당 여부가 뒤늦게 밝혀지게 된 사정, 피고인이 1차 압수과정에서 이 사건 각 문건을 훼손하려 했던 점, 비인가자의 군사기밀 점유 자체가 범죄를 구성하는 점, 2차 압수 당시 피고인의 참여권이 보장된 점 등에 비추어 보면, 이 사건 각 문건을 피고인에게 일시 반환한 후 다시 압수하는 형식을 취하지 아니하였다는 사정만으로 2차 압수 절차가 위법하다고 볼 수는 없다.

5) 1차 압수 당시 제1영장 혐의사실과 이 사건 각 문건 사이의 객관적, 인적 관련성을 인정할 수 있고, 이 사건 각 문건에 대한 제2영장의 집행이 위법하다고 보기 어려울 뿐만 아니라, 이 사건 각 문건은 피고인에 대한 제2영장 기재 혐의사실의 직접증거에 해당하여 객관적, 인적 관련성을 충분히 인정할 수 있다. 따라서 이 사건 각 문건은 이 사건 공소사실의 증거로 쓸 수 있다고 봄이 타당하다.

라. 그런데도 원심은 판시와 같은 이유로, 1차 압수를 통해 취득한 이 사건 각 문건이 제1영장 혐의사실과 무관하다고 판단하는 한편, 이를 근거로 2차 압수를 통해 취득한 이 사건 각 문건 및 검사가 제출한 나머지 증거들의 증거능력을 배제하여 공소사실을 증명할 증거가 없다는 이유로 피고인에게 무죄를 선고한 제1심판결을 유지하였다. 그렇다면 원심판결에는 압수수색의 관련성, 위법수집증거 배제법칙에 관한 법리를 오해하는 등으로 판결에 영향을 미친 잘못이 있다. 이를 지적하는 검사의 상고이유 주장은 이유 있다.

4. 결론

그러므로 나머지 상고이유에 대한 판단을 생략한 채 원심판결을 파기하고 사건을 다시 심리·판단하도록 원심법원에 환송하기로 하여, 관여 대법관의 일치된 의견으로 주문과 같이 판결한다.

6. 군사기밀 보호법이 출판금지 가처분 신청의 피보전권리가 될 수 있는지 여부

가. 개요

국방부는 전직 국방부 대변인이 출판한 서적에 군사기밀이 포함되어 있다는 이유로 출판사를 상대로 서적에 대한 출판금지 가처분을 신청하면서 군사기밀 보호법을 근거로 한 예방 또는 금지청구권으로서의 피보전권리를 인정할 수 있다고 주장하였다. 이에 대하여 1심은 군사기밀 보호법을 근거로 한 피보전권리가 되지 않는다는 취지로 판단하였다.

그러나 2심은 군사기밀보호법은 군사기밀임을 알게 된 경우 이를 타인에게 누설하지 아니할 의무를 부과하고 있고, 채무자는 적어도 이 도서를 출판하는 과정에서 그 일부가 군사기밀임을 알게 되었으므로 이 사건 기밀을 누설하지 아니할 공법상 의무를 부담하며, 그렇지 않다 하더라도 채무자는 고의 또는 과실로 군사기밀을 누설한 데 대한 불법행위 책임을 진다는 점에서 피보전권리가 인정된다고 판단하였다.

아래에서 각 결정을 소개한다.[130)]

나. 1심 결정

서울서부지방법원 2023. 5. 22. 자 2023카합50128 결정

1. 소명사실

이 사건 기록 및 심문 전체의 취지에 의하면 다음과 같은 사실이 소명된다.

가. 채무자는 'B미디어'라는 상호로 출판업을 영위하는 사람이다.

나. C는 2020. 12.경부터 2022. 4.경까지 국방부 대변인을 하였던 사람인데, 채무자는 2023. 2. 3. C가 국방부 대변인으로 재직하던 중 작성한 일기를 기초로 별지 목록 기재 서적(이하 '이 사건 서적'이라 한다)을 출판하였다.

2. 채권자 주장의 요지

가. 이 사건 서적의 일부 내용은 군사기밀 보호법 제2조에서 정한 군사기밀에 해당한다(이하 채권자가 이 사건 서적 중 군사기밀이라고 주장하는 부분을 '이 사건 기밀'이라 한다). C가 국방부 대변인으로 재직하면서 업무상 알게 된 군사기밀을

130) 이와 별개로 군사기밀 보호법 위반 사건으로 1심 재판 진행 중이다.

채무자에게 누설한 것은 군사기밀 보호법 또는 형법 제127조에서 정한 범죄행위에 해당한다.

나. C의 위 범죄행위에 기초한 이 사건 서적의 출판·배포 등으로 이 사건 기밀이 외부에 공표됨으로써 국가안전보장에 중대한 위협이 있고, 한·미 간 신뢰가 상실되는 등 국익에 회복하기 어려운 손해를 끼칠 우려가 명백하고 현존하므로, 채권자는 국가안전보장 및 군사기밀보호에 대한 침해행위 금지청구권에 근거하여 이 사건 신청을 구한다.

다. 또한 채권자는 이 사건 기밀에 대한 생산·관리 주체로서 위 기밀의 소유권자라고 할 것이므로, 이 사건 기밀의 소유권에 기초한 방해제거청구권, 방해예방청구권에 근거하여 이 사건 신청을 구한다.

라. 이 사건 서적이 현재 출판되어 판매되고 있어 신속한 폐기가 필요하므로, 이 사건 신청의 보전의 필요성도 있다.

3. 판단

가. 관련 법리

민사집행법 제300조 제2항의 임시의 지위를 정하기 위한 가처분이란, 당사자 사이에 현재 다툼이 있는 권리 또는 법률관계가 존재하고, 그에 대한 확정판결이 있기까지 현상의 진행을 그대로 방치한다면 권리자가 현저한 손해를 입거나 급박한 위험에 처하는 등 소송의 목적을 달성하기 어려운 경우에 그로 인한 위험을 방지하기 위해 잠정적으로 권리 또는 법률관계에 관하여 임시의 지위를 정하는 보전처분이다. 한편, 민사소송은 사법상의 권리에 대한 침해의 구제 및 이를 통한 사법질서의 유지를 그 목적으로 하는 것이므로 민사집행법상 가처분의 대상이 되는 권리관계는 민사소송에 의하여 보호를 받을 자격이 있어야 한다.

나. 피보전권리의 존부

1) 불법행위에 대한 일반적 침해금지청구

가) 민법은 개인의 권리나 법익이 침해된 경우 원칙적인 구제수단으로 손해배상제도를 규정하고 있다(민법 제750조). 그 손해배상은 금전배상의 방법이 원칙이고, 다른 의사표시나 법률에 규정이 있는 등의 특별한 사정이 있는 경우에만 원상회복청구 등 다른 배상방법이 인정된다(민법 제763조, 제394조). 즉, 우리나라 민법은 사후적 구제수단인 손해배상청구에 관해서만 규정하고 있을 뿐, 사전적 구제수단인 침해금지청구에 관하여 규정하고 있지 않다.

나) 따라서 채권자의 주장과 같이 이 사건 서적의 출판·배포 등이 C의 형사범죄에 기인한 행위라고 하더라도, 이를 민법상 불법행위에 해당한다는 이유로 이 사건

신청과 같이 일반적인 침해금지청구를 하는 것은 받아들일 수 없다.

2) 개별 법률에 기한 금지 또는 예방청구

가) 각종 지식재산권이나 저작권 등에 관한 특별법에서 권리침해에 대한 금지 또는 예방청구권을 규정하고 있는 경우가 있고(특허법 제126조, 실용신안법 제30조, 상표법 제107조, 디자인보호법 제113조, 저작권법 제123조 등), 부정경쟁방지 및 영업비밀보호에 관한 법률 제4조, 제10조에서도 일정한 부정경쟁행위나 영업비밀 침해행위에 대한 구제수단으로 침해금지청구권을 규정하고 있다.

나) 그러나 군사기밀 보호법에서는 제12조 내지 14조에서 군사기밀의 누설에 대한 형사처벌만을 규정하고 있을 뿐, 군사기밀의 누설 또는 누설이 우려되는 경우 이에 대한 침해행위의 금지청구권 또는 예방적 수단을 규정하고 있지 않으므로, 군사기밀 보호법을 근거로 이 사건 신청의 피보전권리를 인정할 수 없다(채권자도 이 사건 신청의 근거로 군사기밀 보호법상 구체적인 조항을 특정하여 주장하지 못하고 있다).

3) 이 사건 기밀의 소유권에 기한 청구

가) 민법은 소유권에 대하여는 물권적 청구권으로서 소유물방해배제청구권과 소유물방해예방청구권을 규정하고 있고(제214조), 이를 각종 제한물권에 준용하고 있으며, 점유권에 대하여도 같은 내용의 침해금지청구권을 규정하고 있다.

나) 그러나 민법 제185조는 "물권은 법률 또는 관습법에 의하는 외에는 임의로 창설하지 못한다."고 규정하여 이른바 물권법정주의를 선언하고 있고, 물권법의 강행법 규성은 이를 중핵으로 하고 있으므로, 법률(성문법과 관습법)이 인정하지 않는 새로운 종류의 물권을 창설하는 것은 허용되지 아니하는바(대법원 2002. 2. 26. 선고 2001다64165 판결 참조), 물권법정주의 원칙상 이 사건 기밀에 대한 소유권이 성립될 수 없으므로, 채권자가 이 사건 기밀에 대한 보유·관리 권한 주체임을 넘어서 위 기밀의 소유자라고 볼 수는 없다.

다) 따라서 소유권에 기한 방해배제청구권 또는 방해예방청구권은 이 사건 신청의 피보전권리가 될 수 없다.

4. 결론

이 사건 신청은 그 피보전권리가 인정되지 아니하므로, 이 사건 기밀이 군사기밀 보호법 제2조의 군사기밀에 해당하는지에 관한 판단을 하지 아니하고 이를 기각하기로 하여 주문과 같이 결정한다.

다. 2심 결정

서울고등법원 2023. 7. 26. 자 2023라20817 결정

1. 소명사실

다음과 같은 사실이 소명된다.

채무자는 'B'라는 상호로 출판업을 영위하는 사람이다. C은 2020. 12.경부터 2022. 4.경까지 국방부 D을 하였던 사람인데, 채무자는 2023. 2. 3. C이 국방부 D으로 재직하던 중 작성한 일기를 기초로 별지 목록 기재 도서(이하 '이 사건 도서'라 한다)를 출판하였다.

이 사건 관련 규정은 다음과 같다.

군사기밀보호법

제2조(정의)

이 법에서 사용하는 용어의 뜻은 다음과 같다.

'군사기밀'이란 일반인에게 알려지지 아니한 것으로서 그 내용이 누설되면 국가안전보장에 명백한 위험을 초래할 우려가 있는 군 관련 문서, 도화, 전자기록 등 특수매체기록 또는 물건으로서 군사기밀이라는 뜻이 표시 또는 고지되거나 보호에 필요한 조치가 이루어진 것과 그 내용을 말한다.

'군사기밀의 공개'란 군사기밀 내용을 적접ㅂ한 절차에 ᄄ라 공개할 것을 결정하여 비밀 취급이 인가되지 아니한 일반인에게 성명 언론 집회 등을 통하여 공표하는 것을 말한다.

제3조(군사기밀의 구분)

① 군사기밀은 그 내용이 누설되는 경우 국가안전보장에 미치는 영향의 정도에 따라 Ⅰ급비밀, Ⅱ급비밀, Ⅲ급비밀로 등급을 구분한다.

② 제1항에 따른 군사기밀의 등급 구분에 관한 세부 기준은 대통령령으로 정한다.

제12조(누설)

① 군사기밀을 탐지하거나 수집한 사람이 이를 타인에게 누설한 경우에는 1년 이상의 유기징역에 처한다.

② 우연히 군사기밀을 알게 되거나 점유한 사람이 군사기밀임을 알면서도 이를 타인에게 누설한 경우에는 5년 이하의 징역 또는 5천만원 이하의 벌금에 처한다.

제16조(신고 · 제출 · 삭제의 불이행)

② 군사기밀을 습득하거나 타인으로부터 제공받아 점유한 사람이 수사기관이나 군부대로부터 제출요구를 받고 즉시 이를 제출하지 아니한 경우 2년 이하의 징역 또는 2천만

원 이하의 벌금에 처한다.

군사기밀보호법 시행령

제3조(군사기밀의 등급 구분)

① 법 제3조 제1항에 따라 군사기밀의 등급을 다음 각 호와 같이 구분한다.

1. 군사 Ⅰ급비밀: 군사기밀 중 누설될 경우 국가안전보장에 치명적인 위험을 끼칠 것으로 명백히 인정되는 가치를 지닌 것
2. 군사 Ⅱ급비밀: 군사기밀 중 누설될 경우 국가안전보장에 현저한 위험을 끼칠 것으로 명백히 인정되는 가치를 지닌 것
3. 군사 Ⅲ급비밀: 군사기밀 중 누설될 경우 국가안전보장에 상당한 위험을 끼칠 것으로 명백히 인정되는 가치를 지닌 것

② 제1항에 따른 등급 구분에 관한 세부 기준은 별표 1과 같다.

2. 채권자 주장 요지

가. 이 사건 도서 내용 중 2021. 3. 18. E에 대한 부분(이 사건 도서 210~212쪽) 및 2021. 12. 2. F에 대한 부분(이 사건 도서 226~228쪽)은 군사기밀보호법 제2조에서 정한 군사기밀에 해당한다[이하 채권자가 이 사건 도서 중 군사기밀이라고 주장하는 부분(별지 [표1])을 '이 사건 기밀'이라 한다]. C이 국방부 D으로 재직하면서 업무상 알게 된 군사기밀을 채무자에게 누설한 것은 군사기밀보호법 제12조 제1항, 국가공무원법 제60조, 형법 제127조에서 정한 범죄행위에 해당한다. 채무자가 C으로부터 이 사건 도서 내용을 제공받아 이 사건 기밀이 군사기밀임을 알면서도 이 사건 도서 출판을 지속하는 행위는 군사기밀보호법 제12조 제2항을 위반한 범죄행위에 해당하고, 군부대로부터 이 사건 기밀 제출요구를 받고도 이를 제출하지 아니하는 행위는 군사기밀보호법 제16조 제2항을 위반한 범죄행위에 해당한다.

나. 채권자는 ① 군사기밀보호법 제12조 및 제16조에 따른 기밀누설 금지, 군사기밀 제출요구권, ② 이 사건 기밀 누설행위로 인한 손해배상청구권, ③ 이 사건 기밀에 대한 소유권에 기초한 방해제거청구권, 방해예방청구권, ④ 국가안전보장 및 군사기밀 보호를 목적으로 한 배타적 지배권에 기초한 방해제거청구권, 방해예방청구권에 근거하여 이 사건 신청을 한다.

다. 이 사건 도서 출판·배포 등은 C이 한 범죄행위에 기초한 것이다. 이 사건 기밀이 외부에 공표됨으로써 국가안전보장에 중대한 위협이 생겼고, 한·미 간 신뢰가 상실되는 등 국익에 회복하기 어려운 손해를 끼칠 우려가 명백하게 현존한다. 이 사건 도서

가 현재 출판되어 판매되고 있어 신속한 폐기가 필요하므로, 보전의 필요성도 있다.

3. 판단

가. 이 사건 기밀이 군사기밀에 해당하는지 여부

1) 군사기밀보호법 각 규정들을 종합하여 보면, 군사기밀 지정이 적법절차에 의하여 해제되거나 국방부장관에 의하여 국민에게 공개되지 않았으며 그 내용이 누설될 경우 국가안전보장에 명백한 위험을 초래할 우려가 있으면 군사기밀 보호법상 '군사기밀'에 해당한다(대법원 2015. 1. 29. 선고 2013도6274 판결 참조).

2) 다음과 같은 사실을 종합하면 이 사건 기밀에 대하여 군사기밀이라는 뜻이 표시 또는 고지되거나 보호에 필요한 조치가 이루어졌다.

① F에 대한 국방부 작성 공문에 의하면 해당 회의가 비밀회의임을 전제로 회의 참석자들 핸드폰이 회수되는 등 조치가 이루어졌다. ② E 관련사항 및 F 관련사항은 국방부 본부 보안업무 훈령 및 청사출입관리 예규(국방부예규 제624호, 개정 2021. 3. 4.) 비밀 세부분류기준표에 근거하여 II급 및 III급비밀로 분류되어 있다. ③ F 회의록 표지에는 '군사 II급비밀'이라는 표시 및 군사보안업무시행규칙 제22조(비밀의 생산)에 근거하여 회의록 보고가 이루어지고 있다고 표시되어 있다.

3) 이 사건 기밀에는 2021. 3. 18. E 및 2021. 12. 2. F 발언자, 발언 순서, 발언 내용이 구체적으로 기재되어 있다. 발언 내용 중 일부가 언론에 공개된 적이 있으나, 발언 맥락, 전체적 내용, 해당 발언자 지위 등을 고려하였을 때 해당 발언자가 특정 맥락에서 특정 발언을 하였다는 사실 자체가 군사기밀로서 실질적으로 보호할 가치가 있다.

4) 발언 내용이 일부 언론에 공개되었다는 사실만으로 발언 내용이 일반인에게 널리 알려진 공지사실이라고 볼 수 없지만, 이 사건 기밀 중 일부가 적법한 절차 등을 거쳐 이미 일반인에게 널리 알려진 공지사실일 가능성이 없지는 않다. 그러나 이 사건 기밀이 군사기밀에서 해제되지 아니하고 군사기밀로 계속 보호받고 있는 사정에다가 신청의 긴급성과 임시의 지위를 정하는 가처분 결정의 잠정적 성격 등을 고려하여 볼 때 이 사건 기밀이 군사기밀에 해당한다는 소명은 되었다.

나. 피보전권리

1) <u>군사기밀보호법은 우연히 군사기밀을 알게 되거나 점유한 사람으로 하여금 군사기밀임을 알게 된 경우 이를 타인에게 누설하지 아니할 의무(제12조 제2항)를 부과하고 있다.</u> 채무자는 이 사건 도서를 출판하는 과정에서 도서내용 중 일부가 군사기밀이라는 사실을 알게 되었다고 보인다(적어도 이 사건 가처분 신청서를 송달받은 이후에는 이 사건 도서 내용 중에 군사기밀이 포함되어 있다는 사실을

알게 되었다). 채무자는 이 사건 기밀을 누설하지 아니할 공법상 의무를 부담한다. 당사자소송에 대하여는 행정소송법 제8조 제2항에 따라 민사집행법상 가처분에 관한 규정이 준용되므로, 민사집행법 제300조 제2항에 근거하여 현저한 손해를 피하기 위해 필요한 경우 '임시의 지위를 정하기 위한 가처분'을 신청할 수 있다(대법원 2019. 9. 9. 선고 2016다262550 판결, 대법원 2015. 8. 21. 자 2015무26 결정 참조).

2) 그렇지 않다 하더라도 채무자는 고의 또는 과실로 군사비밀을 누설하여 이로 인한 불법행위 책임을 진다. 일반적으로 불법행위가 있으면 그로 인한 침해를 금지하는 청구권이 생긴다고 볼 수는 없으나, 불법행위로 침해된 이익의 종류나 성질에 따라 손해배상만을 인정하는 것으로 충분하지 않는 경우 금지청구권이 생긴다고 보아야 한다. 불법행위로 인한 침해가 중대하고 손해가 확대될 가능성이 뚜렷한데도 불법행위 자체를 방지할 수는 없고 사후에 손해배상 청구만 가능하다고 한다면 불법행위 제도를 둔 취지에도 맞지 않다.

군사기밀은 침해로 인한 법익 침해가 크고, 국가에 의하여 군사기밀로 지정되고 관리되는 등 배타적인 지배권으로서 성질을 가지고 있으므로, 군사기밀 침해에 대하여는 이를 금지하는 청구권을 인정하는 것이 옳다.

다. 보전의 필요성

이 사건 기밀이 포함된 이 사건 도서 출판·판매·배포로 인하여 비공개회의인 E 및 F 내용이 외부에 공표되었고, 향후에도 도서 출판 등으로 계속될 가능성이 있으며, 이는 외교 신뢰도 등에 부정적인 영향을 가져와 국가안보를 위협할 여지가 있다.

라. 인용하는 부분

채권자는, 이 사건 도서 출판, 인쇄, 복제, 제본, 판매, 배포, 그에 대한 광고 그 밖에 위 도서에 대한 일체 행위를 하여서는 아니 되고, 도서 완제품, 반제품 및 인쇄용 필름 등을 각 폐기하라고 한다.

이 사건 도서는 이미 출판되어 국내에 배포되었다. 지금 위와 같은 신청을 전부 인용하더라도 도서 내용이 확산되는 것을 방지하기 어렵다. 반면 이 사건 도서 중 군사기밀과 관련된 부분은 400쪽 중 6쪽에 불과하다. 출판의 자유 등도 국가안전보장, 질서유지, 또는 공공복리를 위하여 필요한 경우에 한하여 법률로서 제한할 수 있으나, 기본권 최소제한의 원칙과 본질적 내용 침해금지 원칙에 따라야 하는 한계가 있다. 이 사건 도서에서 군사기밀과 관련된 부분을 삭제한 다음 출판 등을 하라고 하는 것으로도 가처분 목적을 달성할 수 있다.

마. 간접강제

채권자는 간접강제 결정도 함께 구하고 있으나, 현재까지 채권자가 제출한 자료만으로는 채무자가 이 사건 가처분에도 불구하고 가처분에서 명한 내용을 위반할 개연성이 높다고 보기 어렵다.

3. 결론

이 사건 신청은 위 인정범위 내에서 이유 있어 인용하고 나머지 신청은 이유 없어 기각하여야 한다. 제1심 결정은 이와 일부 결론을 달리하여 부당하므로 제1심 결정을 위 인정범위 내에서 취소하고 가처분을 명한다. 채권자의 나머지 항고는 이유 없으므로 기각한다.

7. 군검사의 공소제기 후 군사기밀이 포함된 서류 등에 대한 열람·등사 및 공판수행 중 제시 관련

가. 군사기밀이 포함된 서류 등에 대한 열람·등사

1) 피고인 또는 변호인의 열람·등사신청

공소제기 후 군검사가 보관하고 있는 서류 또는 물건의 목록과 그 서류 등에 관하여 피고인 또는 변호인은 그 열람, 복사 또는 서면의 발급을 신청할 수 있으며, 군검사가 이를 거부하는 때에는 법원에 불복을 신청할 수 있다.[131]

131) 군사법원법 제309조의3(공소제기 후 군검사가 보관하고 있는 서류 등의 열람·복사)
① 피고인이나 변호인은 군검사에게 공소가 제기된 사건에 관한 서류 또는 물건(이하 "서류등"이라 한다)의 목록과 공소사실의 인정 또는 양형(量刑)에 영향을 미칠 수 있는 다음 각 호의 서류등의 열람, 복사 또는 서면의 발급을 신청할 수 있다. 다만, 피고인에게 변호인이 있는 경우에는 피고인은 열람만을 신청할 수 있다. <개정 2016. 1. 6.>
1. 군검사가 증거로 신청할 서류등
2. 군검사가 증인으로 신청할 사람의 성명, 사건과의 관계 등을 적은 서면 또는 그 사람이 공판기일 전에 한 진술을 적은 서류등
3. 제1호나 제2호의 서면 또는 서류등의 증명력과 관련된 서류등
4. 피고인이나 변호인이 한 법률상·사실상 주장과 관련된 서류등(관련 형사재판 확정기록, 불기소처분기록 등을 포함한다)
② 군검사는 국가안보, 증인보호의 필요성, 증거인멸의 우려, 관련 사건의 수사에 장애가 될 것으로 예상되는 구체적인 사유 등 상당한 이유가 있다고 인정하면 열람·복사 또는 서면의 발급을 거부하거나 그 범위를 제한할 수 있다. <개정 2016. 1. 6.>
③ 군검사는 열람·복사 또는 서면의 발급을 거부하거나 그 범위를 제한할 때에는 지체 없이 그 이유를 서면으로 통지하여야 한다. <개정 2016. 1. 6.>
④ 피고인이나 변호인은 군검사가 제1항의 신청을 받은 때부터 48시간 이내에 제3항의 통지를 하지 아니하면 제309조의4제1항의 신청을 할 수 있다. <개정 2016. 1. 6.>
⑤ 군검사는 제2항에도 불구하고 서류등의 목록의 열람 또는 복사는 거부할 수 없다. <개정 2016. 1. 6.>
⑥ 서류등은 도면, 사진, 녹음테이프, 비디오테이프, 컴퓨터용 디스크, 그 밖에 정보를 담기 위

군검사는 국가안보, 증인보호의 필요성, 증거인멸의 우려, 관련 사건의 수사에 장애가 될 것으로 예상되는 구체적인 사유 등 상당한 사유가 있다고 인정하면 열람·복사 또는 서면의 발급을 거부하거나 그 범위를 제한할 수 있다. 군사기밀보호법위반 사건의 경우, 군검사가 군사기밀 등 열람·등사를 허용함으로써 국가안보에 장애가 될 것으로 예상되는 경우, 공소제기 후 보관하고 있는 서류 등에 대한 열람 등을 거부 또는 제한할 수 있다.

2) 실무례

군사기밀보호법위반 사건의 경우, 증거로 신청할 서류(증거기록) 중에 군사기밀이 포함되게 된다. 증거기록에 포함되었더라도 군사기밀로서의 보호 필요성은 여전하기 때문에 이를 국방보안업무훈령 등 군사기밀의 관리 절차에 따라 별도로 관리한다. 군사기밀 부분을 증거기록과 분리하여 별책으로 만들고, 이를 본래의 증거기록에 철끈으로 이어 붙여 관리한다. 증거목록에는 증거로 제출된 군사기밀을 기재하되, 해당 군사기밀의 구체적 내용이 드러나지 않는 범위에서 입증취지를 기재한다. 이 경우 증거기록은 국방보안업무훈령 등에 따라 통상의 군사기밀과 마찬가지로 이중 잠금장치가 있는 비밀보관함에 분리하여 보관한다.

피고인이 증거기록에 대한 열람·등사를 신청한 경우, 증거기록에 포함된 별책의 군사기밀은 어떻게 처리해야 할 것인가?

이와 관련하여 대법원은 군검사가 증거인 군사기밀이 포함된 별책의 증거기록에 대한 열람·등사 신청에 대해 국가안보를 이유로 거부한 결정이 피고인과 변호인의 방어권 및 변론권을 부당하게 침해한 것인지에 대하여 판단한 바 있다.

대법원 2011. 10. 13. 선고 2011도7866 판결

피고인과 변호인은 소송계속 중의 관계 서류 또는 증거물을 열람하거나 복사할 수 있으나(군사법원법 제64조 제1항), 검찰관은 국가안보 등 상당한 이유가 있다고 인정하면 증거로 신청할 서류 등의 열람·복사 또는 서면의 발급을 거부하거나 그 범위

하여 만들어진 물건으로서 문서가 아닌 특수매체를 포함한다. 이 경우 특수매체에 대한 복사는 필요 최소한의 범위로 한정한다.

* 형사소송법 제266조의3(공소제기 후 검사가 보관하고 있는 서류 등의 열람·등사) 규정과 동일함.

> 를 제한할 수 있다(군사법원법 제309조의3 제2항, 제1항). 한편 군사법원은 피고인이나 변호인이 검찰관으로 하여금 위 서류 등의 열람·복사 또는 서면의 발급을 허용하도록 할 것을 신청하면 열람·복사 또는 서면의 발급을 허용하는 경우에 생길 폐해의 유형·정도, 피고인의 방어 또는 재판의 신속한 진행을 위한 필요성 및 해당 서류 등의 중요성 등을 고려하여 검찰관에게 열람·복사 또는 서면의 발급을 허용할 것을 명령할 수 있고, 이 경우 열람 또는 복사의 시기와 방법을 지정하거나 조건 또는 의무를 부과할 수 있다(군사법원법 제309조의4 제1항, 제2항).
>
> 기록에 의하면, 검찰관은 II급 군사기밀에 해당하는 'H'의 내용이 포함된 피고인 및 F에 대한 피의자신문조서 또는 진술조서, 기타 증거서류 등에 관하여 국가안보 등을 이유로 변호인의 열람 및 복사 신청을 거부한 사실, 이에 변호인이 제1심법원에 열람 및 복사 신청을 하자 제1심법원은 그 범위를 더 축소하여 증거서류 중 'H'의 내용이 포함된 해당 부분만을 특정하여 복사를 불허하고 나머지 부분에 대한 복사는 허용하되, 지정된 조건 아래 복사가 불허된 부분에 대하여도 열람은 이를 허용한 사실을 알 수 있다.
>
> 위와 같이 복사가 불허된 부분은 II급 군사기밀에 해당하는 내용이 포함되어 있어서 타인에게 알려질 경우 국가안전보장상 해로운 결과를 초래할 우려가 있고, 그 불허 부분은 이 사건 전체 증거서류 중 일부분에 불과할 뿐만 아니라 변호인은 지정된 조건 아래에서 이를 열람함에 따라 복사가 불허된 부분에 포함된 내용이 무엇인지 충분히 알 수 있었다고 할 것이므로, 제1심법원이 그 부분에 대한 복사를 불허한 것은 정당한 것으로 수긍할 수 있고, 거기에 상고이유의 주장과 같이 피고인과 변호인의 방어권 및 변론권을 부당하게 침해하여 판결에 영향을 미친 위법이 있다고 할 수 없다.

위 판례와 같이 군사기밀이 인용된 부분에 대해서는 원칙적으로 복사를 불허하되 일정한 조건을 지정하여 열람케 하는 방법으로 군사기밀에 대한 보호 필요성과 피고인의 방어권을 조화시키는 것이 타당하다. 실무상 군검찰에서는 증거기록에 포함된 군사기밀의 경우 통상 국가안보에 장애를 초래할 우려가 있다고 판단하여, 대체로 복사는 거부하고 열람만을 허용한다. 또한 열람을 허용하더라도 군사기밀의 내용에 대한 메모 등을 불허하고 있다. 위 판결의 예시대로 특정 부분을 가리고 복사를 허용할 수도 있으나, 이 경우 문서의 형식만 남게 되는 경우가 있어 실효적이지 않은 경우가 많다.

통상의 군사기밀 보호법 재판에서 군사기밀의 내용 그 자체가 아니라, 국가가 보관하고 있는 군사기밀과 피고인이 누설 등 위반행위를 한 군사기밀의 동일성·유사성 여부가 쟁점이 된다. 따라서 열람만으로 피고인의 방어권 및 변호인의 변호권을 보장하는 취지는 대체로 충족된다. 그런 측면에서 군사기밀에 대한 보호 필요성과 피고인의 방어권이 조화롭게 작동하고 있다고도 볼 수 있다.

나. 공판수행 중 군사기밀 제시

공판단계에서 증인이나 피고인에게 군사기밀을 제시하며 신문을 해야 하거나 변론을 위해 재판부에 군사기밀 내용을 제시해야 하는 경우가 있을 수 있다. 통상적인 증거기록은 재판부에 제출하기 전에 이를 복사하여 보관하면서 공소유지에 활용한다. 하지만 군사기밀은 이와 같이 복사·보관할 수 없다. 엄밀히 말하면, 국방보안업무훈령상의 절차에 의해 복사·보관할 수도 있으나, 군사기밀이라는 특성상 여러 사본을 생산하는 것이 자제되어야 하며, 실무상 보관 등 관리가 까다롭기 때문에(특히 군검찰이 아닌 일반 검찰이 공소유지하는 경우, 군사기밀 보관시설 등 보안을 위한 준비가 갖추어져 있지 않은 경우가 다수일 것이다) 증거기록인 군사기밀의 복사가 바람직하지는 않다고 할 수 있다. 따라서 실무는 재판부에 요청하여 제시할 기록을 제공받고 군사기밀이 포함된 증거가 채택되어 재판부에 제출된 경우에는 재판부로부터 기록을 돌려받아 제시할 수밖에 없다. 다만, 증거조사 시에는 방청객에 대한 퇴정을 요구한 후 비공개 재판으로 전환한 상태에서 해당 부분을 제시하는 방식으로 운영된다.

저자 약력

류가영 現 군법무관(군검사)

- 국방부 검찰단, 육군 검찰단 등에서 근무
- 연세대학교 법학전문대학교 전문박사과정 수료
- 미국 UC DAVIS LAW SCHOOL LL.M.(법학석사)
- 제41기 사법연수원 수료(2012)
- 제51회 사법시험 합격(2009)
- 동래여고, 부산대 법학과 졸업

권준형 現 군법무관(군검사)

- 국방부 검찰단, 육군 검찰단 등에서 근무
- 미국 UC DAVIS LAW SCHOOL LL.M.(법학석사), 뉴욕주 변호사
- 제43기 사법연수원 수료(2014)
- 제53회 사법시험 합격(2011)
- 포항고, 한양대 법학과 졸업

군사기밀 보호법 해설서
이론과 실무

초판발행 2026년 1월 5일

지은이 류가영 · 권준형
펴낸이 안종만 · 안상준

편 집 전혜민
기획/마케팅 김민규
표지디자인 BEN STORY
제 작 고철민 · 김원표

펴낸곳 (주) 박영사
서울특별시 금천구 가산디지털2로 53, 210호(가산동, 한라시그마밸리)
등록 1959. 3. 11. 제300-1959-1호(倫)
전 화 02)733-6771
f a x 02)736-4818
e-mail pys@pybook.co.kr
homepage www.pybook.co.kr
ISBN 979-11-303-9870-9 93360

정 가 24,000원